W0070826

Arno Borst · Reden über die Staufer

Arno Borst

Reden über die Staufer

Ullstein

Verlag Ullstein GmbH, Frankfurt/M – Berlin – Wien
© 1978 by Verlag Ullstein GmbH,
Frankfurt/M – Berlin – Wien
Alle Rechte vorbehalten
Gesamtherstellung: Ebner, Ulm
Printed in Germany 1978

CIP-Kurztitelaufnahme der Deutschen Bibliothek

Borst, Arno
[Sammlung]
Reden über die Staufer. – Frankfurt/M, Berlin,
Wien: Ullstein, 1978.
  ISBN 3-550-07484-0

Inhalt

Vorwort

Die sieben hier gesammelten Reden und Studien entstanden zwischen 1975 und 1977, anläßlich der Stuttgarter Ausstellung »Die Zeit der Staufer«. Sie sollte die Bedeutung des schwäbischen Herrschergeschlechts für das deutsche und europäische Mittelalter ins allgemeine Bewußtsein rufen, und sie belebte das Interesse der Gegenwart an Vergangenheit und Geschichtsbewußtsein überhaupt. Beiden Vorhaben, mehr dem zweiten als dem ersten, dienten auch meine Arbeiten, die in mehrfach veränderten Fassungen vor unterschiedlichem Publikum vorgetragen und zumeist in verkürzter Form oder an entlegener Stelle gedruckt wurden. Die Fachgenossen urteilten wie üblich, milde ausweichend; nichtgelehrte Hörer und Leser zogen mich in Gespräche von ungewohnter Dringlichkeit. Weil sie das Gesagte überraschend fanden, wollten sie es im Zusammenhang bedenken. Für diesen Zweck wurden die Texte noch einmal verbessert, zugleich von akademischen Diskussionen entlastet. Denn eines wollen diese Studien nicht: das Thema und den Leser erschöpfen. Müßte über die Staufer, die zupackende und ausgreifende Menschen waren, nicht eigentlich ohne Umstände und Vorbehalte geredet werden?

Der Vorsatz weckt bei zünftigen Historikern Bedenken. Die vielgestaltigen Wirkungen der Staufer zwangen die moderne Wissenschaft, jede Urkunde und jedes Ereignis aus dem staufischen Umkreis unter das Mikroskop zu nehmen, und an den komplizierten Einzelbeobachtungen darf heute niemand volkstümlich vorbeireden. Das diesem Buch beigegebene Verzeichnis neuerer Forschungen möchte dem Laien nachdrücklich die Dichte und Breite einer Bemühung verdeutlichen, der allerdings auch kein einzelner Fachmann mehr gewachsen ist. Wer die Liste nachdenklich betrachtet, vermißt in den Hunderten gelehrter Analysen das geistige Band, besonders die menschliche Perspektive, die den Beginn der heutigen Stauferforschung, den großen Wurf von Kantorowicz 1927, noch beherrschte. Inzwischen verlor man die Unsterblichen, die Geschichte machen, fast aus den Augen; für eine Weile war das heilsam. Aber jetzt sieht man vor lauter Quellen, Ereignissen,

Ständen und Strukturen kaum mehr die Menschen, auch jene Sterblichen kaum, die Geschichte erleiden. Sie stehen im Blickpunkt der folgenden Skizzen.

Geschichte wird hier als Sozialgeschichte verstanden, als Versuch von Menschen, in einer stets verwirrenden Umwelt das Zusammenleben so einzurichten, daß es einer stets bedrohlichen Zukunft standhalten könnte. Die Beteiligten erfahren nie, was aus der geselligen Selbstverwirklichung wird; wieviel davon geglückt ist, stellt sich erst heraus, wenn aus der Möglichkeit menschlichen Verhaltens die Wirklichkeit sachlicher Verhältnisse geworden ist. Dann spüren die Überlebenden neben den beabsichtigten die unerwünschten Folgen, je länger, desto quälender; um die alte Geschichte loszuwerden, lassen sie sich auf eine neue ein, mit anderen Zielen, mit ähnlichen Folgen. So gesehen, gehört zur Sozialgeschichte die Rezeptionsgeschichte; Vergangenheit und Gegenwart gehören zueinander, nicht in ihren Antworten, aber in ihren Fragen. Dann sind es unsere Fragen, die im Staub der Archive ruhen; dann sind es unsere Antworten, die von den Toten in Frage gestellt werden. Gründlicher als Kulturbeamte und Studentenfunktionäre haben Menschen außerhalb der Universität und des Faches diesen Zusammenhang begriffen; das war für mich die tröstlichste Überraschung des »Stauferjahres«.

Stellvertretend für alle, denen ich danken müßte, sei eine 91jährige Bielefelderin zitiert. »Ich muß gestehen, daß ich von der Schule (und das ist lange her) eine ganz andere Einstellung zu der Stauferzeit gehabt habe. Ich habe aber, um diese Bildungslücke auszugleichen, mir einige Geschichtsbücher mitgebracht und hoffe, ich kann etwas nachholen. Übrigens fährt der Kunstverein Bielefeld im nächsten Monat nach Stuttgart zur Stauferausstellung; schade, daß ich nicht 25 Jahre jünger bin!« Schade vielmehr, daß von den Zeitgenossen, die über die Staufer reden, nicht alle so jung sind. Sonst könnten wir endlich alle über das reden, was uns alle angeht: über die Geschichte, die kein Besitz für immer, sondern eine Herausforderung ohne Ende ist.

8

Die staufische Herausforderung

DIE STAUFER UND EUROPA

I.

Auf dieser Stuttgarter Bühne wurde, als sie noch Königliches Hoftheater hieß und am Schloßplatz stand, zur Friedensfeier am 7. März 1871 das Festspiel »Kaiser Rotbarts Erwachen« aufgeführt. Zu Beginn sah die Festversammlung den alten Kaiser in der Höhle des Kyffhäuser sitzen und hörte ihn träumen: »Was groß und mächtig einst gewesen, Verwischt sich nicht im Raum der Zeit: Stets neu läßt die Geschichte lesen, Was der Unsterblichkeit geweiht.« Die heutige Festversammlung kann diese allzusterblichen Verse höchstens mit Rührung bedenken. Wir haben gelernt, wie schnell sich die Spuren der Geschichte verwischen und wie schwer sie sich lesen lassen. Der Hofdichter von damals, der Intendant Feodor Wehl, rechnete noch mit Schulkenntnissen und ließ Barbarossa fortfahren: »Wie rasch Jahrhunderte verlaufen Und wie sich dränget Held an Held, Man weiß noch heut: einst Hohenstaufen Hieß jegliches Gebot der Welt.« Hier stutzen wir. Man wußte damals noch aus der Schule, daß mindestens der welfische Südosten und Nordwesten Deutschlands sich dem staufischen Gebot widersetzt hatte. Über die deutschen Länder aber schwieg das Festspiel. Es versicherte statt dessen, die Häupter von Byzanz und Morgenland hätten sich vor einem Wink von Barbarossas Hand geneigt. Nun begreifen wir, daß der Ausflug in die Weltgeschichte von der innerdeutschen Politik ablenken sollte.

Der König von Württemberg, der an der Festvorstellung teilnahm, hatte für die Reichsgründung von 1871 wenig getan. Daß schon seine Ahnherren den Kaisern lau gedient hatten, brauchte niemand zu betonen. Das Festspiel verlor aber auch kein Wort darüber, daß die staufische Kaiserfamilie des ersten und die zollerische des zweiten Reiches aus Württemberg stammten. Deutsche Politik wurde im Reich gemacht; im Land gedieh deutsche Kultur. Zwei heimische Dichter traten auf, Heinrich von Ofterdingen als

Sänger im Kyffhäuser, Ludwig Uhland als Siegesbote von draußen. Beide halfen den träumenden Kaiser zu wecken. Ganz wach wurde er jedoch erst, als er vom Sieg über Frankreich vernahm, von nationaler Einheit und internationaler Freiheit der Deutschen. Da rief er majestätisch: »Wenn's solcher Weise um mich schallt, So läßt der Bann mich los, Kommt Deutschland wieder zu Gewalt Und wird aufs neue groß.«

Uns läßt hier das Unbehagen nicht los. Die Wortfolge Deutschland – Gewalt – Groß erinnert an den Führer eines dritten Reiches, der beim Überfall auf Rußland 1941 den Namen Barbarossa mit dem Unternehmen großdeutscher Welteroberung verband. Von diesem Ende her halten wir leicht die ganze Dreifaltigkeit der deutschen Reiche für unheilig. Schon der Stuttgarter Intendant hatte 1871 Bedenken. Im Augenblick der nationalen Einigung mochte Wehl nicht mit schwäbischer Vergangenheit auftrumpfen, blickte aber beklommen in die Zukunft deutscher Weltgeltung. Den alten Staufer ließ er zum Schluß wünschen, der neue Staat, aus Staaten »vereint für immerdar«, möge mit »biedrem Sinn und reinem Hauch und in der Taten Recht« für Freiheit und Frieden der Welt sorgen. Aus Angst vor der Zukunft banden die Württemberger, ähnlich die Badener, das wilhelminische Reich in staufische Überlieferung ein. Die gleiche Allianz zwischen Staufern und Zollern konnte freilich auch militanteren Zielen von Studenten und Kriegsveteranen dienen; man sah und hörte es bei der Einweihung des Kyffhäuserdenkmals 1896.

Das Beispiel sollte vor kurzatmiger Aktualisierung staufischer Ereignisse warnen, aber zugleich auf langfristige Wirkungen staufischer Zustände hinweisen. Barbarossa konnte 1871 als Zeitgenosse erscheinen, weil im 19. wie im 12. Jahrhundert die Spannung zwischen regionaler und universaler Perspektive fortbestand. Noch immer vermittelte zwischen Schwaben und der Welt zwar eine deutsche Kultur, aber kein politisch abgegrenztes, historisch gefestigtes Deutschland. Diesen Zusammenhang zwischen Einst und Jetzt begriff genauer als Wehl ein größerer Dichter. Friedrich Hebbel, der in Paris seine Heimat unter europäischem Blickwinkel sehen lernte, notierte 1843 im Tagebuch: »Es ist sehr richtig, daß wir Deutsche nicht im Zusammenhang mit der Geschichte unsres Volks stehen ... Aber worin liegt der Grund? Weil diese Geschichte resultatlos war, weil wir uns nicht als Produkte ihres organischen Verlaufs betrachten können, wie zum Beispiel Englän-

der und Franzosen.« Für diese deutsche Sonderentwicklung gab
Hebbel die Schuld den Staufern, die, »so groß Friedrich Barbarossa und Friedrich der Zweite als Individualitäten waren, doch zu
Deutschland, das sie zerrissen und zersplitterten, statt es zusammenzuhalten und abzurunden, kein anderes Verhältnis hatten als
das des Bandwurms zum Magen«. Hier müssen wir Einspruch
erheben, um der Staufer willen und unsretwegen. Hebbels Bitter-
keit kam aus der Sehnsucht nach der künftigen Staatsnation; doch
Sehnsucht macht so ungerecht wie Angst. Warum zerrissen die
Staufer Deutschland? Um ihr kleines Schwaben partikularistisch
zu beherrschen oder um die Welt imperialistisch zu unterwerfen?
Wenn weder das eine noch das andere zuträfe, wäre dann das
Nebeneinander von Partikularismus und Imperialismus eine deutsche Konstante? Ist es wirklich so schlimm, daß wir immer wieder
neu beginnen müssen, uns nicht als Produkte eines organischen
Verlaufs verstehen können? Daß unsere Geschichte nicht entschieden ist und jede Gegenwart sich weniger in sie einzugliedern als
mit ihr auseinanderzusetzen hat? Das muß nicht zu Ausbrüchen
aus der Geschichte führen, die andere erschrecken; es kann Einsichten in die Geschichte fördern, die anderen dienen.

So kommen wir mit den Staufern ins Gespräch: Sie sind nicht
durch Perspektiven ihrer Nachfolger, wir nicht durch Resultate
unserer Vorfahren festgelegt. Versuchen wir es, die Staufer weder
als Götter noch als Würmer zu betrachten, sondern als Menschen,
die unter anderen Umständen dasselbe wollten wie wir: in einer
verwirrenden Umwelt das Zusammenleben so gestalten, daß es einer
bedrohlichen Zukunft standhalten könnte. Die anthropologische
Wendung in der Geschichtsforschung, ursprünglich eine französische
Anregung, ist eine deutsche Chance, über den staufischen Beispiel-
fall, ja die historische Methode hinaus. Viele unserer Kurzschlüsse
liegen nämlich weniger am fehlenden Zusammenhang der Geschichte
als an der fehlenden Geduld der Gegenwart. Die Stimmen von Toten sind leise; wer wissen will, was sie ihm zu sagen haben, muß
zuhören, ohne dazwischenzureden. Daß dies nicht die deutscheste
Tugend ist, merkt man an Hebbel und Wehl, überhaupt an dem
Echo, das den Staufern nach ihrem Tod aus Literatur und Kunst
entgegenkam. Es wird in dieser Ausstellung eigens vorgeführt, um
Betroffenheit zu wecken. Betroffen könnten heutige Deutsche schon
sein, in ihrer Spannung zwischen regionalen und universalen
Zwängen, in ihrer Menschlichkeit und Ungeduld.

II

Die erste Frage richtet sich an *die Staufer* selbst: Wo fühlten sie sich zu Hause, in Schwaben, in der Welt oder wo sonst? Natürlich, so möchten wir gleich dazwischenreden, auf dem Berg Hohenstaufen bei Göppingen. Nach der Burg Stauf, die sie dort bauten, nennen wir sie. Wir folgen damit dem Brauch des europäischen Hochadels: Die Familien von Bourbon und Habsburg, von Baden und Wirtemberg heißen nach ihrer Stammburg, die sie längst verlassen haben. Die Staufer wollten hingegen keinen derartigen Familiennamen. Das lehrt unser frühestes Zeugnis für ihr Selbstverständnis, eine wortkarge Ahnenliste, die 1153 für Barbarossas Ehescheidung aufgestellt wurde. Sie lautet: »Friedrich zeugte Friedrich von Buren. Friedrich von Buren zeugte den Herzog Friedrich, der Stophen gründete. Herzog Friedrich von Stophe zeugte mit der Tochter des Königs Heinrich den Herzog Friedrich. Herzog Friedrich zeugte den König Friedrich.« Was wir zuerst im Ohr behalten, ist ein Personenname, fünfmal Friedrich. So hießen die ältesten Söhne immer, noch Barbarossas Erstgeborener, der jung starb, und sein einziger Enkel. Eine Kette von Menschen also, nicht von Orten. Der früheste Friedrich, vielleicht der Sohn eines Adligen aus dem salzburgischen Alpenvorland und 1030 Graf im Riesgau, nachher schwäbischer Pfalzgraf, faßte im späteren Stauferland erst Fuß und trug noch gar keinen Beinamen. Sein Sohn, bald nach 1053 gestorben, nannte sich nach Buren, vermutlich dem heutigen Wäschenbeuren, als hätte erst er sich da oder nebenan in Lorch festgesetzt.

Dem Ortsnamen Buren folgte in der nächsten Generation der Burgname Stauf. Das ist in der Ahnenreihe ein weiterer großer Schritt. Denn der Graf Friedrich, der vor 1079 seinen Sitz auf den Hohenstaufen verlegte, heiratete die salische Königstochter und gewann mit ihr die Herzogswürde. Der Rang heftete sich an die neue Burg, wie wenn das Herzogtum staufisch, nicht schwäbisch hieße. Doch die folgenden Friedriche sind nur nach ihrer Würde, nicht nach ihrem Land unterschieden, als wäre schon für den nächsten Herzog der Hohenstaufen zu niedrig, für den folgenden König das Herzogtum Schwaben zu klein geworden. Die Liste spiegelt den Aufstieg einer seit langem hochadligen, dennoch höchst ehrgeizigen Familie, die sich nirgends wohnlich einrichten mochte. Wenn die Staufer sich seit den 1140er Jahren zu einem befestigten Ort bekannten, dann war es Waiblingen, sechs Stunden vom Hohenstaufen entfernt. Dorther stammten die salischen Konrade und Heinriche; in deren königliches Erbe heirateten die Staufer ein. Deshalb hießen später ihre Anhänger in Italien nie »Staufer«, selten »Schwaben«, meistens »Ghibellinen«, also »Waiblinger«.

Auch über die salische Ansippung drängte die Familie seit den 1180er Jahren hinaus, als Barbarossa die römische Kaiserwürde behauptet hatte und vererben wollte. Sein Hof verlängerte die staufische Ahnenreihe und ließ den kleinen Friedrich von Buren beiseite. Von den salischen »Guebelingen« führte die Blutbahn über Konrads II. Gemahlin zurück zu den karolingischen Kaisern, über Karls des Großen Mutter zu den byzantinischen Kaisern, zu den römischen Augusti und Caesaren. Sie stammten angeblich von trojanischen Königen, heidnischen Göttern, biblischen Patriarchen. Seitdem die Weltgeschichte Herrschaft kannte, vererbte sich demnach die höchste irdische Würde stets im selben Geschlecht. Heimisch war es in keinem einzelnen Land, weil ihm universale Macht gebührte, nicht über die ganze Erdoberfläche, sondern über die Brennpunkte geschichtlichen Lebens. Friedrich II. schrieb es 1247 an den französischen Adel: Der Papst habe ihn absetzen wollen und anderen Königen versprochen, was er gar nicht verleihen könne, »das Römische Kaisertum, das während der Dauer urlanger Zeiten verlernt hat, sich vom ›stoffischen‹ Haus abzuwenden, und Unsere Königreiche, die durch das Blut Unserer Vorgänger erworben, durch ihre Grabmäler geweiht, durch ihre Bilder geziert sind«. Erstmals war hier der Name der Stammburg mit dem Kaisertum verbunden, freilich in die Vorzeit verlegt, auch auf die Endzeit bezogen; Friedrich verkündete, sein Geschlecht aus dem Hause David werde das Kaisertum bis zum Friedensreich am Ende der Welt behalten.

Hier möchten wir wieder dazwischenreden und das staufische Selbstverständnis zur Ideologie erklären. Aber der Brief Friedrichs II. sprach nicht nur von Richtpunkten der Geistesgeschichte, der Burg Stauf und dem kaiserlichen Rom; er nannte außerdem Marksteine der Machtgeschichte: Blutbande, Gebietserwerbungen, Grabstätten. Lassen wir uns von ihnen führen. Früh verschmähten die Staufer Ehepartner aus kleinem Ortsadel. Die Schwester des ältesten Friedrich wurde mit einem gräflichen Vorfahren der Zähringer in Thurgau und Breisgau vermählt. Friedrich von Buren heiratete um 1040 eine Grafentochter im Elsaß, die ihm reiche Erbgüter einbrachte. Der Sohn erhielt mit der Königstochter und der Herzogswürde 1079 die Möglichkeit, die Burg auf dem Hohenstaufen und das Hauskloster Lorch zum Herrschaftszentrum für Nordschwaben zu machen, ähnlich wie seine Konkurrenten. Denn die Welfenherzöge stifteten in Burg und Stadt Ravensburg einen Schwerpunkt stetigen Familienlebens und geschlossener Landesherrschaft, im Kloster Weingarten einen Mittelpunkt dynastischer Totenliturgie und Geschichtsschreibung für die ganze Bodenseeregion und Oberschwaben; ebenso die Zähringer Herzöge um Freiburg und St. Peter für den Schwarzwald und das Oberrheintal.

Doch bei den Staufern sprengte schon die nächste Generation wieder den regionalen Rahmen, durch Ausgreifen nach Rheinpfalz und Mainfranken, das den Hohenstaufen in eine Randlage drängte, und durch Heiratsverbindungen mit Welfen, Saarbrückern und Sulzbachern. Seit der Ehescheidung Barbarossas 1153 holten sich die Kaiser ihre Frauen vollends aus nichtdeutschen Fürstenhäusern. Mit ihnen erwarben, manchmal zufällig, Friedrich I. Herrschaft über Hochburgund und Provence, Heinrich VI. Macht über Sizilien und Süditalien, Philipp Verbindung mit dem Kaisertum in Konstantinopel, Friedrich II. das Königtum Jerusalem. Wenn im Hochmittelalter eine international versippte Familie der Könige entstand, waren Staufer ihre Mitbegründer. Ein Gegenbeispiel: Barbarossas Zeitgenosse König Ludwig VII. von Frankreich heiratete die Erbin von Aquitanien, Friedrichs II. Gegenspieler Ludwig IX. eine Gräfin der Provence. Die Kapetinger blickten wie örtliche Adelsherren auf die nächsten Nachbarn und erweiterten ihr Erbland konzentrisch, bis sie am Ende ganz Frankreich besaßen. Die Staufer besaßen am Ende nicht einmal Schwaben ganz, aber Herrschaftsinseln überall in der christlichen Welt. Sie hatten ihre »Ideologie« wahrgemacht.

Und ihre Gräber? Im Hauskloster Lorch liegt der herzogliche Burggründer, im staufischen Elsaß sein Sohn; von den Königen ruhen zwei in Deutschland, in den Domen von Bamberg und Speyer neben salischen Kaisern, nicht neben staufischen Vätern. Die Kaiser des Hauses fanden ihre letzte, auch wohl ihre erste Ruhe im Ausland, zwei in Palermo, neben normannischen Königen, die sie beerbten; den toten Barbarossa überführte niemand aus dem Heiligen Land in eine Staufergruft. Wir vergleichen mit Frankreich und England. Vom 7. bis 18. Jahrhundert wurden die meisten französischen Könige im Kloster Saint-Denis bei Paris bestattet, viele englische Könige seit der normannischen Eroberung in London, Westminster. Die Gruft der Könige verdeutlichte dort die Dauer der Dynastie konkreter als jede Ahnentafel. Dort wurden die Nachfolger gekrönt, die Großen des Landes zusammengerufen, zentrale Behörden errichtet. Dort lebte das Königtum, auch wenn der König verreiste oder verkam. Mit einem Wort, dort entstanden Hauptstädte.

Die Staufer achteten zwar darauf, daß bei allen Familienteilungen die schwäbische Herzogswürde, die Burg Stauf und das Kloster Lorch stets beisammenblieben. Aber die Könige wohnten gern in Bischofsstädten zwischen Worms und Regensburg und bauten sich prächtige Pfalzen zwischen Hagenau und Eger; eine Metropole hatten sie nicht und hat, unter anderem deswegen, noch Deutschland nicht. Als Krönungsort benutzten sie Aachen, als Königswahlort Frankfurt, doch einen eigenen Kaiserdom bauten sie nirgends. Räumliche Stabilität hätte zeitliche Kontinuität erlaubt. Während der 130 Jahre von 1138 bis 1270 zählte Frankreich ganze vier Könige; jedesmal folgte auf den Vater der Sohn, und fast alle regierten im Sitzen. Zur selben Zeit verschlissen sich acht staufische Herrscher im Sattel, bei jeder Witterung unterwegs, fast für die Malaria vorbestimmt; nur einmal übernahm der Sohn von den Königswählern unbehelligt das väterliche Erbe. Die Staufer setzten alles auf gegenwärtige Wirkung und setzten sich keine räumliche Grenze. In ihrer Zeit, die eine Epoche europäischer Unruhe und Bewegung war, lebten sie höchst modern.

Nur nannten sie das Feld ihres Lebens und Sterbens ungern Europa. Kaiser Friedrich I. verlieh 1155 der Stadt Pisa das Münzrecht und ließ in die Urkunde schreiben: »Das Volk von Pisa ist durch glänzende Tüchtigkeit zu Land und zu Wasser berühmt. Mit Redlichkeit und Fleiß schmückt und schützt es die Grenzen Europas, in dem Wir Sitz und Heimstatt des Kaiserreiches haben. Es hält außerdem die Völker von Asien und Afrika in Furcht und Fügsamkeit.« Europa war ein Begriff der Geographen; Barbarossas römisches Reich lag zwar in diesem Kontinent, sollte aber nicht dessen Fläche füllen. Nach dem Einbruch der Mongolen schrieb Kaiser Friedrich II. 1241 seinem Schwager, dem englischen König, jetzt sei das gesamte christliche Gemeinwesen bedroht. Gegen die Barbaren müßten die Adler des ganzen »kaiserlichen Europa« zu Felde ziehen. Dies klang, als schwebe das Kaisertum über ganz

Europa, ja über der Kulturwelt schlechthin. Jedoch bedeutete das weder Welteroberung noch europäische Alleinherrschaft. Friedrich beeilte sich, neben Deutschland und Italien christliche Länder aufzuzählen, die nicht seinem Befehl unterstanden, »das wackere, Ritter gebärende und nährende Frankreich, das kriegerische und kühne Spanien, das mannestüchtige und schiffsbewehrte fruchtbare England« und viele andere. Auch er sah den Kontinent als Zusammenhang, nun der Gesittung, nicht mehr der Geographie; aber auch ihm lag weniger an Grenzen als an Menschen. Weil die Staufer ihren Weg von Buren nach Rom als dynamischen Prozeß wollten und verstanden, duldeten sie zwischen regionalem und universalem Horizont keine statische Spannung. Sie waren überall und nirgends zu Hause, auf der ungestümen Suche nicht so sehr nach geistigen Utopien wie nach politischen Angelpunkten ihrer Herrschaft.

III.

Zu Herrschern gehören Untertanen. Ihnen gilt die zweite Frage: Wie antworteten *die Bewohner des deutschen Landes* auf die staufische Herausforderung und wo fühlten sie sich geborgen, in ihrer Gemeinde, im Römischen Reich oder wo sonst? Als Zeugen zitiere ich ein paar Einwohner der größten und reichsten deutschen Stadt Köln, Geistliche, die ihrem Erzbischof kritisch, dem König nüchtern gegenüberstanden. Sie schrieben 1197 die Kölner Königschronik über die letzten zwei Menschenalter und setzten sie für zwei weitere Generationen fort; ihr Buch umspannte fast die ganze Stauferzeit. Ganz Europa betrachteten sie nicht so genau wie die westlichen Handelspartner von England bis Spanien, sie nahmen aber den Kontinent als eigene, christliche Welt. In ihr drängten sich Länder, Völker und Könige; nur in der Mitte, im Römischen Reich, regierten deutsche Kaiser. Gewiß kämpften sie für die Eintracht der Christen und gegen die Ungläubigen draußen; doch näher lag ihre Hauptaufgabe, die Vielzahl deutscher Länder und Fürsten zu einem »ganzen Deutschland« zusammenzufügen. Dies war kein Land wie andere, sondern ein Reich von Menschen, durch Abstammung und Sprache, Geschichte und Verfassung verklammert, allein durch den König verkörpert. An ihm persönlich hing der Friede der Deutschen, das Gedeihen der Natur und das Glück der Gemeinde.

16

Der erste Stauferkönig Konrad III. hatte weder die Mohammedaner geschlagen noch den deutschen Hader geschlichtet. Darum ärgerte sich der Kölner Chronist bei seinem Tod: »Die Zeiten dieses Königs waren ziemlich traurig. Unter ihm herrschten schwankendes Wetter, dauernde Hungersnot, wechselnder Kriegslärm. Er war ja ein tapferer Soldat und im Königsamt auch eifrig genug, aber durch eine Art von Glücklosigkeit kam unter ihm das Gemeinwesen ins Wanken.« Der nächste verhielt sich anfangs ähnlich; Barbarossa war in Italien »als Soldat tapfer, als Kaiser unvorsichtig, aber in beidem glückhaft«. Auf das Glück kam es an, auch in Deutschland, wo Friedrich I. den Landfrieden sicherte und allzugroße Machtblöcke zerschlug. Das kam auch den Kölnern zugute. Sie erwarteten und sprachen vom Kaiser nicht immer das Beste; zornig sperrte er ihnen die Rheinschiffahrt, die Zufuhr von Getreide und Wein. Da gaben sie nach und zahlten ihm schwere Strafe. Aber sie konnten es verschmerzen, und er legte es gut an. Unvergeßlich sein Hoffest in Mainz 1184: Drei Tage lang bewirtete der Kaiser die Angehörigen des Römischen Reichs, dazu Prominenz aus vielen anderen Reichen der lateinischen Welt, so freigebig wie keiner seiner Vorgänger. Er bannte den Hunger und den Bürgerkrieg. Bei seinem Tod im Orient stockte dem Schreiber die Feder. »Das kann man nicht lesen, man muß es spüren«, welche Furcht das verwaiste Heer im Türkenland befiel. Barbarossa war doch zum Vater der Deutschen geworden.

Kurz vor dem Tod Heinrichs VI. 1197 ein erschütternder Eintrag. »Der Kaiser hält sich in Apulien auf. Dort hat er Fürsten, die ihn angeblich umbringen wollten, auf mancherlei Art hingerichtet. Man hört über ihn und die Kaiserin Konstanze verschiedene Gerüchte, er werde an Erfolgen gehindert, ja er schwebe oft in Lebensgefahr, und immer stecke die Kaiserin dahinter. Es herrscht starker Mangel an Futter- und Brotgetreide und großer Hunger; im Rheinland kostet ein Malter Weizenmehl bis zu 15 Schilling. Eine böse Plage geht um, denn im Moselgebiet haben Wölfe mehrere Menschen gefressen. Im selben Jahr erschien einzelnen Leuten, die an der Mosel wanderten, ein Gespenst von wunderlicher Größe, in Menschengestalt auf schwarzem Pferd. Sie erschraken, aber es ritt kühn heran und sagte, sie sollten sich nicht fürchten. Er sei der alte König Dietrich von Bern, sprach er und verkündete, daß über das ganze Römische Reich bald vielerlei Unheil und Elend kommen werde.« Der Kaiser war weit, verfuhr gegen gefährliche Fremde rücksichtslos, und während er sein Glück verlor, begannen die Deutschen zu leiden. Hätten sie ihn im Trierer Dom unter der Krone gesehen, anstatt Gerüchte zu hören, sie hätten geduldiger gehungert und die Wölfe weniger gefürchtet. Erst als die Gegenwart am Rhein trübe aussah, tauchte der König aus der uralten Nibelungensage auf und sagte künftiges Unheil voraus, für das ganze Römische Reich. War es nicht wirklich zu groß?

Der nächste Staufer, Philipp, behagte zuerst den Kölnern nicht; die meisten hielten es mit den norddeutschen Welfen. Am Ende ließen sie sich überzeugen: »König Philipp war zwar an Jahren noch jung, aber mächtig und fromm, hervorragend als Politiker und Soldat, freigebig und heiter, mit allen Vorzügen begabt.« Doch am Himmel erschienen merkwürdige Zeichen, und der König wurde ermordet. Der junge Friedrich II. sodann lebte ganz in der Fremde und heiratete eine halbe Heidin aus Spanien. Dann »wuchs er mehr und mehr in das Königtum hinein, benahm sich in allem edel und eroberte die Herzen aller durch seine angeborene Freigebigkeit«. Sogar die Kölner, von denen ihn viele ablehnten, geleiteten ihn in festlicher Prozession zum Dom, und er sorgte für Abschaffung falscher Münzen und maßloser Steuern, für Frieden unter den Bürgern und mit ihren Nachbarn. Auf dem Mainzer Hoftag 1235 machte er Staat: Er gab den Fürsten des deutschen Reiches einen üppigen Schmaus auf freiem Feld, zeigte sich mit ihnen unter der Krone im Dom und schenkte dem Volk einen Landfrieden in deutscher Sprache, damit ihn alle verstünden. Nur kam er danach nicht mehr. So zerfiel Deutschland in seine Länder und sank unter das Niveau handlungsfähiger Gemeinwesen. Bald zeigten sich am deutschen Himmel unheimliche Bilder und im Osten die Mongolen. Im fernen Apulien wollten 1246 den Kaiser seine Vertrauten umbringen; in Köln wurde das Weizenmehl knapp. Als die Stadt den Malterpreis auf 3 Schilling festlegte, lieferten die Bauern gar nichts mehr, und das Volk litt Hunger.

Rheinische Bürger wie diese wollten nach 1250 nicht glauben, daß Friedrich II. gestorben sei. Viele munkelten, er habe Europa verlassen, um drohendem Unheil zu entgehen, und werde wiederkommen, um den armen Leuten zum Recht zu verhelfen. Daraus erwuchs die Kyffhäusersage, die 1871 Urständ feierte; sie versuchte, in eine turbulente Geschichte Stetigkeit zu bringen. Es war die Weltgeschichte der Durchschnittsbürger. Ihr kurzes Leben wurde geplagt vom Ärger mit Nachbarn, von der Angst um das

18

tägliche Brot. Diesem mühsamen Dasein erschien das ganze Deutschland, vollends sein Kaiser wie eine Verheißung. Auch die Kunstwerke, die wir in dieser Ausstellung bewundern, verzauberten die Zeitgenossen, nicht weil sie Schönheit, sondern weil sie Glück ausstrahlten. Die Kölner respektierten die Ungestümen unter den Staufern, hofften indes, daß das Amt sie bändigen werde. Die Kleinen dankten durch Treue, wenn die Großen in den Alltag etwas Frieden und Überfluß brachten. Doch bei aller Geduld hatten es die Deutschen mit Herrschern schwer, die weder gleichmäßige Politik trieben noch vertrautes Gebaren zeigten.

Wie jäh war schon der Wechsel vom einen Bruder zum anderen, von dem bleichen und nachdenklichen Heinrich VI. zu dem hübschen und heiteren Philipp; wie dicht lagen erst die Extreme im Verhalten desselben Staufers beisammen! Befremdet erzählte der Kölner Chronist, wie 1162 die Mailänder vor dem thronenden Barbarossa niedersanken und um Gnade flehten. »Alle, die es hörten, wurden mächtig zu Tränen gerührt, aber das Gesicht des Kaisers bewegte sich nicht.« Da warf sich einer seiner vornehmsten italienischen Freunde mit in den Staub, »doch der Kaiser verhärtete sein Gesicht zu Stein«. Sogar einen wenig stauferfreundlichen Abt in Lübeck schockierte das Benehmen desselben Barbarossa, als ihm 1176 Heinrich der Löwe die Hilfe verweigerte. »Da stand der Kaiser von seinem Thron auf; wie einer, den Angst quälte, stürzte er ihm zu Füßen. Der Herzog war mächtig verwirrt von dem unerhörten Vorgang, daß der erniedrigt am Boden lag, unter dem sich der Erdkreis krümmt.« Was denn nun, Thronen oder Knien? Der Fortsetzer der Kölner Königschronik argwöhnte, Kaiser Friedrich II. habe 1231 den mißliebigen Bayernherzog Ludwig hinterrücks durch einen Mohammedaner ermorden lassen. Der Einzug desselben Friedrich in eine schwäbische Stadt irritierte alemannische Stauferfeinde. Als ihn vor versammeltem Volk ein Franziskaner festhielt und als Ketzer beschimpfte, sagte der Kaiser zur Leibwache kühl: »Der da möchte durch mich zum Märtyrer werden, aber seinen sehnlichen Wunsch werde ich ihm mitnichten erfüllen.« Was denn nun, Femejustiz oder Toleranz?

Dies und Ähnliches wissen wir, weil es Zeitgenossen aus der Fassung brachte. Daß die Staufer gern das Exzentrische taten, paßte zu ihrem Charakter wie zu ihrem Konzept. Viel erreichten sie durch die Begabung, sich dem Augenblick hinzugeben und andere mitzureißen, in Haß oder Liebe keinen gleichgültig zu lassen. Die Kehrseite zeigte sich, wenn der Herrscher wieder einmal in der Ferne entschwand: Er hatte eine Gelegenheit kühn ergriffen, aber die Strukturen nicht bedächtig gefestigt. Die Folgen kann man an den Verfassern der Kölner Königschronik studieren. Immer mehr verstrickten sie sich in regionalen Kleinkram. Sie nannten zum Schluß das staufische Reich selten so wie der Kaiser das römische, häufig so wie die Ausländer das alemannische, als wäre es das Land der Schwaben und ginge Niederdeutsche nichts an. Heimat formierte sich in Köln als Land des Erzbischofs, überall als überschaubares Territorium jenseits der Gemeinde, diesseits des Reiches. Die deutsche Spannung zwischen universalem und regionalem Horizont entstand also während der staufischen Zeit, aus der wachsenden Kluft zwischen Erwartungen der Herrscher und Erfahrungen der Untertanen.

IV.

Die Ausbildung vieler Schwerpunkte innerhalb eines Feldes wurde zum deutschen Problem, war aber ein europäischer Prozeß. Darauf zielt die dritte Frage: Wie wirkten die Vorgänge im Reich auf *nichtstaufische Europäer* und wo fühlten sie sich verwurzelt, in der lateinischen Christenheit, in landschaftlichen Verbänden oder wo sonst? Zwei Kronzeugen rufe ich an, zunächst einen der klügsten Denker des Hochmittelalters, den Engländer Johannes von Salisbury. Als sich Barbarossa 1166 um Koalitionen mit den Westmächten bemühte, kommentierte Johannes: »Da hat doch neulich der deutsche Tyrann mit dem Gerücht seines Ansehens die Welt erschüttert und beinahe die benachbarten Reiche unterworfen, sogar dem Kaiserreich der Griechen Schrecken eingejagt und von ihm durch Gesandte ein Bündnis, genauer: die Übergabe verlangt. Aber siehe da, Gott hat geholfen und man fürchtet sich weniger. Denn nachdem er die nächsten und fernsten Fürsten durch bloßen Wink in Schrecken versetzte, kann er jetzt seine Deutschen nicht von Gewalttaten abhalten; obwohl er vorher den Völkern nach Laune Krieg oder Frieden ansagte, freut er sich nun schon über eine Waffenruhe, die seine Leute ihm und sich gestatten.« Die staufische Politik des universalen Anspruchs mutete hier wie urtümliche Barbarei an; allein regionale Zerklüftung im Reich rettete die Zukunft der gebildeten Welt vor den schwerfälligen und

20

ungestümen Deutschen. Die Einschätzung der Deutschen als Barbaren ist bis auf den heutigen Tag mindestens in den Hinterköpfen vieler Europäer lebendig geblieben.

Das Bild vom häßlichen Staufer kam aus dem Europa der Kirchenreform, das seit dem 11. Jahrhundert, ohne und gegen die Deutschen, zu sich selbst fand. Johannes von Salisbury vertrat dieses Europa. Er hielt zum römischen Reformpapsttum, förderte französische Mönchsorden, achtete auf italienische Ketzergruppen; er half dem englischen Königtum, schuf eine transpersonale Staatslehre und predigte die ritterliche Lebensform; er studierte an der neuen Universität Paris, kannte die aristotelische Philosophie und pflegte die klassisch-lateinische Dichtung. Wer diese Neuerungen bejahte, sah Europa zusammenwachsen aus internationalen Gemeinschaften von Freiwilligen, die geistige Ziele jenseits der Politik erstrebten und keiner tyrannischen Lenkung bedurften. Als ihre Feinde schlechthin erschienen dann leicht die Deutschen mit ihrer provinziellen Wirklichkeit und ihrem universalen Machtanspruch.

Die Gegenposition vertrat der größte Dichter des Hochmittelalters, der Florentiner Dante Alighieri. Um 1305 beklagte er den Zerfall von Italiens Eintracht und die Habgier roher Landesherren. Er verwies auf Friedrich II.: »Die berühmten Helden, Friedrich der Caesar und sein wohlgeratener Sohn Manfred, offenbarten den Adel und die Geradheit ihrer Gestalt. Sie folgten, solange das Glück ihnen blieb, dem Menschlichen und verachteten das Viehische. Deshalb wollten sich Menschen von adligem Herzen und hoher Begabung der Majestät dieser großen Fürsten anschließen. So entfaltete sich zu ihrer Zeit alles, was an hervorragenden Geistern bei den Lateinern auftauchte, zuerst am Hof dieser Gekrönten. Ihr Königsthron war Sizilien.« Die staufische Politik der regionalen Konzentration galt hier als Grundlage geistiger Universalität; für einen vorbildlichen Moment war Sizilien Brennpunkt des lateinischen Geistes, ja der menschlichen Würde gewesen. Auch das Bild von den Deutschen als Dichtern und Denkern hat bis heute standgehalten.

Das Bild vom edlen Staufer kam aus dem Europa der Stadtbürger, an dem Deutsche wie die Kölner mitgebaut hatten. Auch die Bürger hatten seit dem 11. Jahrhundert, zuerst in Flandern und Oberitalien, Genossenschaften gegründet, sich von Stadtherrschaft und Landwirtschaft gelöst, Schwurverbände für Kaufleute und

Handwerker geschlossen und einen internationalen Marktverbund vom Orient bis nach England geschaffen. Die mächtigsten Kommunen Italiens, darunter Dantes Heimatgemeinde Florenz, hatten sich mit den Staufern teils geschlagen, teils vertragen, aber nie verstanden. So geschickt die Staufer Marktwirtschaft und Geldverkehr, zum Beispiel durch Gründung von Münzstätten, verwendet hatten, ihrem Adelsstolz war es unbegreiflich geblieben, daß Städter mit Kaisern wie mit Krämern feilschten, Politik als Palaver betrieben und kaufmännische Buchführung für Bildung hielten. Der Sieg der lombardischen Städtebünde über die Staufer wirkte freilich für Gemeinsinn und Wirtschaft Italiens verheerend; er endete in der Selbstherrlichkeit kommunaler Klüngel. Wer dann den Egoismus der Krämerseelen bedauerte, verklärte leicht die staufische Elite am Hof als Muster für gesittetes Weltbürgertum, für »humana civilitas« schlechthin.

Was Johannes von Salisbury und Dante Alighieri gegensätzlich und überspitzt ausdrückten, beginnt erst die moderne Forschung zurecht- und zusammenzurücken. Die Staufer suchten die Kluft zwischen Deutschland und dem anderen Europa auf ihre politische Weise zu schließen; sie übersetzten die neuen Gedanken aus der Fremde in die zählebigen Zustände daheim. Das erkennt man am besten in Bereichen, die den beiden Zeugen am nächsten lagen, sich aber in einer Ausstellung am schwersten abbilden lassen, den religiösen und geistigen Bewegungen. Der Kreuzzugsgedanke war von den Reformpäpsten im französischen Laienadel geweckt worden und rief Ritterorden hervor. Begeisterung für Jerusalem regte vor dem ersten Kreuzzug den ersten Stauferherzog wenigstens dazu an, in Schlettstadt eine Nachbildung des Heiligen Grabes zu bauen. Sein Sohn Konrad pilgerte 1125 schon nach Jerusalem und ließ sich 1146 als erster Stauferkönig, trotz seiner innerdeutschen Bedenken, in den zweiten Kreuzzug ziehen. Alle Stauferkaiser planten und führten seitdem in der vermeintlichen Nachfolge Karls des Großen Kreuzzüge ins Heilige Land und förderten damit anfangs das Zusammenwachsen der lateinischen Christenheit. Allerdings wurden dabei aus spontanen und genossenschaftlichen Pilgerfahrten kalkulierte und herrschaftliche Feldzüge, wie schon zuvor bei den Normannen. Staufischer Politik diente etwa die skandalöse Verhaftung des englischen Kreuzfahrers und Königs Richard Löwenherz in Deutschland oder die Gründung des Deutschen Ritterordens im Heiligen Land und seine spätere Verlegung ins Baltikum. Andere Politiker Europas nutzten die Kreuzzüge noch direkter für ihre Ziele, die Venezianer bei der Eroberung Konstantinopels, die Franzosen beim Albigenserkrieg. Währenddessen ging der religiöse Kerngedanke im Wahn des Kinderkreuzzugs zugrunde.

Dem Aufruf zu gemeinsamer Aktivität waren ferner seit 1100 in Frankreich neue Mönchsorden von apostolischer Strenge gefolgt, so die Zisterzienser und Prämonstratenser, dazu in ganz Westeuropa asketische Laienbruderschaften, daneben weltfeindliche Ketzergruppen. Die städtischen Häretiker, die wie Arnold von Brescia Gott mehr als den Menschen gehorchen wollten, wurden von den Staufern bekämpft, die Mönche dagegen bei ihrer ländlichen Rodungsarbeit gefördert, im Elsaß die Zisterzienser von Neuburg, in Franken die von Ebrach, in Schwaben die Prämonstratenser von Adelberg. Wo die Staufer inmitten fremder Gebiete Freunde gewinnen konnten, übernahmen sie gern den Schutz von Zisterzen, etwa in Salem und Maulbronn. Das war nicht bloß Taktik, auch Überzeugung. Barbarossa stand mehreren Prämonstratensern nahe, Friedrich II. starb in der zisterziensischen Kutte. Nur die Bettelorden des 13. Jahrhunderts, Dominikaner und Franziskaner, verbündeten sich mit der päpstlichen Theorie und der bürgerlichen Praxis zu bedingungslos, als daß sich die Staufer mit ihnen befreunden mochten. Immerhin verehrte Friedrich I. eine Schlüsselfigur der Frauenmystik, Hildegard von Bingen, und Friedrich II. sorgte für den Kult der heiligen Elisabeth von Thüringen, auf die sich karitative Beginengruppen beriefen. So unterstützten die Staufer die Stillen im Land und die nach innen gekehrte Frömmigkeit des Spätmittelalters.

Als an städtischen Universitäten zwischen Salerno und Oxford eine andere, intellektuelle Elite zusammenströmte, nutzten die Staufer auch dieses Angebot. Einige von Barbarossas vornehmsten Beratern studierten in Paris scholastische Philosophie und Theologie; nachher zeigten sie sich päpstlichen Argumenten dialektisch gewachsen. An Bologneser Professoren der Jurisprudenz trat Friedrich I. heran, um römisches Kaiserrecht in italienischen Städten zu fördern. Die Schriftlichkeit von Recht und Verwaltung gewann damit an Bedeutung. Monarchischem Interesse diente es allerdings nicht, im eigenen Land Universitäten mit genossenschaftlicher Selbstverwaltung einzurichten. Vielmehr gründete Friedrich II. in Neapel die erste obrigkeitlich organisierte Universität, für praxisnahe Ausbildung einheimischer Juristen und Ärzte. Während Rechtskundige die Untertanen nach dem Gesetz des Fürsten lenkten, unterwarfen Naturkundige die Tiere und Pflanzen dem Bedarf des Menschen; die Diener des Kaisers konnten mit seinen Falken verglichen werden. Auch diese Instrumentalisierung von Wissenschaft machte in Europa hohe Schule.

In Deutschland brauchten die Staufer weniger gelehrte Helfer. Sie gedachten, die getrennten Landesherrschaften hier lieber durch persönliche Bindungen des Lehenrechts zusammenzuhalten; zum unbedingten Dienst zogen sie eher Ministerialen heran, um vom bodenständigen Adel und Klerus unabhängig zu werden. Weil sie aber Ministerialität und Lehensadel zu einer königstreuen Gemeinschaft verschmelzen wollten, übernahmen die Staufer früh die ritterliche Lebensform von den Höfen der Provence und Champagne. Barbarossas Vater und Onkel hielten 1127 das erste deutsche Kampfspiel und ließen ihm den fremden Namen »Turnier«. Als Friedrich I. beim Mainzer Hoffest selbst als Ritter turnierte, freuten sich französische und deutsche Dichter mit. Die Ritterdichtung, provenzalische Minnelyrik und nordfranzösische Artusepik, wurde eingedeutscht. Spätere Staufer dichteten im Kreis der Höflinge persönlich und nobilitierten so, in Deutschland wie in Sizilien, die Volkssprachen als Vermittler europäischer Laienkultur. Freilich nahm die Verklammerung zwischen Poesie und Hofgesellschaft bald der volkssprachlichen Dichtung die frische Lebensnähe. Ihr stilisierter Anspruch hinderte Friedrich II. nicht, sich über die ritterliche Gemeinschaft seines Adels zu stellen, sie ständisch abzuschließen und dem Untertanenverband einzugliedern. Auch damit wirkte er vorbildlich und stärkte die Solidarität der Majestäten. Was den Staufern beim Rittertum am besten gelang, versuchten sie allenthalben: neue soziale Gruppen zur eigenen Gemeinschaft zu ermutigen und eben dadurch an staufische Herrschaft zu binden. Die Verquickung regionaler Formen mit universalen Inhalten machte die Deutschen gewiß europäischer als zuvor; gleichzeitig verfestigten sich jedoch überall genossenschaftliche Bewegungen zu herrschaftlichen Institutionen. Europa bildete dann ein labiles Gleichgewicht politischer und sozialer Mächte, bloß religiös und geistig noch eine Einheit, auch das nicht mehr lange.

V.

So bleibt die Schlußbilanz zwiespältig. Positiv fällt sie aus, wenn man das Verhältnis der Staufer zu Deutschland betrachtet. Hier hatte Friedrich Hebbel nicht recht; die Staufer waren alles andere als Parasiten. Sie zogen das noch halb archaische Deutschland in das neue Europa des Westens und Südens hinein, drängten zeitweilig sogar die europäische Entwicklung in deutsche Richtung und bremsten die zentrifugale Dynamik. Sie zahlten dafür den höchsten Preis, indem sie sich und andere überanstrengten. Sie verkörperten selbst noch einmal die impulsive, allen Leidenschaften offene Adelswelt des Frühmittelalters. Sie nahmen auch die alte persönliche Autorität über Gefolgschaftsverbände mit hinüber in die neue Rationalität institutioneller Flächenstaaten. Deshalb unterlagen sie trockenen Haushältern und deren effizienten Behörden, zuletzt im ungleichen Duell Konradins mit Karl von Anjou. Aber ihr Werk überlebte sie, denn sie nahmen in die klassische Idee universaler Herrschaft auch moderne Formen regionaler Genossenschaft herüber. Darin richteten sich nach dem Untergang der Staufer ihre deutschen Untertanen ein, mit ständischen Bünden von Reichsfürsten, Rittern, Bürgern, Kaufleuten, Handwerkern, Bauern und Gelehrten. Dieses Deutschland lebte bescheidener und länger als die Staufer, zehrte aber von einem ihrer Impulse.

Wenn heute gerade ein deutsches Bundesland die Staufer wieder entdeckt, könnte die Erinnerung die Welt bereichern. Freilich weist das Verhältnis der Staufer zur Welt negative Züge auf, die Feodor Wehl verzerrt sah; sie kennzeichnen nicht allein die staufische, vielmehr die ganze europäische Geschichte des Hochmittelalters. Zur gleichen Zeit, auf dieselbe Art, in der die Staufer Deutschland veränderten und Europa das Staunen lehrten, begannen die Völker der lateinischen Christenheit mit Kreuzzügen nach Kleinasien und Nordafrika die Welt umzuformen und zu überwältigen. Sie machten sich die Erde untertan, in einer Stimmung des Aufbruchs und Wettbewerbs, die wenig Zeit zum Nachdenken ließ. Diese Bewegung wurde durch Entdeckungsreisen, Kolonialismus und Industrialisierung zwar säkularisiert, aber immer weiter ausgedehnt und beschleunigt. Jetzt kommt sie zum Ende, und Europa soll den Preis für sein Wachstum, für die Überforderung der anderen zahlen. Es müßte sich trotzdem vor lauter Ungeduld nicht verleugnen, wenn es nachdenken wollte. Seine Geschichte besteht nicht nur aus

Resultaten eines ungestümen Aufbruchs, sondern auch aus Grundsätzen eines bedächtigen Miteinanderlebens. Man sollte heute nicht nur auf die Taten, sondern auch auf die Entwürfe von damals blicken. Man sollte daran erinnern, daß Europa zur Zeit der Staufer auch die Heimat der »humana civilitas« sein wollte, ein Gemeinwesen, wo universale Gedanken sich regional verwirklichten, wo Herrschaft sich auf Genossenschaft gründete, wo Rationalität sich der Humanität beugte.

STAUFISCHE HERRSCHAFT IN SÜDWESTDEUTSCHLAND, VOR ALLEM AM BODENSEE

1. Könnten wir durch die Zeit reisen wie durch den Raum, so fänden wir uns bei einem Ausflug in das Jahr 1100 an diesem Ort Konstanz nur schwer zurecht. Wir träfen Menschen mit fremden Sorgen, eine Gemeinde mit fremden Bauten, eine Region mit fremden Ordnungen. Immerhin kämen uns nach einer Weile nicht nur der Bodensee und das Säntismassiv bekannt vor, sondern auch die geschichtliche Struktur und Problematik dieser Landschaft. Sie war damals wie heute Treffpunkt für vielerlei geistige, religiöse, gesellschaftliche und wirtschaftliche Bewegungen und bot ihnen berühmte Heimstätten, die Bischofsstadt Konstanz und zahlreiche Abteien zwischen Schaffhausen und Bregenz. Aber damals wie heute sammelte sich das Land nicht um einen politischen Schwerpunkt und zerfiel in vielerlei kleinräumige, lockere Herrschaften. Es war lange her, seitdem die karolingische Königspfalz Bodman dem ganzen Bodensee diesen einen Namen verschafft hatte. Um 1100 hausten die mächtigsten Herren anderswo und besaßen am See lediglich Grenzposten. In Stein am Rhein übten die Zähringer Herzöge die Klostervogtei aus, die Schutzpflicht über Klostergüter und die Rechtsaufsicht über Klosterbauern; auch auf dem Konstanzer Bischofsstuhl thronte um 1100 ein Zähringer. Klostervögte auf der Reichenau sowie in Kreuzlingen wurden die welfischen Herzöge; sie drängten außerdem darauf, daß der aus ihrer Sippe gekommene Bischof Konrad in Konstanz als Heiliger verehrt würde. Aber Welfen und Zähringer hatten sich kürzlich ihre Hauptburgen und Hausklöster weitab von den geistlichen Zentren am Bodensee gebaut, die Welfen um Ravensburg und Weingarten im Schussengau, die Zähringer um Freiburg und St. Peter im Breisgau.

Dort entstanden ländliche Bezirke von straffer Ordnung, politisch und militärisch von Burgen herab beherrscht, geistlich und sozial aus Klöstern betreut, agrarisch genutzt von Bauern, die ihre Schutzherren und Seelsorger miternährten. Was da um 1100 erwuchs, war eine neue Art von Herrschaft: generelle Verfügung eines adligen Herrn über viele abhängige Menschen. Zuerst Verfügung über den Grund und Boden, den er ihnen zum Leben und Arbeiten zuwies; dann Verfügung über ihre Arbeit, die er zum Teil durch Frondienste und Abgaben beanspruchte; weiter Verfügung über ihr persönliches Verhalten, das er als Richter über Leben und Tod bestimmte; schließlich Verfügung über ihr soziales Zusammenleben, das er durch Zwing und Bann, Gebot und Verbot regelte. Solche Konzentration von Macht glückte nur, wo alle Einrichtungen einem einzigen Herrn zustanden oder zufielen, ungefähr im Gesichtskreis seines Bergfrieds. Welfen und Zähringer führten darüber hinaus den Herzogstitel, verfügten also aufgrund älterer Einrichtungen auch in größeren Räumen über unabhängige Menschen, jedoch nur in besonderen Fällen. Ein Herzog mochte die Großen des Landes zu Heerfahrt und Landtag aufbieten, den Landfrieden gegen Adelsfehden wahren und die Freien nach Landrecht richten; er mochte geringeren Adelsfamilien imponieren und sie beerben. Doch nur wo er alleiniger Herr war, auf eigenem Grund und Boden, konnte er allgemeine Macht organisieren, etwa mit Hilfe unfreier Dienstmannen, die sogar fernerwohnende Bauern von Burgen herab überwachten und an den Rändern durch Rodung von Wäldern neues Herrenland gewannen.

Auch im Altsiedelland hatten Welfen und Zähringer viel Streubesitz und Einzelrechte inne, aber in Gemengelage und von Fremdeinflüssen durchlöchert, besonders am Bodensee. Hier hemmten ältere, verwickelte Einrichtungen sich gegenseitig und behinderten den Aufbau neuer Herrschaft. Sie wurden zudem überlagert durch genossenschaftliche Verbände von hoher Mobilität, vor allem durch gewachsene Städte mit einem Netz von Fernhandelsstraßen und Märkten zwischen Basel und Lindau, Radolfzell und Rorschach. Die vielschichtige, geschichtsreiche Gegend wurde zur Drehscheibe für Gedanken und Waren; nur ein überragender Bergfried stand hier nicht. Wenn der Konstanzer Bischof auf seinen Münsterturm kletterte, sah er schon nahebei andere Türme, die ihm Trutz boten. Weiter draußen im Umland errichteten Grafengeschlechter selbstherrlich ihre Burgen, Bregenz, Heiligenberg, Pfullendorf, Nellenburg, Lenzburg, Kyburg, Habsburg; jedes herrschte über ein paar Dörfer. Es waren zu viele Herren, als daß einem hätte gelingen können, wovon alle träumten. Das Land um den See würde dem Herrn aus der Ferne zufallen, sobald er käme.

Fürs erste kam er nicht. Eben noch tobten im Raum zwischen Reichenau und St. Gallen erbitterte Kämpfe, das Schlachtfeld selbst schien zum Kampfpreis bestimmt; darüber hinaus winkte dem Sieger Herrschaft über das ganze Herzogtum Schwaben samt

Bistum Konstanz. Doch um 1098 begriffen die Kampfhähne, daß moderne Herrschaft mit wirksameren Methoden in übersichtlicheren Räumen zu gewinnen wäre; sie versöhnten sich miteinander und grenzten ihre Sphären gegeneinander ab. Die Welfen strebten vom Schussengau nach Osten, über das Lechtal und Augsburg nach Bayern und Tirol. Die Zähringer drängten vom Breisgau nach Süden, über Südschwarzwald und Thurgau nach Zürich und Burgund. Die dritten im neuen Bund der Herzöge, die Staufer, behaupteten den alten Herzogstitel von Schwaben und setzten sich in Ulm fest, dachten aber nicht an weiteres Vordringen über die Donau südwärts zum Bodensee. Vielmehr verbanden sie ihre beiden Herrschaftszentren miteinander, das eine im Elsaß um die Pfalz Hagenau und das Kloster Schlettstadt mit dem anderen am Neckar um die Burg auf dem Hohenstaufen und das Kloster Lorch. Die rheinfränkische Brücke verwies sie nordwärts nach Speyer und Worms, bald weiter in mainfränkische Richtung nach Rothenburg und Nürnberg. Die drei mächtigsten Geschlechter des deutschen Südwestens stützten sich also um 1100 auf Randzonen des alemannischen Stammes und strebten in Randzonen benachbarter Stämme. Während sie dort Herrschaft im neuen Stil gründen konnten, ließen sie die Region am Bodensee abseits liegen. Sie war im Frühmittelalter die Mitte des alemannischen Stammesverbandes gewesen und eignete sich daher nicht für rigorose Kahlschläge.

2. Drehen wir das Zeitrad um ein Menschenalter weiter, so bemerken wir um 1140 Veränderungen, mehr in den Stimmungen als den Zuständen. Im neuerlichen Streit zwischen Staufern und Welfen bildete die Bodenseegegend nicht mehr den Siegespreis, denn der 1125 ausgebrochene Kampf ging nicht um schwäbische Herzogswürden, sondern um das deutsche Königtum. Die Schlachten fanden in den Konfliktzonen statt, um den Hohenstaufen und Ulm, um Weinsberg bei Heilbronn, um Wolfratshausen am Starnberger See. In ihren Kernbezirken gründeten Zähringer, Welfen und Staufer inzwischen auch Städte, andere als die gewachsenen am See, geplante und befohlene Gemeinden wie Freiburg, Ravensburg, Schwäbisch Gmünd, gedacht als Mittelpunkte fürstlicher Hofhaltung, Bezugspunkte ländlichen Marktes, Ausgangspunkte herrschaftlicher Siedlung und Rodung. Die Herren beäugten die alte Städtezone am Bodensee mit neuem Interesse; doch hier war mit rauhem Zugriff wenig auszurichten. Hier gewann der Behut-

same, der die Chance geschichtlicher Kontinuität nicht im Rausch effizienter Methoden vertat.

Von dieser leisen Art war der oft unterschätzte erste Stauferkönig Konrad III., der sich in die Konfrontation mit den Welfen nicht völlig verrannte. In Ulm und Basel war er eher zu Hause; doch 1142 ließ ihn der bislang welfisch gesinnte Bischof Hermann für einen Monat in Konstanz amtieren. Da verlangte der König nicht Herrschaft, er gewährte Schutz. Schutz von Wehrlosen gegen Machthaber, Wahrung von Frieden und Recht gegen Herrschende, so hieß immer die Aufgabe mittelalterlicher Könige. Es half nicht viel, wenn ein König allgemeine Gesetze erließ, denn er sah sich keinem einheitlichen Untertanenverband gegenüber, sondern einer Unzahl von Herren eigenen Rechts. Es half viel mehr, wenn ein König einzelnen Objekten adliger Herrschaft seine persönliche Huld erwies, denn so schuf er jenseits regionaler Querelen eine Sphäre universalen Vertrauens. Darum nahm Konrad 1142 in Konstanz das junge Zisterzienserkloster Salem in seinen Schutz; darum schlichtete er hier mit dem Beistand des Bischofs eine strittige Abtwahl der Benediktiner von Einsiedeln. Die königliche Bemühung um Schutz und Frieden mußte viele Bedrohte erfreuen, zuerst die Männer der Kirche, die noch im Namen der Landschaft sprachen. Bald erschien der Konstanzer Bischof auf Reichstagen des staufischen Königs in Ulm und Speyer.

Die nächste Stufe erreichte Konrad III. im Januar 1152 bei einem Reichstag in Konstanz. Wieder erhielt ein kleines Augustinerkloster, Detzeln im Alpgau, den Königsschutz. Vor die geistlichen traten jetzt aber weltliche Herren, der Neffe des Königs Herzog Friedrich von Schwaben, der Zähringerherzog Konrad und Herzog Welf VI. Während die drei Familien sich anderswo noch stritten, sprachen sie hier bereits miteinander, am Grab des heiligen Bischofs Konrad, den sie alle verehrten. Und hinter den Herzögen standen, beinahe noch stumm, Grafen der Nachbarschaft, von Lenzburg, Nellenburg, Pfullendorf; einige hatten die Staufer 1147 auf dem Kreuzzug begleitet. Ein paar Wochen später starb Konrad III., doch sein Neffe Friedrich von Schwaben kam im nächsten Jahr wieder nach Konstanz, nun als deutscher König. Der Reichstag von 1153 drehte sich von neuem um Vertrauen und Frieden, diesmal zwischen Kaisertum und Papsttum, auch zwischen Königtum und Herzogsgewalt. Unter Barbarossas Helfern begegneten seitdem neben Bischof Hermann von Konstanz und

Herzog Heinrich dem Löwen die Grafen Rudolf von Pfullendorf und Ulrich von Lenzburg. Der König zog sie als Beisitzer seines Königsgerichtes heran, dazu als politische Berater und Gesandte, mehr wie ein werbender Freund, weniger wie ein gebietender Fürst. Er wußte, wie man Menschen gewinnt; sie wußten, daß er sie nicht bloß sympathisch fand, sondern brauchte. Denn für Barbarossa wurde der Bodenseeraum politisch wichtig, schon weil er für Italienzüge den bequemsten Zugang bot, dann weil die staufische Familienherrschaft über die Donau südwärts näherrückte, schließlich weil die drei herrschenden Häuser des deutschen Südwestens nur hier friedlich zusammentrafen. Die lang ausgesparte Region entfaltete zur Zeit Barbarossas von neuem die einigende Kraft einer Brückenlandschaft, in der Ranggleiche einander als Freunde begegnen konnten.

3. Als nächsten Haltepunkt unserer Reise wählen wir die Jahre um 1180. Was die Generation zuvor kaum ahnte, war eingetreten, der Bodensee war ein schwäbisches, ja ein staufisches Meer. Hätten wir die Konstanzer gefragt, wie das so schnell geschehen konnte, sie hätten keine rechte Antwort gewußt. Sie sahen 1183 ihre vertrauten Handelspartner aus den oberitalienischen Kommunen ankommen, um nach zähem Ringen gegen den deutschen Kaiser ihren Frieden mit Barbarossa zu schließen, jenen Frieden, den sich Fernhändler schon immer wünschten. Sicher freuten sich die Konstanzer, daß ihr eigener Stadtherr, der Bischof, kaum in Erscheinung trat und daß der Kaiser in der Bischofspfalz jetzt Ratsherren von Gemeinden als Verhandlungspartner empfing. Unter den geistlichen Würdenträgern am See zeichnete Barbarossa nur noch einen aus, den Abt des Klosters Reichenau, das jetzt unter staufischer Vogtei stand; dieser Abt Diethelm von Krenkingen kam aus staufertreuem Adel. Wo blieben die anderen Laien, die Grafen von Lenzburg und Pfullendorf? Sie waren ohne Erben gestorben, und Barbarossa hatte sie beerbt. Das heißt, er war nun Herr über die wichtigsten Abschnitte der Königsstraße von Ulm nach Zürich und über die Alpenpässe. Im Linzgau und Zürichgau beherrschte er noch immer Knotenpunkte, nicht ausgedehnte Flächen. Doch erwarb er in diesen Jahren nebenan ein richtiggehendes Territorium, das ganze oberschwäbische Welfenerbe zwischen Buchhorn (Friedrichshafen) und Memmingen. Sein alter Freund Welf VI. hatte es ihm nach 1167 verkauft, teils aus Geldnot, teils aus Ärger über die Habgier der eigenen Sippschaft.

Auch Barbarossas Gebaren war für adelsstolze Herren befremdlich. Der ritterlichste aller Kaiser benahm sich wie ein Großhänd-
ler, der sein Hab und Gut wendig und geduldig mehrte, durch
Kauf, Tausch, Vertrag und Erbschaft, ohne Schwertstreich. Gleichwohl erreichte Friedrich mit diesen privaten Mitteln den öffentlich-
sten aller Zwecke. Sein Sohn, der 1183 in Konstanz dabei war,
verfügte als Schwabenherzog nicht mehr nur über amtliche Rechte
und isolierte Punkte; er verkörperte eine sich verdichtende
Gebietsherrschaft, von der schon jetzt das deutsche Kaisertum
zehrte und in der womöglich bald das Herzogtum Schwaben auf-
gehen konnte. Für solche Herrschaftsformen brauchten die Staufer
energischere Helfer als friedliche Bischöfe und freundliche Grafen;
sie brauchten ergebene Dienstmannen, die ihnen das staufische
Hausgut zusammen mit dem Reichsgut ständig zur Verfügung
hielten. Diese Reichsministerialen standen noch nicht rechtlich,
aber schon politisch über den meisten edelfreien Grafen, weil sie
dem Kaiser nähertraten und über mehr Macht geboten. Aus dem
alemannischen Raum, zum Beispiel von der Herzogsburg auf dem
Hohenstaufen, machten sich 1183 in Konstanz noch keine Ministerialen bemerkbar; die hier tonangebenden Werner von Bolanden
und Kuno von Münzenberg stammten aus Rheinpfalz und Wette-
rau, wo ältere, seither straff durchgebildete staufische Haus- und
Reichsgüter lagen. Das neue Stauferland in Oberschwaben stand
weiter in der Obhut jener Ministerialen, die vorher den Welfen
oder Pfullendorfern gedient hatten. In ihren Dörfern waren sie
kleine Könige, am Kaiserhof noch wenig mehr als Hinterwäldler.

Mit alledem bahnte sich ein Umschwung an. Das Land um den
Bodensee wurde der staufischen Herrschaft schrittweise integriert
und diente der Sicherung kaiserlicher Reisewege zwischen Aachen
und Rom, daneben der Abrundung herzoglicher Hausgüter; es verlor sein Eigengewicht als Treffpunkt von Gleichgeachteten. Nehmen wir Barbarossas letzten Besuch 1187. Er kam vom Wormser
Reichstag nach einer Rast in der Pfalz Kaiserslautern an den
Bodensee, vor allem um seine Gesandten zu treffen, die vom Papst
zurückkamen. Die universale Politik ließ etwas Zeit für die regionale; die Herren aus der Landschaft strömten herbei, um ihrem
Oberherrn zu huldigen. Abt Diethelm von Reichenau hatte den
Zisterziensern von Salem Land geschenkt; der Kaiser bestätigte
1187 in Wallhausen diese Abmachungen, noch am selben Tag in
Überlingen ähnliche Aktionen zugunsten der Benediktiner von

Weingarten. Das klang provinziell, war es aber nicht. Barbarossa schützte so nicht mehr einzelne Klöster, sondern förderte den Verbund aller kirchlichen Einrichtungen am See. Sobald der staufertreue Reichenauer Abt Diethelm 1189 den Konstanzer Bischofsstuhl bestieg, zeichneten sich vollends Umrisse eines staufischen Hausbistums ab; Schutz über Geistliche verwandelte sich in Herrschaft über Kirchengut. Weiter war die Zusammenfassung weltlicher Macht gediehen, und Barbarossa stellte sich 1187 flexibel darauf ein. Er vernachlässigte die einheimischen Grafen und bevorzugte die einheimischen Dienstmannen. In der Zeugenreihe der Kaiserurkunde standen noch vor dem gewaltigen Werner von Bolanden zwei hiesige Verwalter staufischen Hausgutes, Heinrich von Markdorf und Konrad von Schussenried. Der Kaiser band nun schon kleine Leute vom Land an sich persönlich und gab ihnen das Gefühl, daß die alltägliche Plage in der Provinz vom Glanz der Majestät ständig geadelt werde. Das Gefühl täuschte, denn Barbarossa blieb auf der großen Durchgangsstraße und reiste schnell weiter. Ihn bewegten ganz andere Gedanken als den Ministerialen, der eine Strecke weit stolz neben ihm ritt, andere als den Bauern, der am Straßenrand vor ihm die Mütze zog. Immerhin war ein staufischer Marktort wie Überlingen nicht nur Raststätte des Kaisers unterwegs, nicht allein Tauschplatz für die Bauern ringsum, sondern zugleich Schaltstelle zwischen Reichsgewalt und Regionalverwaltung. Hier begegneten einander Herrschaft und Landschaft zwar flüchtig, aber persönlich.

4. Wir drehen noch einmal an der Zeitskala, zur Generation um 1220. Am Bodensee hat sich wenig verändert, genauer gesagt, drohende Änderungen sind verhindert worden. Bischof Diethelm von Konstanz hat dem Land während des staufisch-welfischen Thronstreits seit 1197 einen neuen Bürgerkrieg erspart und die Stetigkeit staufischer Herrschaft sogar gegen Barbarossas ungeduldige Erben behauptet. Die Bürgerstadt Konstanz hat 1212, während der Welfe Otto IV. schon in Überlingen stand, dem jungen Friedrich II. die Tore geöffnet und ihm damit die Straße am Rhein freigegeben, zur Königswahl in Frankfurt, zur Königskrönung in Aachen. Der dankbare König hat den Konstanzern erlaubt, sich eine Selbstverwaltungsbehörde, einen Stadtrat zu wählen, und der Bischof hat den Eingriff geduldet. Daraus hätte mehr werden können, ein regionaler Bund autonomer Kommunen, doch rasch hat der König eingelenkt und die alten Machthaber besänftigt, 1213 in Konstanz

und Überlingen die Bischöfe und Äbte, 1216 in denselben Städten die Grafengeschlechter zwischen Nellenburg und Habsburg. Da hat er auch Reichsministerialen empfangen, die von Randegg, Ramsberg, Winterstetten und Arbon. Die Reihe der Gesprächspartner spiegelte noch die Vielgliedrigkeit der Landschaft, schon die Einförmigkeit der Herrschaft, die keine neuen Gruppen mehr zuzog. Unter den alten fehlten die Herzogsfamilien der Zähringer und Welfen; sie waren in diesen Jahren aus der Politik der Region endgültig ausgeschieden.

Dadurch hatte das Land an aktuellem Interesse verloren; seit 1216 zog Friedrich II. noch oft an den Rhein, nach Hagenau und Speyer, nie mehr zum Hohenstaufen und an den Bodensee. Wozu auch, die Seehasen waren staufertreu, und zuverlässige Verwalter paßten auf, ohne daß ein Schwabenherzog weiterhin das staufische Hausgut zusammenhielt und vom Königsgut getrennt hielt. Den Herrscher vertraten in den Städten anfangs herzogliche, jetzt königliche Schultheißen wie Bernhard in Ravensburg und Abelin in Pfullendorf, auf dem Land Reichsministerialen wie die Truchsessen von Waldburg und die Schenken von Winterstetten. Diese beiden wurden 1220 vom Kaiser geradezu als Verwalter für das Herzogtum Schwaben und das staufische Haus- und das Reichsgut eingesetzt; über Jahrzehnte verwahrten sie auf der Waldburg die Kaiserkrone. Sie erzogen und berieten auch den Thronfolger Heinrich (VII.), der als deutscher König amtieren sollte. Oberschwaben wurde nun zum Herzstück staufischer Herrschaft in Deutschland. Stadt und Land wirkten zusammen in einer heiteren Symbiose zwischen vornehmen Minnesängern und reichen Patriziern; die wirtschaftliche Potenz der Marktorte stützte den kulturellen Glanz der Ministerialenburgen. Die Geselligkeit aufsteigender Gruppen zwischen Zürich, Wimpfen, Esslingen und Biberach, später in der Manessischen Liederhandschrift eingefangen, schien staufischer Herrschaft ein neues, breiteres Fundament und die Zukunft zu gewinnen.

Der junge Heinrich (VII.), in dieser Umgebung aufgewachsen, ließ sich dazu verführen, bürgerliche Patrizier und ritterliche Ministerialen auch in anderen Regionen des Herzogtums und des Reiches zu begünstigen, zu Lasten der fürstlichen und bischöflichen Machthaber. Die blieben jedoch die Stärkeren, weil sie schon besaßen, was Patrizier und Ministerialen noch nicht hatten: Landesherrschaft. Der Druck der weltlichen und geistlichen Reichsfürsten zwang Kaiser Friedrich II. 1231, die genossenschaftliche Selbstbestimmung der Bürger und Ritter ganz preiszugeben, bald danach den Sohn selbst zu opfern. Damit verlor die staufische Herrschaft sowohl ihre weiterführenden Schichten wie ihren übergreifenden Anspruch, zuerst im Reich, dann im Herzogtum Schwaben, wo fortan etwa die Grafen von Württemberg und die Markgrafen von Baden, die Bischöfe von Straßburg und Konstanz eigene Landesherrschaften anstreben konnten. Als in den 1240er Jahren die weitblickende Generation der Waldburg und Winterstetten wegstarb, setzte sich auch im staufischen Oberschwaben die reine Regionalpolitik durch. Gleichmäßige Ausübung einheitlicher Herrschaft über eine abgegrenzte Provinz hieß die Methode, die weder historische Sonderrechte noch fremde Besitzlücken duldete. Die Rechtsgründe der Herrschaft waren höchst unterschiedlich: Gerichtsbarkeit über Freie nach Landrecht war etwas anderes als Gerichtsherrschaft eines Vogtes über Klosterbauern; Verwaltung von geliehenem Besitz der Kirche und des Reiches war etwas anderes als Grundherrschaft über ererbtes und gekauftes Eigengut. Trotzdem wurde nun alle Herrschaft vereinheitlicht, noch nicht nach gelehrtem Juristenrecht, doch durch schriftliche Akten, mit gleichartigen Weisungen an alle nachgeordneten Amtleute.

Was damit beabsichtigt war, zeigte die Reichssteuerliste von 1241. Sie gliederte das staufische Land zwischen Kolmar, Kaiserslautern, Schongau und Bern in Steuerbezirke, sozusagen in Finanzämter, die in der Herzogsburg auf dem Hohenstaufen und in größeren Städten amtierten. Um des abstraktesten Bindemittels zwischen Menschen, um des Geldes willen wurde Herrschaft jetzt zentral und hierarchisch geordnet. Die einheitliche Prägung der staufischen Münzstätte Schwäbisch Hall, der »Heller«, überwand tatsächlich die Vielfalt regionaler, vorwiegend bischöflicher Geldsysteme. Ansonsten aber drangen die Verwaltungspläne im übrigen Reich nicht gegen die fürstliche Landesherrschaft und deren persönliche Präsenz durch. Doch die staufischen Teile des Herzogtums Schwaben wurden vorübergehend zu einem Untertanenverband nivelliert, nicht durch die Person eines Herzogs, sondern durch die Weisungen kaiserlicher Diener. Sie verfuhren, wie es Inhaber geliehener Herrschaft oft tun, dreist und gnadenlos. Noch immer hing ja Herrschaft mehr an Menschen als an Sachen. Was sich änderte, merken wir an zunehmenden Klagen der Klöster Weingarten und Weißenau, die nahezu wehrlos bewaffneten Über-

35

griffen ausgesetzt waren und keinen Königsschutz mehr fanden. Die versachlichte Reichsverwaltung wurde, wenn der König sich nicht mehr sehen ließ, schnell zur Adelsherrschaft der Bediensteten, und sie führte zur neuerlichen Zersplitterung der Landschaft in tausend kleine Herrschaften. Die Hoffnungen enttäuschter Bürger und Ritter klammerten sich an einzelne Staufer; aber was konnte der letzte Schwabenherzog Konradin um 1260 noch ändern? In norddeutsche Landesherrschaften gelangte er gar nicht; in Schwaben kam er westwärts noch bis Rottweil, nordwärts nur bis Gmünd. Seine gläubigsten Freunde wohnten im Süden, die Ministerialen von Arbon, der Bischof von Konstanz, der Abt von St. Gallen. Doch der Bodenseeraum selbst wurde zur Provinz im Winkel, Südwestdeutschland im ganzen zu dem, was es für ein halbes Jahrtausend blieb, zu einem reichen Land ohne Mitte.

5. Was sollen uns die alten Geschichten? Aus einzelnen Ereignissen der Vergangenheit lernen wir nichts, von einzelnen historischen Gestalten nicht viel. Aber lehrreich für jede Gegenwart ist die Untersuchung geschichtlicher Strukturprobleme und das langfristige Schicksal ihrer Lösungsversuche. Ein solches Problem, hochaktuell für Baden-Württemberg, die Bundesrepublik, die Europäische Gemeinschaft, ist der Regionalismus, das Verhältnis separierter Landschaften zur nivellierenden Staatlichkeit. Die staufische Herrschaft am Bodensee bietet ein Musterbeispiel dafür, wie eine hochdifferenzierte Region schrittweise einer universalen Herrschaft integriert werden kann, wenn sich Methoden der Herrschaft und Ordnungen der Landschaft aufeinander einstellen und miteinander ändern. In diesem Ablauf war die fruchtbarste Phase weder die anfängliche Differenzierung noch die schließliche Integration, sondern die mittlere Zeitspanne, in der Barbarossa den vielschichtigen Raum zusammenführte, ohne ihn zu zerbrechen. Das glückte ihm, weil er nicht zuerst Land abgrenzte und verwaltete, sondern Menschen persönlich überzeugte und zum Zusammenwirken ermutigte. Wer seine Politik auf Menschen konzentriert, muß wendig und geduldig sein, sensibel für neue Bewegungen wie für alte Schichtungen. Was er langfristig erreichen kann, ist keine gleichmäßig angestrichene Landkarte, kein Einheitsglück für alle, sondern etwas Bescheideneres: die Erprobung politischer Alternativen und durch sie die Entfaltung menschlicher Möglichkeiten. Unter den vielen Experimenten der Staufer verdient es vielleicht dieses eine besonders, hierzulande bewahrt und erneuert zu werden.

ABT DIETHELM VON REICHENAU
UND KAISER FRIEDRICH BARBAROSSA

Ein Pilger, der um 1190 nach dem mächtigsten Herrn am Bodensee gefragt hätte, wäre von den Einheimischen wahrscheinlich auf
die Insel Reichenau geschickt worden, zu Abt Diethelm von Krenkingen, der seit kurzem zugleich Bischof von Konstanz war. Der
Pilger hätte den Abt im Inselkloster wahrscheinlich nicht angetrof-
fen, denn er war oft unterwegs auf weiten Reisen, die ihn selber
zum Pilger machten. Noch heute fällt es schwer zu sagen, in welcher Kirche Diethelm eigentlich zu Hause war, denn er hat in keiner ein bleibendes Denkmal hinterlassen. Das Marienmünster in
Reichenau-Mittelzell soll er seit 1172, bald nach seinem Amtsan-
tritt als Abt, umgebaut haben; es kann sich nur um kleinere, unzu-
sammenhängende Um- und Einbauten gehandelt haben, die sich
heute nicht mehr identifizieren lassen. In der Kirche des Zisterzien-
serklosters Salem, wo Diethelm 1206 starb, ist erst recht keine
Erinnerung an ihn wachgeblieben. Im Konstanzer Münster wurde
er als Bischof dieser Kirche angeblich beigesetzt, aber keine Grab-
platte zeigt die Stelle an. Diethelm war ein unbehauster Mönch,
und das war für seine Zeitgenossen noch ein Widerspruch in der
Beifügung. Die persönlichsten Zeugnisse, die sich von ihm erhalten
haben, fallen ebenfalls aus dem Rahmen des damals Üblichen: Es
sind drei Siegelabdrücke, die den Abt und den Bischof darstellen.
Sie sind keine Porträts und lassen von den Gesichtszügen des Man-
nes fast nichts erkennen; sie zeigen einen geistlichen Herrn mit
Mitra und Hirtenstab, mit kostbaren Gewändern, auf prunkvollem
Thron, mit befehlenden Gebärden. Diethelm war ein herrischer
Benediktiner, und auch das paßte schlecht in das zeitgenössische
Bild vom dienenden Mönchtum. Man könnte geradezu fragen, ob
Diethelm noch als Mönch gelten könne, und das fragte schon bei
seinem Tod ein strenger Zisterzienser. Er bejahte die Frage. Der
Historiker muß ihm zustimmen, allerdings hinzufügen, daß Diet-
helm von Krenkingen ein Mönchtum in der Krise verkörperte. Er
war von alten Formen zu neuen Inhalten unterwegs und deshalb
nirgends zu Hause, jedenfalls nicht mehr in der Gemeinschaft
eines Klosters. Erst diese Krise des gemeinsamen monastischen
Lebens ließ die persönlichen Züge des einzelnen Mönches hervortreten.

Wenn wir neben Diethelm seinen bedeutendsten Zeitgenossen

und Landsmann stellen, so bemerken wir Ähnlichkeiten. Wer kurz vor 1190 in Deutschland nach dem mächtigsten Herrn gesucht hätte, dem wäre geantwortet worden, das sei der staufische Kaiser Friedrich. Er sei aber zur Zeit nicht zu sprechen, sondern mit dem Kreuzfahrerheer, als bewaffneter Pilger nach dem Heiligen Land unterwegs. Noch heute haben wir Mühe zu bestimmen, in welchem Land Barbarossa eigentlich zu Hause war. Das Hauskloster Lorch am Fuß des Hohenstaufen, das seine Vorfahren als Grablege der Familie vorgesehen hatten, birgt keine alte Erinnerung an Barbarossa; auf der Burg seiner Väter hat der Kaiser vielleicht öfter Station gemacht, aber nur ein einziges Mal, 1181, eine Urkunde ausgestellt. In der Kaisergruft des Speyrer Doms, neben den salischen Herrschern, ließ Barbarossa 1184 seine Frau Beatrix beisetzen, und daneben wurde lange Zeit ein Platz für den toten Barbarossa freigehalten; doch er liegt nicht da. Als er im Heiligen Land 1190 ertrunken war, wurde er dort bestattet, wo genau, das wußte man schon im Mittelalter nicht mehr und hat es trotz intensiver Ausgrabungen bis heute nicht erfahren. Er war ein König ohne Residenz, und das empfanden schon manche Zeitgenossen als ungewöhnlich. Ebenso erstaunlich ist, was er an persönlichen Zeugnissen hinterließ. Der berühmte Barbarossakopf in Cappenberg, ein Geschenk des Herrschers an seinen Taufpaten, bildete nicht mehr wie bislang üblich nur einen idealen Kaiser ab, sondern zugleich ein unverwechselbares Gesicht. Ähnlich lebendig zeigten die frühen Wachssiegel den König. Friedrich war ein höchst individueller Mensch, das paßte nicht in die zeitgenössische Vorstellung von Herrscheramt. Barbarossa verkörperte ein Königtum in der Krise.

Die Ähnlichkeiten zwischen Kaiser und Abt sind allerdings allgemeiner Art. Wenn wir den besonderen Lebensweg Diethelms betrachten, führt er anfangs weit von Barbarossa weg, obwohl die Staufer schon deutsche Könige waren, als Diethelm geboren wurde. Er stammte aus einem edelfreien Geschlecht, war also ein adliger Herr, freilich ohne alte Familientradition und ohne festen räumlichen Schwerpunkt. Die Herren von Krenkingen tauchten erst 1102 unter diesem Namen in einer Schaffhauser Urkunde auf, als Herren einer Burg und eines Ortes nahe bei der Wutach, im Alpgau zwischen Schwarzwald und Randen. Sie besaßen wie zahlreiche andere Geschlechter in diesem Raum noch kein geschlossenes Herrschaftsgebiet. Vielmehr halfen sie den Zähringern beim Ausbau des Landes am südöstlichen Rand des Schwarzwaldes.

Kennzeichnend für ihre prekäre Lage war es, daß ein adliger Herr ganze anderthalb Kilometer südlich von Krenkingen in den 1140er Jahren ein kleines Augustinerstift gründen konnte, St. Maria in Detzeln, ohne daß die Krenkinger dabei beteiligt waren. Nicht weniger bezeichnend ist es, daß wir die einzelnen Namen der Krenkinger bis in das frühe 13. Jahrhundert weder genealogisch noch besitzgeschichtlich klar unterscheiden, also weder eine Stammtafel noch eine Landkarte ihrer verschiedenen »Zweige« zeichnen können: Die Ausbildung zu einer Adelsfamilie begann gerade erst, als Diethelm wohl in den 1140er Jahren geboren wurde. Dann allerdings begann sie mit Macht, vorangetrieben durch Konrad von Krenkingen, der zwischen 1143 und 1187 nachweisbar ist und vermutlich Diethelms Vater war. Ihm gelang es 1152, für sich und seine Nachkommen vom staufischen König Konrad III. die Vogtei über das Stift Detzeln nach dem Tod des erbenlosen Gründers zu erhalten, das heißt den Zugriff auf die Güter des Stifts im Klettgau. Das Kanonikerstift wurde noch im späten 12. Jahrhundert um einige Kilometer nach Norden verlegt, nach Riedern am Wald, und diente dort der Pfarrseelsorge und dem Herrschaftsausbau im südöstlichen Schwarzwald. Es wurde zu einer Art Hauskloster der Familie, die sich hier allmählich einen räumlichen Schwerpunkt setzte.

Es konnte für eine ehrgeizige Adelsfamilie nicht der einzige Schwerpunkt bleiben. Nach 1190, vermutlich um 1197, gelang es den Krenkingern unter tatkräftiger Mitwirkung des Abts und Bischofs Diethelm, die Vogtei über das Benediktinerkloster Rheinau bei Schaffhausen zu kaufen. Damit dehnte sich ihr Einflußbereich nach Osten und Süden in den Klettgau und Thurgau aus. Durch den engen Anschluß zunächst an die zähringischen Herzöge, dann an die staufischen Könige schufen sich die Herren von Krenkingen eine Reihe von Stützpunkten am Hochrhein westlich des Bodensees und waren hier um 1200 die mächtigste Familie. Zur selben Zeit besetzten ihre Verwandten schon auswärtige Bischofsstühle wie die von Salzburg und Gurk. Damals war Diethelm bereits der hervorragendste Repräsentant der Familie. Schon in der Generation zuvor fehlte es ihr nicht an Selbstbewußtsein. Davon zeugt eine Anekdote, die nicht wahr sein muß, aber hübsch erfunden ist: Als der staufische Kaiser Friedrich I. an der Burg Krenkingen vorbeiritt, soll der Burgherr Konrad nur sein Haupt entblößt, sich aber nicht vom Sitz erhoben haben, mit der Begründung, daß er auf eigenem, freiem Grund und Boden sitze. Er hatte diesen Rang und Besitz nicht ererbt, sondern erkämpft und war doppelt stolz darauf. Der junge Diethelm lernte vom Vater jedenfalls keine bedingungslose Staufertreue, sondern Adelsstolz.

Die Krenkinger durften sich nicht zur Ruhe setzen und mußten für einen weiteren Aufstieg die vornehmste Abtei am Untersee ins Auge fassen, Reichenau. Mindestens ist es merkwürdig, daß der nachgeborene Diethelm zwar für den geistlichen Stand bestimmt, aber nicht in die nächstgelegenen Konvente Detzeln oder Rheinau geschickt wurde; er trat vermutlich als Kind in den 1150er Jahren in das Inselkloster Reichenau ein. Man wird ihn nicht lange gefragt, er wird sich nicht heftig gesträubt haben. Möglicherweise war Diethelm von Jugend auf fromm; dann hätte er eigentlich ein reformiertes Kloster wählen müssen. Die Sehnsucht nach diesen damals modernen, asketischen Gemeinschaften hat in der Tat sein Leben begleitet. Doch er beugte sich der Familienräson, zumal ihr wohl sein Selbstbewußtsein entgegenkam. Schließlich war Reichenau nicht bloß uralt und hochadlig, sondern auch heruntergekommen; das Kloster bedurfte eines starken Mannes, und diese Aufgabe war des Schweißes der Edlen wert.

Die Abtei Pirmins hatte seit dem späten 11. Jahrhundert empfindliche Rückschläge erlitten und sich noch nicht davon erholt. Das karolingische Kloster konnte die gregorianischen Gedanken der Kirchenreform nicht so stürmisch aufgreifen wie die Neugründungen in Schaffhausen, Kreuzlingen und Salem. Aber nach anfänglichem Widerstreben schlossen sich die Reichenauer unter Abt Ekkehard von Nellenburg, dem Sohn des Schaffhauser Stifters, wenigstens politisch der Reformpartei an, deren Oberhaupt Gebhard von Zähringen als Bischof von Konstanz amtierte. Er förderte freilich zuerst jene Klöster, die auch das religiöse Leben reformierten, und dazu fanden sich die Herren im Inselkloster nicht bereit. Zu einer religiösen oder kulturellen Blüte fehlten ihnen die geistigen Anregungen, auch die materiellen Mittel der Reformklöster. Reichenau ließ große Teile seines weitverstreuten Grundbesitzes durch unfreie Diener, durch Maier und Ministerialen, bewirtschaften und achtete nicht immer streng darauf, daß deren Rechtsverhältnisse und Wirtschaftserträge ständig kontrolliert wurden. In den kriegerischen Auseinandersetzungen des Investiturstreites war das Kloster auch viel zu abhängig von der militärischen Hilfeleistung seiner Ministerialen, um sie in rechtlicher und wirtschaftlicher Abhängigkeit halten zu können. Die Ministerialen eigneten sich zahlreiche Klostergüter selbst an oder vergaben sie weiter, entzogen sie also der Nutzung durch das Kloster. Um seine Rechte zu wahren, besaß Reichenau nicht die in Reformklöstern geschaffenen Instrumente präziser Bestätigungsurkunden und umfassender Güterverzeichnisse. Zu Beginn des 12. Jahrhunderts begann man deshalb im Inselkloster, durch Fälschungen von Urkunden eine solche Rechtsgrundlage zu schaffen, übrigens nicht nur für Reichenau selbst, auch für andere alte Klöster, die ähnlich bedroht waren. Dabei ging es zunächst um Errungenschaften, die Reformklöster wie Schaffhausen längst besaßen, nämlich freie Wahl des Abts durch den Konvent, Einschränkung der Verpflichtungen für den König, Festlegung der Befugnisse des Klostervogts, also insgesamt Befreiung des Klosters von weltlichen Einflüssen. Im Kloster Reichenau kam noch der Versuch hinzu, sich von Weihegewalt und Gerichtsbarkeit des Konstanzer Bischofs zu lösen. Abt Ulrich von Dapfen, ein edelfreier Herr von der Rauhen Alb, der die Fälschungen gedeckt haben muß, wollte eine geschlossene Klosterherrschaft über die Insel und ihren näheren Umkreis errichten, etwa nach Art einer adligen Familienherrschaft.

Diesem Ziel standen indes weniger die großen Herren, der Bischof von Konstanz und der Welfenherzog als Klostervogt, im Wege; vor allem nach der Beilegung des Investiturstreites 1122 hätten sie der Abtei wohl Spielraum gelassen. Lästiger wurde der Konflikt des Klosters mit seinen Ministerialen, der sich zu einer Art Klassenkampf auswuchs. Denn als Mönche konnten nur Angehörige edelfreier Geschlechter von den Einnahmen des Klosters leben; den unfreien Ministerialen, die für sie die Arbeit taten, blieb der Zugang zum Mönchtum versperrt. Das widersprach allen Forderungen der Kirchenreform, der Aktivität von Laien auch im Kloster Raum zu gewähren. Zu allem Überfluß konnten sich die edelfreien Herren im Konvent weder auf eine klare Ministerialenpolitik noch auf eine entschiedene Stellungnahme im staufischwelfischen Streit um das deutsche Königtum einigen. Nach dem Tod von Abt Ulrich 1123 folgten binnen zwölf Jahren vier Äbte aufeinander, und daß wir von den Gründen des raschen Wechsels nichts erfahren, spricht für die Verworrenheit der Zustände. Worum der Kampf ging, wird durch eine Nachricht blitzartig erhellt: Abt Ludwig von Pfullendorf wurde 1135 am Altar der

Reichenauer Kirche in Tuttlingen von mächtigen Mannen seines Klosters, also von Ministerialen erschlagen. Die übernächste Abtwahl, schon 1136 fällig, spaltete den Konvent; durchgesetzt hat sich der eine Kandidat, Frideloh von Heideck, 1139 mit Hilfe des staufischen Königs Konrad III. Nun war wenigstens der politische Streit zwischen Stauferfreunden und Welfenanhängern im Kloster entschieden, und zwar in der zukunftsweisenden staufischen Richtung. Jetzt gingen die edelfreien Mönche mit viel Energie daran, den sozialen Aufstieg ihrer Ministerialen zu bremsen. Dies besorgte vor allem der Kustos Ulrich von Dapfen, vielleicht ein Neffe des früheren gleichnamigen Abts und von der Rauhen Alb her ein alter Bekannter des regierenden Abts von Heideck. Ulrich verfertigte zwischen 1142 und 1165 zahlreiche weitere Urkundenfälschungen, nur für sein eigenes Kloster Reichenau, zugunsten seiner Standesgenossen, der kleineren Grafen und edelfreien Herren, gegen die Anmaßung der niederadligen Ministerialen. Des weiteren bemühte sich die neue Führung im Kloster, an die karolingischen Glanzzeiten anzuknüpfen, die alten Gebetsverbrüderungen, besonders mit St. Gallen, zu erneuern und das religiöse Leben im Konvent, ja auf der ganzen Insel zu beleben.

Daraus konnte nicht viel werden, weil der Konvent eher durch ständische Interessen als durch religiösen Eifer zusammengehalten wurde. Das zeigte sich bei Fridelohs Tod 1159. Als Abt folgte ihm offenbar aus ständepolitischen Rücksichten sein Bruder Ulrich von Heideck, ein älterer, bald auch kränklicher Herr, dem nicht viel an Reformen lag. Der Kustos Ulrich von Dapfen sagte dem neuen Abt, dessen politischen Kurs er billigte, die private Meinung: Mancher Mönch, der zu Würden komme, gefährde sein Kloster und werde seiner Umgebung wie ein krankes Tier gefährlich. Offenbar kümmerte sich der Abt bloß schwächlich um den gefährdeten Klosterhaushalt, die Leistungen der Klosterbauern, die Pflichten der Ministerialen, die Erfordernisse von Gottesdienst und Klausur. Das mochte neben älteren Mönchen auch der junge Diethelm von Krenkingen empfinden, als er ins Kloster eingetreten war, doch hielt er sich klug zurück. Als Ulrich von Heideck um 1165 unheilbar krank wurde, übernahm der Klosterdekan Burchard die Geschäfte, von Ulrich von Dapfen und der Mehrheit unterstützt. Jedoch blieb die Fortsetzung der Dapfen-Heidecker Politik im Konvent nicht unbestritten. Welche Alternative sich anbot, bleibt dunkel, jedenfalls trat ein Gegenkandidat auf, der Klosterpropst

Heinrich, den eine andere Gruppe edelfreier Familien protegiert haben mag. Der Streit um die Abtnachfolge zog sich mehrere Jahre hin; der Konvent verzankte sich so, daß er seine Autonomie aufs Spiel setzte und die gefürchtete Einmischung des Königs heraufbeschwor. Um 1169 mußten die streitenden Kandidaten zu Kaiser Friedrich Barbarossa nach Speyer ziehen. Der Staufer scheint sich redlich, aber vergeblich um Versöhnung bemüht zu haben und sah sich dann ermächtigt, selbst einen Abt einzusetzen. Jede Entscheidung entweder für Burchard oder für Heinrich hätte den Konvent endgültig zersprengt, Friedrich konnte also nur einen neutralen Dritten benennen. Er ernannte denjenigen, dessen Familie dem staufischen Haus seit längerem nahestand: Diethelm von Krenkingen, den der Kaiser persönlich kaum kannte. Damals, 1169, werden sich beide Männer zum ersten Mal begegnet sein; Diethelm dürfte noch nicht geahnt haben, daß Barbarossa ihn entscheidend prägen würde. Zunächst ging es ja nur um eine Abtwahl. Der Reichenauer Konvent stimmte ihr erleichtert zu.

Der neue Abt fand ein Trümmerfeld vor, einen seit Jahren nicht mehr geführten, in sich zerstrittenen Konvent, der keine andere geistige Initiative entfaltet hatte, als sich mit Urkundenfälschungen gegen die veränderte Umwelt abzuschirmen. Für eine religiöse Intensivierung mönchischen Lebens fehlten die nötigsten Grundlagen. Es ist gut möglich, daß die von Diethelm 1172 begonnenen Baumaßnahmen erst einmal Teile der Klosterkirche wieder instandsetzen mußten. Diethelm begann überhaupt mit dem Nächstliegenden und hielt sich weiterreichende Entscheidungen vom Leib. Nach der Wahl hätte er sich zum Abt weihen lassen müssen, nach Reichenauer Tradition vom Papst in Rom persönlich. Aber Papst Alexander III. stand mit Kaiser Friedrich I. in erbittertem Kampf, und von dem staufertreuen Gegenpapst mochte Diethelm seine Weihegewalt nicht abhängig machen. Ein Stauferfanatiker war er also nicht. Er zögerte die Abtweihe rund zehn Jahre hinaus, bis im Frieden von Venedig 1177 das Einvernehmen zwischen Alexander und Friedrich wiederhergestellt war.

Die erste Urkunde zeigt den Abt von Reichenau in seiner lokalen Umwelt ordnend und schlichtend. Am 15. März 1171 versammelte Diethelm, »von Gottes Gnaden ernannter Abt der heiligen Reichenauer Kirche«, im Münster beim Hochaltar seine Mitmönche und Ministerialen, um einen Gütertausch zwischen Reichenau und Salem zu bestätigen. Der Tausch betraf eine Hufe, ein

Ackergrundstück mit einer angrenzenden kleinen Wiese und einem bescheidenen Wäldchen in Schwandorf bei Salem. Dafür gaben die Salemer den Reichenauern vier halbe Hufen an vier verschiedenen Orten im Umkreis von Salem. Der Reichenauer Abt war weniger als die Ökonomen von Salem an geschlossenen Bebauungsflächen interessiert, weil die Reichenauer Mönche ihre Grundstücke nicht selbst bewirtschafteten. Auch die Schwandorfer Hufe war längst ausgegeben gewesen: Das Kloster hatte sie zu Lehenrecht an den Pfalzgrafen Hugo von Tübingen gegeben; er hatte sie an die Brüder Eberhard und Swigger von Rieden weiterverliehen, und von ihnen hatten sie die Ritter Rudolf, Erlo und Ortwin von Ramsberg bekommen. Alle diese Herren mußten nun ebenso wie der Klostervogt, Herzog Heinrich der Löwe, dem Tausch zustimmen. Bei so unübersichtlichen Besitzverhältnissen konnte die Schwandorfer Hufe dem Kloster Reichenau keinen großen Nutzen bringen. Tatsächlich beschworen zwei Reichenauer Hörige vor der Versammlung im Münster feierlich, daß der Tausch für das Inselkloster vorteilhaft sei. Wenigstens brachte er vier halbe Hufen vorübergehend in die Verfügungsgewalt des Abtes zurück; er konnte sie den Lehensträgern unter kontrollierten Bedingungen wieder ausgeben. Bei dem Tausch am Hochaltar waren als Zeugen einige Klosterministerialen anwesend, so die von Litzelstetten und Bodman; ihre Zustimmung wurde ausdrücklich erwähnt. Gleichwohl gab Diethelm Klostergüter lieber als an Klosterministerialen an auswärtige Niederadlige zu Lehen und suchte so die einseitige Bindung des Klosters an seine Ministerialen, auch die Exklusivität seiner edelfreien Mönche zu überwinden. Er tat damit im Kleinen dasselbe wie Barbarossa im Großen, der seit etwa 1158 hochadlige Herren mit unfreien Ministerialen zu einer einzigen ritterlichen Gesellschaft verband.

Die Klosterinsel der Umwelt zu öffnen, war überhaupt Diethelms Bestreben. An unscheinbaren Spuren in seinen Urkunden ist es zu erkennen. Ein Krankenhaus für die Mönche, mit einer eigenen St. Gallus-Kapelle, war auf der Reichenau schon vor 1142 eingerichtet worden. Doch in einer Urkunde Diethelms von 1181 tauchte zum ersten Mal ein Reichenauer Klosterherr als Betreuer eines »domus pauperum« auf; das muß eine Herberge für arme Reisende und Pilger gewesen sein. Daß Pilger während des 12. Jahrhunderts scharenweise zur Reichenau kamen, bezeugen die Eintragungen in das Verbrüderungsbuch mit zahlreichen nordeuropäischen Namen. Sie waren schon vor Diethelms Zeiten hier vorbeigekommen; jetzt erhielten sie Unterkunft. Auch wenn von den vornehmen Mönchen nur jeweils einer als »Hospitalarius« Aufsicht über dieses Haus führte, übernahm das alte Benediktinerkloster damit ähnliche Aufgaben wie das neue Augustinerstift in Kreuzlingen. Diethelm sorgte überhaupt für Annäherung zwischen Mönchen und Kanonikern, die auf der Insel wohnten. Bei einer Zehntbestätigung zog der Abt 1194 die Würdenträger und »fast das ganze Reichenauer Kapitel« hinzu, außerdem den Pfarrer von Niederzell mit einem Kanoniker, den Pfarrer von Oberzell mit einem weiteren Kanoniker. Ebenso verfuhr er 1197, wobei sich die Zahl der Kanoniker beträchtlich vermehrt hatte. Der Abt empfand offenbar die Seelsorge für die Inselbevölkerung nicht als lästige Pflicht, die an untergeordnete Vikare delegiert wurde, sondern als religiöses Anliegen, das alle Geistlichen der Insel miteinander verband.

In die gleiche Richtung zielte eine Einrichtung, von der wir ebenfalls zum ersten Mal unter Diethelm von Krenkingen erfahren, eine Marktgründung auf der Klosterinsel. Bisher hatte die Abtei den Lärm eines Marktes von den Klostermauern ferngehalten. Den wirtschaftlichen Vorteil von Märkten hatte sich das Inselkloster längst zunutze gemacht, zum Beispiel 1075 in Allensbach, 1100 in Radolfzell. Aber beide klösterlichen Marktorte lagen am anderen Ufer und entwickelten sich schleppend. Diethelm scheint nun einen Markt auf der Insel selbst eingerichtet zu haben, unmittelbar neben dem Kloster, an der heutigen Burgstraße. Im Jahre 1200 sprach der Abt in einer Urkunde eigens von den »cives Augenses«, den Bürgern der Reichenau; 1202 erwähnte er einen Klosterministerialen mit dem Amt des »minister de Augia«, das heißt des Marktrichters und Ammanns. Dies waren die ersten Anfänge der bürgerlichen Gemeinde Reichenau. Diethelm holte damit eine Entwicklung nach, die anderswo, zum Beispiel in Lindau und St. Gallen, in der Nähe alter Abteien stattliche Marktorte hervorgerufen hatte. Es mußte dem Abt klar sein, daß der Markt nicht nur von abhängigen Ministerialen kontrolliert und von hörigen Bauern und Fischern besucht werden würde; mit Kaufleuten aus der Nachbarschaft kamen unweigerlich Forderungen nach wirtschaftlicher und rechtlicher Selbstbestimmung auf die Insel. Diethelm nahm sie in Kauf, um sein Kloster der modernen Umwelt anzupassen. Man wird nicht fehlgreifen mit der Vermutung, daß der Abt im örtlichen Umkreis auch jene Förderung des Bürgertums nachvollzog, die der staufische Kaiser seit den 1160er Jahren in größerem Rahmen vorantrieb, mit Markt- und Stadtgründungen in Hagenau, Schwäbisch Gmünd und Ulm.

Die Politik des Reichenauer Abts kostete ihren Preis; er bekam es bald zu spüren. Die aufsteigenden Gruppen der Ritter und Bürger wandten ihre Schenkungen lieber solchen Klöstern zu, in denen ihre Angehörigen selbst Mönche werden konnten. Aus Diethelms Abtszeit kennen wir nur eine einzige Jahrzeitstiftung, die Niederadlige 1197 machten. Es handelte sich um zwei Ministerialen des Klosters selbst. Der eine verfügte, daß den Klosterherren jährlich einmal zum Gedächtnis an den Stifter Wein gereicht werden solle. Der andere vermachte dem Kloster jährlich fünf Pfund Wachs für die Kerze auf dem großen Leuchter, den der Stifter zu seinem Seelenheil neben dem Hochaltar des Münsters hatte aufstellen lassen. Die Ministerialen wollten sich bei den Mönchen ein gutes Gedächtnis bewahren, aber große Landschenkungen konnten sie nicht machen. So blieb die Klosterwirtschaft bedrängt und überfordert. Auch die politischen Gönner des Abts verlangten aufwendigen Dienst und belohnten ihn dürftig. Wahrscheinlich mußte Diethelm von Krenkingen mit einem ganzen Heeresaufgebot von Ministerialen an Barbarossas Italienzug von 1174 bis 1180 teilnehmen. Die lange Abwesenheit des Abts verhärtete auf der Reichenau die Verhältnisse. In Italien konnte sich Diethelm zwar von Papst Alexander III. zum Abt weihen lassen, aber als er 1181 zurückkam, fand er die alten Mißstände immer noch vor. Jetzt mag ihm zum ersten Mal fraglich geworden sein, ob das Inselkloster überhaupt reformiert werden könne. Am 18. Dezember 1181 suchte er die Zustände in einer Urkunde zurechtzurücken, mit resigniertem Unterton. Er hatte, um die enormen Kosten von Romreise und Heerfahrt aufzubringen, einen Hof in Bräunlingen bei Donaueschingen verkauft, der der Kirche Reichenau-Oberzell gehörte. Seine Mitmönche verlangten Entschädigung, als wären seine Aufwendungen nicht dem Konvent, sondern ihm persönlich zugute gekommen. Diethelm kaufte aus eigener Tasche einen Weingarten bei Ermatingen und übergab ihn der Kirche Oberzell. Doch betonte er, daß er den Hof habe verkaufen müssen, »gezwungen durch den unerträglichen Dienst für den Kaiser und bedrängt durch die ungerechte Forderung der Ministerialen unseres Klosters«. Die Mönche, die sich gerne »Klosterherren« nannten, werden für die

Klage des Abts wenig mehr als ein Achselzucken aufgewandt haben. Er hatte mit der Öffnung nach allen Seiten begonnen, er sollte gefälligst die Folgen tragen. Ihr Hauptinteresse blieb, daß seine Politik nicht die Existenzgrundlage für ihr herrschaftliches Leben schmälerte.

Diethelm tat seinen Dienst weiter, für das Kloster, für den Kaiser. Es hat den Anschein, als sei er den Mönchen ferner gerückt und häufiger mit den Ministerialen zusammengekommen. Er wohnte nicht im Konvent, sondern in der Klosterpfalz; dort führte er mit Vorliebe Verhandlungen und stellte Urkunden aus. Noch immer beschränkte er seinen Wirkungskreis auf die nächste Umgebung und zog dem Kaiser ungern in die Ferne nach. Aber als in der Konstanzer Bischofspfalz 1183 Barbarossas Friede mit den lombardischen Städten geschlossen wurde, beschwor ihn Abt Diethelm von Reichenau mit, übrigens als einziger Mönch aus dem Bodenseeraum. Trotzdem ist es begreiflich, daß er über die kleinkarierten Zustände am Untersee hinausdrängte und daß die Staufer bei der nächsten Konstanzer Bischofswahl 1189 an ihn dachten. Es war seit dem 8. Jahrhundert nicht mehr vorgekommen, daß ein Abt von Reichenau Konstanzer Bischof wurde und obendrein weiterhin Abt blieb; aber allen Beteiligten war die Ämterhäufung jetzt erwünscht. Die Staufer hatten nach dem Sturz Heinrichs des Löwen 1180 die Reichenauer Klostervogtei übernommen und besaßen am Bodensee keinen klügeren Helfer als Diethelm. Die Klosterherren auf der Reichenau konnten sich eine Besserung ihrer juristischen Lage ausrechnen, wenn die ewigen Streitigkeiten mit Konstanz durch Personalunion von Abt und Bischof beseitigt würden. Der Papst stimmte zu, weil Diethelm stets eine vermittelnde Position zwischen der päpstlichen Kurie und dem kaiserlichen Hof eingenommen hatte. Für Diethelm selbst eröffneten sich neue Wirkungsmöglichkeiten außerhalb der Insel.

. Hier müßte ich eigentlich die Betrachtung abbrechen. Denn als Diethelm 1189 zum Bischof von Konstanz ernannt wurde, war Friedrich Barbarossa schon unterwegs zum dritten Kreuzzug, von dem er nie zurückkehren sollte. Aber wir haben gesehen, daß Diethelm von der persönlichen Faszination Friedrichs nicht sonderlich berührt, wohl auch von Barbarossas Tod 1190 nicht so tief wie andere Zeitgenossen erschüttert wurde. Was ihn mit dem Staufer verbunden hatte, war etwas anderes, Wichtigeres als subjektive Sympathie gewesen, nämlich die sachliche Einsicht, daß die verhärteten Zustände der deutschen Provinz in Bewegung gebracht werden müßten. Diethelm hatte sich die politische Konzeption Barbarossas zu eigen gemacht und verfocht sie nach Friedrichs Tod mit eiserner Konsequenz auch gegenüber Barbarossas Söhnen und Erben. Diethelm wurde am Bodensee sofort 1190 zum wichtigsten Hüter des staufischen Erbes und sorgte dafür, daß die begonnene Arbeit fortgesetzt wurde. Für diese historische Aufgabe war allerdings der Horizont der Reichenauer Klosterherren zu beschränkt.

Nicht daß Diethelm sein Kloster fortan vernachlässigt hätte, aber unter seinen Bischofsurkunden beschäftigten sich ganz wenige mit Reichenauer Problemen. Die Bischofsstadt Konstanz scheint es ihm ebenfalls nicht sonderlich angetan zu haben. 1192 versuchte er die Bürger der Stadt mit einer Steuer zu belasten, unterlag aber ihrem Einspruch bei Kaiser Heinrich VI. Fortan beschränkte er sich darauf, fromme Stiftungen von Konstanzer Geistlichen und Bürgern an die Kanonikerstifte der Stadt zu bestätigen. Er scheint nicht erst versucht zu haben, ein gemeinsames, mönchsähnliches Leben der Domgeistlichen durchzusetzen. Immerhin schenkte er der Domkirche 1190 einen ihm gehörenden Weinberg auf der Höri. Aber weiter als die Reichenauer dachten die Konstanzer auch nicht; Diethelm merkte es rasch. Lieber bemühte er sich persönlich um fromme Augustinerstifte, die den Staufern nahestanden, um Öhningen, dessen Vogtei ihm die Staufer 1191 übertrugen, und um Kreuzlingen, dem er 1191 die Schutzvogtei von Kaiser Heinrich VI. besorgen wollte und 1198 den Schutz vor Bedrängnis durch die Habsburger verschaffte. Überhaupt kam Diethelm als Bischof in engere Berührung mit den zahlreichen Reformklöstern am Bodensee, und ihnen galt seine Vorliebe: St. Blasien, Schaffhausen, Zwiefalten, alles reformierte Benediktinerabteien, und zu ihnen traten immer mehr Gründungen des neuen Zisterzienserordens, Bebenhausen, Ebrach, Maulbronn, ferner Propsteien der Prämonstratenser, Weißenau, Schussenried, Obermarchtal. Ein Konstanzer Bischof hatte es leicht, zum Bischof der Mönche zu werden; seit dem Hirsauer Gebhard III. war es keiner so intensiv wie Diethelm. Dem Benediktinerabt war die Rolle auf den Leib geschrieben, für Ausgleich zu sorgen und die starken Spannungen zwischen alten und neuen Mönchsorden zu mildern. Diethelm versäumte denn auch keine Gelegenheit, auf seinen Visitationsreisen durch das Bistum die Klöster aller Schattierungen zu besuchen und ihre Vorsteher in der Bischofsstadt Konstanz zu versammeln, zum

Beispiel 1192 die von Einsiedeln, Salem, Schaffhausen, Stein, Bregenz, Kreuzlingen, Petershausen, Wagerhausen und Öhningen. Auch wenn ihm diese Konvente nur zum kleineren Teil rechtlich unterstanden und teils autonom, teils einem Ordensverband eingegliedert waren, schuf Diethelm eine geistliche Gemeinsamkeit der Klosterregion. Sie vertrug sich gut mit der politischen Ausrichtung auf die Staufer, denen alle diese Konvente, besonders in Oberschwaben, mehr oder weniger verpflichtet waren.

Diethelm verstand sich nicht mit allen Klöstern seines Sprengels gleich gut, zum Beispiel nicht mit der Benediktinerabtei Weingarten. Sie war zwar moderner und aktiver als Reichenau, aber der feinsinnige Kunstverstand und der liturgische Überschwang der Welfenabtei imponierten dem strengen und nüchternen Diethelm wenig. Dagegen hatte es ihm ein Kloster besonders angetan, das auch den Staufern am Herzen lag, die Zisterze Salem. Schon als Abt von Reichenau hatte Diethelm den Salemern geholfen, 1171 durch einen Gütertausch, seither noch öfter; schließlich begann er Salem einfach Güter zu schenken. Als Diözesanbischof war er der zuständige Richter bei Streitigkeiten zwischen den Zisterziensern und den Pfarrgeistlichen der umliegenden Dörfer, auch zwischen der Zisterze und anderen geistlichen Körperschaften und weltlichen Herren. In allen erkennbaren Fällen unterstützte Diethelm die Salemer kräftig. Warum, das sprach er in zwei Urkunden aus, zuerst in einer undatierten, wahrscheinlich aus seiner frühen Abtszeit: »Wir haben ihnen dies zukommen lassen, um die Gnade dessen zu verdienen, der reich war und unseretwegen arm werden wollte. Ebenso wollen auch wir mit dem, was uns zu Gebote steht, denjenigen unter die Arme greifen, die Ihm bei Tag und Nacht in dürftiger Ausstattung und im Geist der Armut dienen. Durch unser Tun wollen wir es verdienen, dereinst in ihre Gemeinschaft zu gelangen.« Noch unverblümter hieß es 1202, in Diethelms später Bischofszeit: »Wir und die Kirche Reichenau haben die Kirche Salem mit besonderer Vorliebe ins Herz geschlossen, denn wir vertrauen im Herrn darauf, daß wir jetzt und in Zukunft immerdar bei Gott Hilfe finden durch die Verdienste und Gebete derer, die dort Gott dienen. Deshalb wollen wir für ihre Bedürfnisse sorgen.« Ein religiöses Armutszeugnis für das wohlhabende Kloster Reichenau, ausgestellt von dessen Abt. Denn wozu lebten im Mittelalter Mönche freigestellt von irdischen Sorgen, abgeschlossen von irdischem Lärm, wenn nicht zu ihrer aktiven Selbstheiligung und zur stellvertretenden Fürbitte für alle anderen? War das Kloster Reichenau nichts weiter als eine Versammlung reicher und sündhafter Laien, die andere für sich beten lassen mußten? Wenigstens schien es festzustehen, daß das Inselkloster Gott nicht bei Tag und Nacht in dürftiger Ausstattung und im Geist der Armut diente. Die Pilger aus der Ferne und die Hörigen vom Land bemerkten es vielleicht noch nicht und ließen sich voller Stolz ins Reichenauer Verbrüderungsbuch eintragen. Diethelm erfuhr bei seinen Besuchen in den Klöstern des Bistums, daß der Ruhm der Reichenau zu verblassen begann.

In den Jahren zwischen 1189 und 1196 hielten die bischöflichen Pflichten den Abt oft von der Reichenau fern; aber durch ihn war sie maßgebend beteiligt am Zusammenwachsen der geistlichen Einrichtungen des Bistums, besonders der Klöster. Diethelm scheint diese Verklammerung der Region vornehmlich aus religiösen Gründen gefördert zu haben; sie kam freilich auch seinem eigenen Ansehen ebenso zugute wie dem Rang seiner Familie und dem Nutzen des staufischen Herrscherhauses. Diethelm war in diesen Jahren hauptsächlich in seiner Diözese tätig; wir finden ihn selten am Hof Kaiser Heinrichs VI. oder unterwegs in Reichsgeschäften. Dennoch stand er loyal zu den Staufern, auch als deren Königtum 1197 mit dem Tod Heinrichs VI. ins Wanken geriet. Das Ansehen Bischof Diethelms trug wesentlich dazu bei, daß sein Bistum im folgenden Thronstreit stets zu den Staufern hielt. Der neue Schwabenherzog Philipp konnte denn auch Diethelm von Krenkingen beim Italienzug 1197 die Verwaltung des Herzogtums übertragen. Das kam wohl noch einmal der Familie des Bischofs zugute, denn es scheint, als hätte damals der Staufer, der Vogt des Klosters Reichenau, den Krenkingern die Vogtei der Abtei Rheinau verkauft. Politisches Unheil konnte Diethelm verhindern, als zu Weihnachten 1197 die Thronfolge im Kreis der deutschen Fürsten diskutiert wurde und Philipp von Schwaben zunächst nur als Verwalter des Reiches für seinen Neffen Friedrich II. fungieren wollte. Da muß ihn der Rat Diethelms von Krenkingen bewogen haben, die Königskrone anstelle des Kindes in der Ferne selbst zu übernehmen. Diethelm verstand es außerdem, den vom Kölner Erzbischof unterstützten Gegenkandidaten Berthold V. von Zähringen 1198 von seinen Thronplänen abzubringen; dabei mögen die alten Bindungen der Krenkinger an die Zähringer Herzöge hilfreich gewesen sein. Diethelm verschaffte dem Zähringer als ehrlicher Makler, sozusagen zum Trost, die Klostervogtei über Schaffhausen, die bislang in der Hand der Staufer gelegen hatte. Noch einmal zeigen die Maßnahmen dieser Jahre, wie sehr sich Diethelm von der Tradition seiner Familie und ihrer Heimat leiten ließ. Er brachte die Vogtei über die wichtigsten Klöster am Hochrhein an einheimische Adelsgeschlechter, damit sie hier geschlossene Herrschaftsbezirke schaffen könnten. Die alte Verbindung zwischen benediktinischen Abteien und regionalen Adelsfamilien wurde noch einmal bekräftigt; auf ihr schien die Einheit der Diözese, ja des Herzogtums Schwaben in erster Linie zu beruhen.

Mit dem Eintreten für den Staufer wurde Diethelm allerdings völlig in die deutsche Reichspolitik hineingezogen. Wir brauchen sie nicht im einzelnen zu schildern, müssen nur erwähnen, daß Diethelm staufertreu blieb, auch als er 1201 dafür vom Papst exkommuniziert wurde und als sich der staufische Anhang immer mehr lichtete. Schließlich war es Diethelm von Krenkingen, der 1203 bei den ersten Geheimverhandlungen zwischen König Philipp und Papst Innocenz III. mitwirkte. Er verhandelte ferner 1204 mit dem Führer der Welfenfreunde, dem Erzbischof Adolf von Köln. Diese Bemühungen verschafften Diethelm 1204 die Lösung vom päpstlichen Bann, brachten den Kölner auf die Seite des Staufers und führten zur Königskrönung Philipps 1205 in Aachen; Diethelm war dabei. Es versteht sich, daß die turbulenten Jahre zwischen 1197 und 1205 den Bischof meistens an der Seite König Philipps, selten in seinem Bistum, noch seltener in seiner Abtei sahen. Seine Fürsorge für die Klöster ließ derweilen nicht nach, auch die Reihe der Schenkungen an Salem nicht. Diethelms Pflichtgefühl ging so weit, daß er am 7. Juni 1202 in Konstanz bei der Schlichtung eines Streites zugunsten der Abtei St. Blasien seinen eigenen Verwandten Liutold von Krenkingen rügte, er habe in dieser Frage völlig unrecht. Der Verdruß des weitblickenden Bischofs über die kleinlichen Querelen seiner nächsten Angehörigen kam hier unverhüllt zum Ausdruck, zur selben Zeit auch der Ärger über den schlecht angewandten Reichtum der Reichenau. Er hatte für das materielle Wohlergehen seiner Angehörigen und seiner Mönche alles Erdenkliche getan, und sicherlich ging es ihnen jetzt weit besser als seit Menschengedenken; doch über ihre Eigensucht fanden sie auch jetzt nicht hinaus.

Man hat viel gerätselt, was den rund 60jährigen Diethelm veranlaßt haben könnte, nach der Königskrönung Philipps nur noch als Fürsprecher für Reformklöster beim Hof zu erscheinen und Anfang 1206 sein Bischofsamt niederzulegen. Ob er wirklich neue politische Komplikationen im Verhältnis zwischen Papst und König fürchtete? Ob er wirklich an feige Weltflucht dachte? Ob er wirklich schwer krank war und sich den physischen und psychischen Strapazen des Bischofsamts nicht mehr gewachsen fühlte? Er war nicht der Mann, sich in den Ruhestand zu begeben. Aber er hatte 1205 seine irdischen Pflichten erfüllt und konnte daran denken, sich endlich geistlichen Aufgaben zuzuwenden, die einem Mönch am Herzen liegen mußten. Er war nicht der erste und nicht der letzte regierende Bischof, der sich am Ende ins Kloster zurückzog; daran wäre nichts Ungewöhnliches. Das Erstaunliche ist, daß er nicht wieder in die Reichenau zurückkehrte, wo er als frei resignierter Abt einen ehrenvollen Platz beanspruchen konnte. Er ging statt dessen als einfacher Mönch in das Zisterzienserkloster Salem, das strengste Mönchskloster seiner Zeit und Region, und starb dort bald, am 12. April 1206. Der Weg nach Salem führte Diethelm nicht in die Resignation, sondern zu einer neuen Herausforderung. Dieser Weg war ein Abschied, von einer benediktinischen Abtei und einer edelfreien Familie, von der Welt. Ein Salemer Mönch, der Diethelm ein Totengedicht schrieb, ist von der neueren Forschung gescholten worden, daß er Diethelm verteidigte, als ob der große Bischof eine Rechtfertigung nötig hätte. Aber wahrscheinlich hätte Diethelm von Krenkingen dem Dichter zugestimmt: »Für niemanden ist es zu spät, wenn die Bekehrung wahrhaftig ist. Das ist Ruhmestitel genug. Der Fürst ist in diesem Grab eingeschlossen. Er hat die Welt getäuscht und den rasenden Drachen. Dieser suchte einen Bischof in der Mitra und fand einen Mönch in der Kutte.« Bestattet wurde er dennoch bei den Bischöfen, nicht bei den Mönchen.

Diethelms Tod wurde in den Klöstern zwischen Zwiefalten, Engelberg und St. Gallen aufmerksam registriert. Auch die Abtei Reichenau vergaß Diethelm so wenig wie der Domklerus von Konstanz. Doch hier wie dort versuchte niemand, sein Andenken in einer eigenen Lebensbeschreibung wachzuhalten. Vielleicht war Diethelm selbst daran nicht ganz unschuldig. Denn noch 1181 fungierte einer der Reichenauer Klosterherren als »Scolasticus«, der für Klosterschule und Bildungswesen zuständig war. In späteren Urkunden des Abts kam dieses Amt nicht mehr vor, das eines »Bibliothecarius« erst recht nicht. Im Kloster drehte sich alles

Bemühen um Wahrung des Besitzstandes und Verwaltung der Einnahmen. Diethelm hatte sich auf diesen materiellen Gebieten große Verdienste erworben, und dafür waren ihm die Mitmönche dankbar. Um einen geistigen Aufschwung einzuleiten, hätte Diethelm feinsinniger sein müssen als er war. Aber er hatte ein sicheres Gespür für religiösen Ernst und Einsatz. Daß er ihn bei Mönchen strenger Klöster rückhaltlos anerkannte, war sein größter Zug. Gerade diese Eigenschaft aber machte ihn zum Einzelgänger in seinem Kloster, zum unbehausten Mönch, dessen Nachruhm so vage blieb wie das Gesicht auf den Siegeln. Von dem Menschen und Mönch Diethelm wissen wir fast nichts, weil er in seiner Klostergemeinschaft nicht weiterlebte, und er lebte nicht fort, weil diese Gemeinschaft selbst nicht mehr lebendig war.

Trotzdem oder gerade deshalb gehört Diethelm von Krenkingen zu den größten Mönchen am Bodensee. Seine Bedeutung läßt sich in fünf Punkten zusammenfassen. 1. Diethelm verkörperte von seiner Herkunft her noch einmal den frühmittelalterlichen Zusammenhang zwischen regionalem Adel und benediktinischem Mönchtum, half aber entscheidend mit, diesen Zusammenhang aufzulösen. Seine Verwandten erwarteten von ihm, daß er als Abt des Klosters Reichenau noch einmal die *Herrschaft der edelfreien Geschlechter* am Bodensee festigte und dabei den Krenkingern, überhaupt allen vornehmen Familien, aus denen Reichenauer Mönche stammten, allgemeines Ansehen verschaffte. Diethelm erfüllte diese Erwartung durch zielbewußte Verwaltung des Klosterbesitzes und geschickte Politik im Dienst des staufischen Königtums. Schon damit überschritt er freilich die Grenzen des regionalen Adelshorizonts und wuchs in die deutsche, ja europäische Politik hinein, in einem Grad, den man in Bodenseeklöstern seit den Tagen Walahfrid Strabos nicht mehr erlebt hatte. Es wurde dem Bischof klar, daß Klosterpolitik nicht mehr von der Autonomie des Einzelklosters, vom Herrschaftsbezirk eines geistlichen Souveräns ausgehen konnte, sondern in größerem Rahmen stand. Diethelm steckte diesen Rahmen allerdings enger als seine staufischen Gönner; so treu er ihnen diente, er verfiel ihrer kaiserlichen Faszination so wenig wie dem universalen Anspruch der römischen Päpste. Er suchte eine neue regionale Ordnung rund um den Bodensee, die nicht mehr ständisch beschränkt wäre.

2. Schon bei der Neuordnung der Zustände im Inselkloster sah sich Diethelm auf Gruppen angewiesen, die seine Standesgenossen

ignoriert oder verachtet hatten, die Klosterministerialen und die bürgerlichen Kaufleute und Handwerker. Diethelm gelang es, einerseits die Abwehr der edelfreien Reichenauer Mönche gegen diese Gruppen zu durchbrechen, andererseits *Ministerialen und Bürger* zu loyalem Dienst für die Klosterherrschaft zu gewinnen. Mit Hilfe dieser militärisch und wirtschaftlich entscheidenden Gruppen hob er das gesunkene Ansehen der Abtei Reichenau und stellte ihre materielle Existenz auf eine gesunde Grundlage. Allerdings mußte er zu diesem Zweck die Klosterinsel teilweise für Burgen von Ministerialen und Märkte von Bürgern öffnen. Seine Vorgänger hatten sich davor gefürchtet, weil sie die möglichen Folgen ahnten. Aus den Burgen der Ministerialen von Niederzell und Oberzell konnten eines Tages Herrensitze werden; der Marktrichter der Reichenau konnte eines Tages als Bürgermeister einer selbständigen Gemeinde auftreten, und dann war es mit der Klosterherrschaft vorbei. Diethelm nahm dieses Risiko genauso in Kauf wie seine staufischen Gönner, mit dem gleichen, zunächst durchschlagenden Erfolg. Zwar thronte der Abt nicht mehr unnahbar über unfreien Ministerialen und hörigen Bauern, sondern inmitten von selbstbewußten Rittern und Bürgern; aber für sie alle war er Repräsentant einer neuen Gesellschaft, die weit über die Exklusivität des Adelsklosters hinausreichte.

3. Diethelm setzte als Bischof diese Politik der sozialen Öffnung fort, allerdings nicht gegenüber den Ministerialen und Bürgern der Domstadt Konstanz, die er sich vom Leib hielt. Aber die *Klöster des Bistums* faßte er zu einem sozialen Verband zusammen, wie er seit den karolingischen Gebetsverbrüderungen nicht mehr existierte. Dabei hatte sich die Klosterlandschaft am Bodensee inzwischen grundlegend verändert; sie bestand längst nicht mehr nur aus souveränen Abteien wie Reichenau. Die benediktinische Ordnung war in sich differenziert worden durch mehrere Wellen von Reformbewegungen, hierzulande vor allem durch die Hirsauer Reform; schon daß ihre neuen oder umgewandelten Konvente neben die weiterbestehenden alten Abteien traten, gab Anlaß zu starken Spannungen. Vollends die Neubildung des Zisterzienserordens mußte von den Benediktinern insgesamt als Abfall betrachtet werden, zumal sich der neue Orden auf die alte Regel Benedikts von Nursia stützte und ihr getreulich zu folgen behauptete. Hinzu kamen neue Gemeinschaftsformen von Weltpriestern in Kanonikerstiften, die gleichfalls mit benediktinischen Klöstern in Konkur-

renz traten. Schließlich verschärfte sich im 12. Jahrhundert der alte Gegensatz zwischen Kloster und Kathedrale, etwa zwischen Ausbildungszielen von Domklerikern und Mönchen, ins Grundsätzliche. Es war vielleicht die bedeutendste, in der Forschung noch nicht annähernd gewürdigte Leistung des Bischofs Diethelm, daß es in der Diözese Konstanz nicht zum Austrag derartiger Spannungen kam. Der Alleinvertretungsanspruch irgendeines Ordens oder Klosters mußte jedem Zeitgenossen absurd erscheinen, der den benediktinischen Abt von Reichenau als Förderer der Salemer Zisterzienser und der Kreuzlinger Regularkanoniker miterlebte. Gerade in der Mannigfaltigkeit religiöser Formen und Ziele schien sich die Einheit der christlichen Kirche zu offenbaren; diesen Lieblingsgedanken des 12. Jahrhunderts hat Diethelm von Krenkingen ohne großes Gerede am Bodensee verwirklicht.

4. Durch Diethelms Tätigkeit als Bischof erhielt der Bodenseeraum eine geistliche Metropole, die Stadt Konstanz. An deren Wandlung von der Bischofsstadt zur Bürgerstadt war Diethelm von Krenkingen nicht aktiv beteiligt; immerhin nahm er eine Entscheidung auf diesem Wege, das kaiserliche Privileg von 1192, ohne Widerstand hin. Wichtiger war ihm Konstanz aber als Mitte eines Kranzes geistlicher Einrichtungen. Dabei läßt sich nicht übersehen, daß ihm die *Integration des Bistums* nur teilweise gelang. Waren schon die ersten Anstöße der Kloster- und Kirchenreform aus dem Westen an den Bodensee gekommen, so lag auch der Schwerpunkt von Diethelms Wirksamkeit westlich von Konstanz, am Untersee und Hochrhein, in der Landschaft, aus der er stammte. Die enge Verbindung mit den Staufern erweiterte diesen Gesichtskreis beträchtlich nach Osten, insbesondere nach Oberschwaben in die einst welfischen, während Diethelms Lebenszeit von den Staufern übernommenen Landschaften. Die dort entstehenden, größtenteils neuen Klöster wurden durch Diethelm an die ältere Klosterregion westlich des Bodensees herangeführt. Weit weniger engagierte sich der Bischof in anderen Teilen seiner Diözese, einerseits bei den neuen Schwarzwaldklöstern im Umkreis der Zähringer, andererseits bei den alten Abteien in der heutigen Schweiz zwischen Einsiedeln und St. Gallen. Das Bistum Konstanz gruppierte sich vielmehr um die Klöster zwischen Schaffhausen und Schussenried, um die Brennpunkte Reichenau und Salem. Am sinnfälligsten kam diese Konzentration in einer Königsurkunde zum Ausdruck, mit der Friedrich Barbarossa 1187 Schenkungen

der Abtei Reichenau an das Kloster Salem bestätigte, also die Klosterpolitik Diethelms guthieß. Es geschah in Wallhausen am Bodensee, und die Urkunde versuchte diesem See einen neuen Namen zu geben, »lacus Constantiensis«. Die Bezeichnung »Konstanzer See« hat sich nicht durchgesetzt, Bischof Diethelm selbst hat sie meines Wissens nie verwendet; aber sie benannte zutreffend den neuen Mittelpunkt der Klosterlandschaft am See. Der bischöfliche Hirte band die Klöster wie sich selber geistlich an den Papst in Rom; aber politisch behielt er gegenüber dem Papst Spielraum als Reichsfürst und führte die Klöster ins staufische Lager. Indem Diethelm von Krenkingen diese eigenständige Klosterlandschaft schuf, vollendete er das Werk der einheimischen Reformer, das Gebhard von Zähringen hundert Jahre vorher begonnen hatte.

5. Diethelm brach dieses Reformwerk zugleich ab, indem er das schuf, was man *staufisches Reichsmönchtum* nennen könnte. Auch wenn es nicht mehr allein auf edelfreien Geschlechtern beruhte, blieb es ein adliges Mönchtum; auch wenn es strenge Reformen durchführte, blieb es ein weltnahes Mönchtum. Politik und Religion verquickten sich hier in einer Gesinnung des Ausgleichs und der Offenheit. Man darf sie nicht mit Opportunismus verwechseln; kein ungerechterer Vorwurf könnte Diethelm von Krenkingen treffen als der, daß er in der Treue zu seinem Kaiser oder zu seinem Papst schwankend geworden sei. Er verfolgte seine Linie des Ausgleichs durchaus hart, mit schroffer Verurteilung aller bornierten Interessen, seien es die seiner Familie oder die seines Klosters. Aber katholische Christenheit und deutsches Reich, mönchisches Vorbild und ritterliche Herrschaft sollten nach den schmerzlichen Trennungen des Investiturstreites wieder zusammenwachsen. Dieser Anstoß kam dem jungen Mönch Diethelm schon von seiner heimischen Burg her; der Dienst für die staufischen Könige vertiefte und erweiterte Diethelms Ziel ins Allgemeine. Daß dieses staufische Reichsmönchtum grundsätzlich auf die Versöhnung von Natur und Geschichte, von Schönheit und Askese zielte, wurde anderswo deutlicher formuliert, zum Beispiel in den Geschichtswerken des bischöflichen Zisterziensers Otto von Freising oder in den liturgischen Prachthandschriften des benediktinischen Abts Berthold von Weingarten. Vollends das neue Menschenbild des Mönchtums trat am Mittelrhein bei Hildegard von Bingen, im Elsaß bei Herrad von Landsberg klarer zutage als irgendwo am Bodensee. Gleichwohl müssen diese Einflüsse von außen den

Herrn von Krenkingen geprägt haben. Er verkörperte das staufische Mönchtum nicht durch geistige Werke, sondern durch politische Taten. Insofern war das Reichenauer Abtsiegel ein treffendes Porträt Diethelms. Dieser mächtig thronende Herr kannte gegen sich selbst keine Rücksicht; aber er fiel nicht seinem Schöpfer als armer Sünder zu Füßen, er ging vor den Armen, denen er die Füße wusch, nicht in die Knie, er beugte sich nicht herab auf die Handschriften der Mönchstheologen. Er stellte der visionären Unruhe, die viele Zeitgenossen auf das Weltende warten ließ, noch einmal den gelassenen Stolz des adligen Herrn entgegen, der seiner Gegenwart Maßstäbe setzte. Diese Haltung verband den Krenkinger zutiefst mit dem Staufer, gerade dadurch, daß der Abt seinem Kaiser nicht sklavisch gehorchte. Er blieb ein Sohn seiner Heimat und ließ sich von Barbarossa nicht zu ausländischen, vollends zu überseeischen Abenteuern verführen. Doch er ließ sich von Barbarossa belehren, daß die Landschaft am See nach europäischen Grundsätzen neu geordnet werden mußte, wenn sie ihren alten Rang behaupten wollte. Was wir heute die Zeit der Staufer nennen, wäre am Bodensee niemals Wirklichkeit geworden und in der Erinnerung lebendig geblieben ohne Standfestigkeit und Weitblick des Abtes Diethelm von Reichenau.

Antworten der Nachwelt

Wer vom hohen Mittelalter spricht, sagt meist Stauferzeit und setzt damit voraus, daß jene Zeit im ganzen von dieser einen Familie geprägt wurde. Vorsichtiger, aber ähnlich urteilt die historische Forschung. Sie betont, daß die Staufer vom frühen 11. bis späten 13. Jahrhundert eine Einheit bildeten und mindestens die deutsche Geschichte zwischen 1138 und 1250 repräsentieren. Wer jedoch die staufische Nachwirkung in den folgenden Jahrhunderten betrachtet, findet eine andere Bewertung: Nicht oft verstand spätere Überlieferung die staufische Familie als Einheit, und nicht viele deutsche Gemeinschaften fühlten sich durch die Staufer repräsentiert. Ihre Nachwirkung war extrem diskontinuierlich und disparat, sie speiste den Lokalpatriotismus ebenso wie das Weltherrschaftsgelüste und hatte nie einen gemeinsamen Nenner. Warum es so kam, das sollen sieben Thesen erläutern, die die wechselnden Phasen und Schwerpunkte skizzieren. Sie werfen auch neues Licht auf die Staufer selbst; denn die Leistung der Früheren hängt zum Teil von ihrer Wirkung auf Spätere ab.

1. Den Staufern selber ließ ihre Geschichte zu wenig Zeit, um ihr Geschlecht als *dynastisches Kontinuum* zu etablieren. Zwar gründeten sie vor 1079 Stützpunkte einer Adelsherrschaft, Kloster Lorch und die Burg auf dem Hohenstaufen; aber schon der erste Herzog Friedrich verließ die örtliche Basis. Sein Sohn, König Konrad III., wurde neben Kaiser Heinrich dem Heiligen in Bamberg beigesetzt, nicht mehr in Lorch. Seither fanden die Staufer keine gemeinsame Grablege, vergleichbar mit dem französischen Saint-Denis, und als Residenz allenfalls das ferne Palermo mit normannischer Tradition. So besaßen die Staufer kein eigenes Kultzentrum für dynastische Liturgie und Legende, vergleichbar mit dem karolingischen Aachen. Obwohl sie geistliche, sogar bischöfliche Verwandte hatten, erhielten sie keine Familienheiligen, wie es Landgräfin Elisabeth von Thüringen wurde, und verehrten nur Karl den Großen, das heißt die Heiligkeit des Kaisertums an sich.

Die Staufer regten auch keine Hausgeschichtsschreibung an, die wie die welfische von einem Spitzenahn ausging und eine Ahnengalerie beschrieb. Was staufische Historiographie anstrebte, zeigt Otto von Freising: entweder war es Heilsgeschichte von der Schöpfung zum Jüngsten Tag oder Bericht von den Taten eines Kaisers. Zwischen Weltgeschichte und Einzelleben, die in Barbarossas Gestalt ineinanderflossen, stand kein Familienerbe, kaum ein Familienname. Vom »staufischen Haus« sprach das Geschlecht selbst erst kurz vor dem Untergang. Wenn einer starb, hinterließ er Fragmente; der nächste suchte sich eine neue Zukunft. So mißlang den Staufern zu Lebzeiten, was etwa den Plantagenets in England glückte: die Stiftung dynastischer Kontinuität, die sich bruchlos den Traditionen der Monarchie, schließlich der Nation einfügte.

2. Das *politische Testament* des Geschlechts fand nach seinem Aussterben 1268 viele Erben, aber keinen Vollstrecker, weil sich die Wege der europäischen Monarchien von denen der deutschen Territorien trennten. Mit zahlreichen Königshäusern hatten sich die Staufer versippt; daran knüpfte mancher Herrscher Ansprüche, so Alfons von Kastilien auf die deutsche Krone, Friedrich von Aragón auf das sizilische Erbe. Doch solche Anknüpfungen blieben punktuell. Noch flüchtiger klangen Anleihen, die einzelne Monarchen Europas im Kampf mit den Päpsten bei den Argumenten der Staufer machten, Philipp der Schöne oder Ludwig der Bayer. In Deutschland beriefen sich landesfürstliche Ambitionen hartnäckiger auf die Staufer, aber sie widersprachen einander. Auf der einen Seite Rudolf von Habsburg, der den Hohenstaufen als Reichsburg übernahm und sich in Speyer neben Philipp von Schwaben bestatten ließ; auf der anderen Seite zum Beispiel Friedrich der Freidige von Meißen und Thüringen, der den bloßen Titel eines Schwabenherzogs führte und in dessen wettinischem Haus der Staufername Friedrich lange fortlebte. Verwirrend wirkte ferner der wachsende Gegensatz zwischen Nord und Süd. Ein Niederdeutscher schrieb 1281 in Köln, die Schwabenkaiser hätten das Reich nur mit Hilfe der Oberdeutschen regiert und es dadurch geschädigt; seither rede man im Ausland nicht mehr vom Reich der Deutschen, sondern vom Reich der Alemannen, von »Allemagne«. Der deutsche Südwesten ließ für das Gedächtnis an staufische Eintracht, hier an das Herzogtum Schwaben, ebenfalls wenig Raum, solange die Länder zwischen badischen Zähringerer-

weltgeschichtlichen Ruhm der »Suevica dynastia«. Die Maßstäbe, universal hier, partikulär dort, widersprachen einander, wie in der Literatur, so in der Politik. Die Burg auf dem Hohenstaufen, noch immer wie die Reichsrechte in Schwaben zwischen württembergischen Herzögen und habsburgischen Kaisern strittig, wurde 1525 von aufständischen Bauern als Symbol mittelalterlicher Fürstenmacht niedergebrannt. Aber die Fürsten im Stuttgarter Schloß erwärmten sich für Staufer-Requisiten; der Taufname Friedrich bürgerte sich im Herzogshaus ein, und Herzog Christoph verwendete beim Bau des Göppinger Schlosses angeblich Steine aus der Ruine Hohenstaufen. Der Fürstenwillkür begegnete landständischer Widerspruch, seitdem der Schwäbische Kreis 1563 die drei staufischen Löwen in sein Wappen aufnahm, das heutige Landeswappen von Baden-Württemberg. Neben dem ständischen ergriff der konfessionelle Dualismus das Thema. Im evangelischen Nördlingen stellte erstmals 1585 ein Drama den unschuldigen Konradin als Opfer der bösen Päpste dar; darauf erwiderten bis ins 18. Jahrhundert zahlreiche Jesuitendramen, die Konradin für die Sünden seiner bösen Väter büßen ließen. So wurde die alte Antithese zwischen Messias und Antichrist zum Vorwurf deutscher Dramen, freilich gemildert; denn der erste Stauferheld der Dichter war kein Kaiser, sondern ein Knabe. Ihm stellte der Zürcher Bodmer seit 1771 den grausamen Verfolger Barbarossa gegenüber, der den Ketzerführer Arnold von Brescia hinrichten half. Damit zerfiel das Staufergeschlecht in Einzelgestalten, an denen lediglich menschliche Leidenschaften repräsentativ waren. Historiker urteilten anders als Dichter, aber auch sie wählten aus. Der kursächsische Graf Bünau liebte nicht die Maßlosigkeit der späten Staufer, sondern das Augenmaß der frühen; deshalb schrieb er 1722 das Leben Barbarossas als Musterbiographie eines Staatsmanns und wandte sich dann dessen Vorgängern zu. Jedenfalls konnte das 18. Jahrhundert noch nicht von einer »Zeit der Staufer« reden; das staufische Werk zerfiel in Phasen häuslicher Strenge und Phasen globalen Überschwangs, in Stoffe für Gelehrte und Stoffe für Dichter, also in Einzelteile.

6. Neuen Glanz empfing das Stauferhaus durch das Ende des alten Reiches und die Befreiungskriege. Zum Propheten des 19. Jahrhunderts, zum Symbol der *nationalen Einheit* wurde Friedrich der Rotbart, um so leichter, je halbherziger sich die vielen Landesfürsten zum staufischen Erbe bekannten. In Württemberg ließ sich

zwar der erste Kurfürst Friedrich 1803 auf dem Hohenstaufen als Vollender staufischer Größe feiern und nahm 1806 die staufischen Löwen in sein Königswappen auf; aber noch der letzte König Wilhelm versagte 1892 dem Plan eines Nationaldenkmals auf dem Hohenstaufen seine Unterstützung. Vollends im kaiserlichen Wien sah 1810 Friedrich Schlegel die letzten Staufer als Zerstörer, die ersten Habsburger als Retter des deutschen Reiches. Doch ein neues Reich, nicht auf die alten Landesfürsten gestützt, konnte sich auf die volkstümlichen ersten Staufer berufen. Rückert belebte 1817 die Kyffhäusersage wieder, und zwar so, als wären nach Barbarossa die Staufer entartet »Er hat hinab genommen Des Reiches Herrlichkeit Und wird einst wiederkommen, Mit ihr, zu seiner Zeit.« Der Appell des Dichters fand vielfältiges Echo, weil der Gelehrte von Raumer 1823–25 die historischen Kulissen bereitstellte, in der »Geschichte der Hohenstaufen und ihrer Zeit«. In diesem romantischen Panorama des Mittelalters traten die Staufer als Gestalten eines »großen Trauerspiels« auf, jede anders, keine frei von Schuld, keine der Erlösung unwert. In ihnen erkannten sich die Deutschen wieder, und Hegel sagte, die Geschichte der Hohenstaufen stelle im ganzen die Tragödie Deutschlands dar. Deren Ausgang gestattete wenig Hoffnung; Schnorr von Carolsfeld malte in den 1830er Jahren nicht den schlafenden, sondern den ertrunkenen Barbarossa, den Kaiser als Märtyrer. Noch entschiedener warnte der schwäbische Demokrat Zimmermann 1839 davor, die staufische Monarchie, die Feindin republikanischer Freiheit, zum Vorbild für deutsche Zukunft zu wählen. Dennoch wurde 1849 eines der ersten Schiffe der Reichsflotte auf Barbarossas Namen getauft. Ähnlich schieden sich im Italien Verdis und Carduccis die Geister; die einen schmähten die Staufer als Widersacher bürgerlicher Freiheit, andere rühmten sie als Vorkämpfer monarchischer Einheit. Die Oberhand gewannen in Deutschland die Freunde alter Kaiserherrlichkeit, die ohne weiteres die Zukunft erneuern sollte. Als sich die Träume 1871 zu verwirklichen schienen, wurden die Einsichtigen ernüchtert; damals wunderte sich Jacob Burckhardt über das populäre Urteil, das die Größe einzelner Staufer nicht nach Verdiensten und Fähigkeiten bemesse, sondern nach der magischen Macht der Persönlichkeit. Zu Stein wurde sie 1896, unter Wilhelm II. im Kyffhäuserdenkmal. Da repräsentierten die beiden ersten Kaiser der Hohenzollern und der Hohenstaufen als bärtige Vaterfiguren gemeinsam deutsche Weltgeschichte und fragten weder nach Opfern noch nach Resultaten. Im deutschen Volk schlug dieses Pathos tiefe Wurzeln, noch über den Ersten Weltkrieg hinaus.

7. Gegen die wilhelminisch plumpen Gleichungen kehrte sich im frühen 20. Jahrhundert ein *aristokratischer Mythos,* geschaffen von Intellektuellen auf der Suche nach einem dritten Reich, nach dem heimlichen Deutschland. Sein Heros war Friedrich II. Ihn hielt schon Nietzsche 1886 für einen zum Siege und zur Verführung vorherbestimmten Rätselmenschen. Als Stefan George in Speyer vor den Kaisergräbern stand, dachte er nicht an Philipp von Schwaben, der hier lag, sondern an den Gast aus dem Süden, den »größten Friedrich, wahren Volkes Sehnen«. Diesem Mythos verdanken wir die monumentale Biographie Friedrichs II., von Kantorowicz »in unkaiserlicher Zeit« 1927 geschrieben. Trotzdem behielt Carl Jacob Burckhardt recht, der 1925 den Anachronismus empfand: »Der heimliche Kaiser – der Staufer im Kyffhäuser – der Unbekannte mit dem Zeichen auf der Stirn, mitten im Volksgewühl! Wie lange schon vom Kindermärchen bis zum Operntext sind solche Hoffnungsträger, Seelenbilder archaischer Art zur Befriedigung einer sonderbaren Sehnsucht, einem in Fabriken und Amtsräumen sachlich, rational tätigen Volke angeboten worden!« Vollends nach 1933 diente dieser ins Volk getragene Mythos zur Verschleierung der Wirklichkeit. Hitler selbst hielt 1942 die staufische Italienpolitik für rassisch bestimmt wie seine eigene Ostpolitik, und im gleichen Jahr wurde eine populäre Biographie des Staufers Friedrich II. »dem Ghibellinen Alfred Rosenberg« gewidmet. Viele ließen sich verführen, das Vorgestern mit dem Heute zu verwechseln, den Bamberger Reiter im Führer des germanischen Reiches wiederzufinden, die staufischen Ritter in der blonden Gefolgschaft auf den Ordensburgen, Konradin in den Hitlerjungen. Das jähe Erwachen folgte auch diesmal der scheinbaren Erfüllung der Träume. Doch der Schock wirkt in Deutschland so stark nach, daß die Erforschung staufischer Nachwirkung noch heute ein Tabu verletzt. Aber auch wenn im Staufernamen vergangene Wirklichkeit und Zukunftsträume immer ineinanderfließen, ist es unerläßlich, sie voneinander zu unterscheiden, um der Staufer willen und unsretwegen.

Für sachliche, rationale Arbeit, besonders im politischen und sozialen Feld, haben die Staufer, zumal in Schwaben und Sizilien, viel Zähigkeit und Nüchternheit aufgewandt. Mit Heiterkeit und

Festlichkeit haben sie ferner überall zwischen Nimwegen und Brindisi geistvolle Kunstwerke hervorgerufen. Dies waren ihre wichtigsten Leistungen. Ihre Nachwirkung aber ist von einem Dilemma gezeichnet, das schon sie selber umtrieb. Weil sie ihr großes Tagewerk, das deutsche wie das europäische, nicht vollenden konnten, wurden sie Hoffnungsträger für noch größere, kosmische Träume. In der durchgehaltenen Spannung zwischen den Extremen, zwischen genauen Taten und grandiosen Träumen, liegt die geschichtliche Einheit des staufischen Geschlechts. Sie konnte aber für spätere Überlieferung selten sichtbar, für spätere Gemeinschaften noch seltener repräsentativ werden, weil nur ein Teil davon nachwirkte, die Übersteigerung ins Göttliche oder Dämonische. Sie hat die menschlichen Ergebnisse und Versäumnisse staufischen Handelns bis heute im allgemeinen Bewußtsein überlagert. Uhland spürte diese Einseitigkeit 1819, schrieb sie aber den Staufern selber zu, indem er Konradin kurz vor dem Ende sprechen ließ: »Doch wenn mir andres nicht zum Erbe blieb, Das eine blieb, der angestammte Geist, Der strebende, der nichts verloren gibt, Mir blieben die Entwürfe meiner Väter.« Uhlands Satz, der die bisherige Geschichte staufischer Nachwirkung zusammenfaßt, muß nicht unser letztes Wort zur Staufergeschichte sein. Was uns als Erbe blieb, sind nicht nur die Träume der Väter, sondern auch ihre Taten. Die Söhne, die weit erstreben und viel verloren geben müssen, finden zu eigenen Entwürfen nur in der Auseinandersetzung mit den Fehlern und Erfolgen ihrer Väter.

66

Zeitgenössische Geschichten kommen leicht an ihren Mann, an Erzähler, die sie aufmerksam erleben, und Hörer, die sie neugierig erwarten. *Geschichtsschreiber* haben es schwerer. Sie sind nicht dabeigewesen, also auf karge Überreste der Vergangenheit angewiesen und müssen Leser suchen, also die üppigen Vorurteile der Gegenwart kennen. Das Studium der Vergangenheit braucht Einsamkeit, um die Stimmen der Toten zu verstehen; die Darstellung für die Gegenwart braucht Geselligkeit, um die Stimmungen der Lebenden zu treffen. Um ruhig arbeiten zu können, müßte der Historiker von Alltagssorgen freigestellt sein; doch der Gönner, von dem er dann abhinge, sähe ihn gern im öffentlichen Lärm mitstreiten. Geschichtsschreibung entsteht aus dieser Spannung zwischen Überresten der Vergangenheit und Vorurteilen der Gegenwart. Wer sie auflöst, zugunsten des Antiquierten oder des Modischen, bringt die Historie entweder um ihre Lebendigkeit oder um ihre Gültigkeit.

Nicht bei allen Themen spürt man diese Spannung sofort; vielfach haben sich in der Historiographie einmütige Überlieferungen gebildet, die schon von den Handelnden gestaltet wurden und von den Betrachtenden nur verfeinert oder erweitert werden. Anders bei den Staufern. Sie hinterließen keinen leiblichen Nachkommen, der ihr Familienerbe hütete, keine politische Gemeinschaft, die sich mit ihrer Herrschaftsform identifizierte. Schon den Staufern selbst blieb zu wenig Zeit, um ihr Geschlecht als dynastischen, ihre Herrschaft als politischen Zusammenhang den Zeitgenossen nahezubringen; vielleicht wollten sie es nicht einmal. Zwar förderten sie Geschichtsschreibung, aber staufische Historiographie zielte auf Universalgeschichte von der Schöpfung bis zum Jüngsten Tag oder auf Zeitgeschichte eines einzigen Kaisers. Sie fand nicht wie die welfische zur Hausgeschichte, die den genealogischen Verzweigungen der Sippe und den regionalen Verschiebungen ihrer Grundherrschaft nachging.

1. In der *Stauferzeit* und im staufischen Umkreis gediehen statt dessen Geschichtswerke von Miterlebenden für Zeitgenossen. An dem bedeutendsten, den später sogenannten »Gesta Friderici imperatoris«, arbeitete Bischof Otto von Freising von 1157 bis zum Tod im Jahr darauf; er widmete es dem kaiserlichen Neffen, dessen Taten es aus der Hofperspektive erzählte. Otto erwähnte

Friedrichs Großvater, Vater und Onkel, aber bloß »damit das, was von deiner Persönlichkeit zu sagen sein wird, durch den Glanz ihrer Taten noch glänzender erscheine«. Die Geschichte der Familie wurde erst beachtet, wo sie sich 1079 mit Kaiser und Reich verband, als der Großvater Friedrich zum Schwiegersohn Kaiser Heinrichs IV. und Herzog von Schwaben aufstieg. Obwohl er »von den vornehmsten Grafen Schwabens abstammte und auf der Burg Stoyphe eine Siedlung angelegt hatte«, gab ihm Otto keinen eigenen, den staufischen Herkunftsnamen und zog ihn zur salischen Kaiserfamilie der »Heinriche von Waiblingen«. Auch politisch betrachtete Otto die staufischen Friedriche als Erben der salischen Heinriche, im Kampf gegen die Welfen wie gegen die Päpste.

Wenig anders verfuhr der Notar Richard von San Germano, als er 1243, kurz vor dem Tod, die zweite Fassung einer »Chronica regni Sicilie« schrieb. Sie erzählte lebendig und unbefangen vom Schicksal der Gemeinden am Fuß des Monte Cassino während der letzten fünfzig Jahre. Dem Kaiser Friedrich II., der ihren Alltag gründlich veränderte, diente Richard treu, doch verstand er seinen Herrn nicht als Staufer, sondern, »weil ich ein Sohn dieses Reiches bin«, als König Siziliens, als Enkel Wilhelms II., »dem auf der Welt kein zweiter gleichkam«, als Erben normannischer Herrschaft. Friedrichs staufischen Großvater Friedrich I. nannte Richard mit Respekt, weil er das Kreuz nahm, den »alemannischen« Vater, Heinrich VI. mit Mißtrauen, weil er Sizilien demütigte. Nicht nördlich der Alpen bei wilden Teutonen sollte der Kaiser Herkunft und Zukunft suchen, sondern am Mittelmeer, wo die Menschen seine Rechtsordnung wahrten.

Staufische Geschichtsschreibung verstand also die Herrscherreihe nicht als Familienverband, ihren Wirkungskreis nicht als besondere Gemeinschaft. Das Geschlecht übernahm geschichtliche Überlieferungen, soweit es sie brauchte, von älteren Herrscherhäusern; seiner gegenwärtigen Wirkung setzte es keine räumliche Grenze. Wenn einer starb, hinterließ er Fragmente; der nächste suchte sich einen neuen Horizont. Diese eigentümliche Präsenz der Staufer bewirkte, daß bei ihrem Aussterben 1268 niemand das Geschlecht als gesonderte Einheit, Verkörperung einer bestimmten Gemeinschaft, einer abgeschlossenen Epoche begriff. Die Betroffenen in Deutschland und Italien standen vor weitverstreuten Überresten eines unvollendeten Bauwerks, das sich jeder nach seinem Vorurteil ergänzen mochte.

2. Im *späten 13. Jahrhundert* klammerte sich die erste nach-staufische Generation an Einrichtungen, die die Staufer bekämpft und deren Untergang überlebt hatten, römisches Papsttum und deutsches Fürstentum. Der Kölner Stiftsgeistliche Alexander von Roes meinte 1281 sein »Memoriale de prerogativa Romani imperii« als politische Programmschrift: Das alte Einvernehmen zwischen italienischen Päpsten und deutschen Kaisern sollte wiederhergestellt, der moderne französische Anspruch auf Herrschaft über die Christenheit abgewiesen werden. Dazu bedurfte es in Deutschland der Zusammenarbeit zwischen den künftigen Kaisern und ihren vor allem rheinisch-geistlichen Wählern; die Staufer hatten sie vernachlässigt. Ob der Adlige Friedrich aus Schwaben 1152 die Gunst der Kurfürsten erschlich, wollte Alexander offenlassen; jedenfalls taten seitdem die Kaiser fast nichts mehr mit voller Zustimmung und Unterstützung der Kurfürsten. »Vielmehr suchten sie das Reich allein mit Hilfe der Schwaben und Bayern und der oberdeutschen Alemannen zu lenken, so daß man gemeinhin schon nicht mehr vom Königtum Deutschlands oder der Römer, sondern vom Königtum Alemanniens recet. So sind unter den Schwabenkaisern Macht und Ansehen des Reiches nicht mehr gestiegen, sondern immer mehr gesunken.« Für Franzosen ist aus Deutschland »Allemagne« geworden. Vom letzten Friedrich, den der Papst absetzte, wußte schon der Prophet im Alten Testament, daß der Gottlose sein ganzes Haus mit in den verdienten Untergang riß. Alexander erkannte, daß die Staufer mühsamer als die Salier gegen Päpste und Fürsten aufkamen, verstand aber ihre Beharrlichkeit als pure Selbstherrlichkeit, ihre süddeutsche Schwerpunktbildung als Partikularismus.

Freundlicher urteilte die um 1261 begonnene, bis 1287 geführte »Cronica« des Franziskaners Salimbene de Adam, der aus Parma kam und in Reggio di Emilia lebte. Der Italiener beobachtete Wandlungen in den Lebensläufen einzelner Staufer, wertete sie aber als Folgen göttlicher Fügung, nicht persönlicher Erfahrung. Der erste Friedrich hatte mit Päpsten und Kommunen Italiens gerungen und sich schließlich der Kirche Gottes unterworfen. Seitdem blühte sein Glück in Familie und Reich; er wurde »der beste der Menschen und der mächtigste von allen«, als er zum Wohl der ganzen Christenheit ins Heilige Land zog und dem Element, nicht den Menschen erlag. Sein Sohn Heinrich VI. war lediglich ein widerwärtiger Tyrann, der die Schätze Italiens nach Alemannien schleppte; doch an Friedrich II., den Sohn der sizilischen Konstanze, knüpften sich anfangs die Hoffnungen Italiens auf Frieden und Eintracht. Unbegreiflich für Salimbene, wie verbittert und wahnerfüllt Friedrich am Schluß regierte; stammte er etwa nicht aus edlem Staufergeblüt, sondern von einem Schlächter? Als er Kirche und Städte verfolgte, verdarb er alle guten Ansätze, erntete häusliches Mißgeschick und politisches Chaos und ruinierte sein Haus und sein Reich. So blieb zur Wahrung künftiger Eintracht für Christen und Italiener allein die Kirche übrig; Salimbene bemerkte es beinahe traurig.

Beide Verfasser bezeichneten die Schwabenkaiser noch nicht mit dem staufischen Familiennamen und hoben aus der Reihe nur die beiden Friedriche hervor. Trotzdem versuchten beide, das Geschlecht als politische Einheit strebender und irrender Menschen zu verstehen. Aber das Ende der Staufer hatte den universalen Zusammenhang zerschlagen; auch die beiden Geistlichen und Großstädter konnten Geschichte nur noch aus regionalen Erfahrungen begreifen. Daran änderte ihr Glaube an Gottes Weltregierung und ihr gemeineuropäisches Kirchenlatein wenig. Sie vermengten mit augenblicklichen Nöten und Wünschen auch ihre Darstellung der Vergangenheit. Was sie davon wußten, kam ihnen aus eigenen Erlebnissen und mündlichen Mitteilungen zu, so daß sie es kaum von den Vorurteilen ihrer Umwelt zu trennen wußten. Eines stand für beide fest: Niemand würde die politische Erbschaft der Staufer antreten, weder der Papst in Rom noch Rudolf von Habsburg, weder der französische König noch der Erzbischof von Köln. Jeder griff nach staufischen Ländern, keiner nach dem staufischen Kaisertum, das erst dadurch zur Tradition geworden wäre.

3. Im *14. Jahrhundert* gelangte die Vielfalt italienischer Stadtstaaten und deutscher Landesherrschaften zur vollen Entfaltung, nicht zum Frieden. Wer nach Ursachen des fortwährenden Gezänks suchte, beschwor mit neuem Nachdruck die Staufer. Der Kaufmann Giovanni Villani, der seiner Gemeinde Florenz auch politisch diente, schilderte den Aufstieg der Vaterstadt vom Ursprung bis zur Gegenwart auf italienisch in der »Cronica«, an der er von 1300 bis zum Tod 1348 arbeitete. Florenz war in der Zeit der Schwabenkaiser noch klein, aber von ihrem fürchterlichen Krieg mit den Päpsten mitbetroffen. Villani beschrieb ihn nach der papsttreuen Chronik des Dominikaners Martin von Troppau und

registrierte die zunehmende Verschärfung des staufischen Kampfes um Italien. Als ersten Staufer (»di Stuffo«) sah Villani nicht den »Sachsen« Konrad III., sondern »Friedrich den Großen« an, den er, wie andere Florentiner seit 1298, auch mit dem Beinamen Barbarossa bedachte. Nach hartem Ringen mußte er den Nacken unter den Fuß des Papstes beugen und ihm der. Kreuzzug geloben; er büßte die frühere Bosheit durch den Tod im Orient. Schlimmer als der Vater benahm sich Heinrich VI., der zudem eine uralte Nonne heiratete. Ihr Kind, Friedrich II., glich vollends einem apokalyptischen Tier. Geistig glänzend begabt, doch allen Lastern des Fleisches ergeben, säte er überall Zwietracht. Zu seiner Zeit begann in Florenz 1215 die verfluchte Spaltung zwischen Guelfen und Ghibellinen. Villani wußte nicht, daß diese »Ghibellinen« die »Waiblinger« Ottos von Freising waren, aber er sah, daß die Parteiung aus Deutschland eingeführt wurde und seitdem Italien zerriß. Der sündige Friedrich II. und seine wilden Nachkommen brachten sich gegenseitig um; danach begann der Aufschwung von Florenz, der leider noch immer von dem alten Zwist gefährdet ist.

Verklärt erschienen die Staufer hingegen dem Zisterzienserabt Johann von Viktring, der zwischen 1341 und 1347 an einem lateinischen »Liber certarum historiarum« feilte. Der gebürtige Südostdeutsche wollte eine Geschichte seines Gastlandes Kärnten schreiben, bezog aber die Reichsgeschichte seit Karl dem Großen mit ein. Für die Stauferzeit benutzte er das Buch seines zisterziensischen Ordensbruders Otto von Freising und entdeckte die zunehmende Sicherheit staufischen Friedens in Deutschland. Die Anfänge des Geschlechts seit Graf Friedrich von »Stouphen« wurden vom Streit der »Gwebelingen« mit den »Guelfen« belastet; Kaiser Friedrich I. brachte friedlichere Zeiten. Er förderte Institutionen, an denen Johanns Herz hing, den Zisterzienserorden und das Herzogtum Österreich. Fast ebenso rühmlich verhielt sich der Enkel Friedrich II., »großzügig und freigebig und in allem gewandt, nur in einem Punkt tadelnswert, und zwar sehr, daß er sich gegen die Kirche so hartnäckig aufgelehnt hat«. Aber erst nach seinem Tod erhob sich Zwietracht im Land, zumal in Österreich. Gegen die Bemühungen Rudolfs von Habsburg trat 1284 im Rheinland sogar ein falscher Kaiser Friedrich auf, der den gequälten Menschen helfen wollte. Johann verurteilte seine Aktion, teilte aber seine Hoffnung auf Wiederkehr kaiserlichen Friedens. Der Abt diente treu den Kärntner Herzögen, zuletzt dem Habsburger

Albrecht, dem er sein Buch widmete; sie konnten ihre Aufgabe nur meistern, wenn sie aus der Geschichte, vom staufischen Vorbild lernten.

Die beiden weitgereisten und sprachenkundigen Politiker stellten die Staufer in einen weltgeschichtlichen Zusammenhang, den Zerfall universaler, den Aufschwung regionaler Kräfte. Beide erwarteten keine Wiederkehr der Staufer, die sie so nannten und als Dynastie verstanden. Aus der Ferne, in die sie gerückt waren, nahmen sie sich weniger wie schwankende Menschen aus, eher wie Werkzeuge jenseitiger Mächte, Urheber teuflischer Zwietracht oder paradiesischen Friedens. Wer jetzt über sie schrieb, brauchte schriftliche Quellen und stieß, auch wenn er die genehmsten aussuchte, auf ihre Widersprüche, schon in der Datierung; Villani und Johann mußten die Nachrichten mindestens zeitlich ordnen. So zeigten sie einen in sich schlüssigen, von der Gegenwart abgehobenen Verlauf, der gerade im Abstand beispielhaft wirkte. Verwirklichen konnte jedoch niemand das staufische Beispiel, im Gegenteil; mit dem Papsttum von Avignon und dem Papstschisma verloren Italien und Deutschland auch noch den letzten gemeinsamen Nenner, die kirchliche Einheit.

4. *Das 15. Jahrhundert* wollte in den Reformkonzilien unter Siegmunds kaiserlicher Leitung die Einheit des christlichen Europa wiedergewinnen und besann sich auf das staufische Experiment und seine gottgewollten Folgen. Der westfälische, am römischen Papsthof tätige Geistliche Dietrich von Nieheim erinnerte 1411, kurz vor dem Konstanzer Konzil, seine Mitkurialen im »Viridarium imperatorum et regum Romanorum« an die frühere Zusammenarbeit und Gewaltenteilung zwischen Kaiser und Papst. Sie hatte bürokratischen Zentralismus und romanischen Separatismus in der Kirche verhindert. Dietrich benutzte das »Memoriale« Alexanders von Roes, verstand die Staufer aber richtiger aus ihrer gesamtdeutschen und europäischen Zielsetzung. Das erhabene Haus der Schwabenherzöge besaß schon unter den sächsischen Kaisern der Ottonenzeit Macht und Ruhm in Deutschland. Zu europäischer Geltung stieg es bereits mit König Konrad III. auf, den Dietrich fälschlich für Barbarossas Vater hielt. Bis zum letzten Schwabenherzog Konradin hütete die Familie die ganze Christenheit, durch ständige Kreuzzüge ins Morgenland, durch unentwegte Abwehr partikularer und klerikaler Machtgelüste im Abendland. Von der unheiligen Allianz der Römer, Lombarden und Franzosen

wurden die Staufer bis aufs Blut gereizt, blieben aber allesamt tugendhaft und gesittet. Friedrich I., »dessengleichen an Macht und Tüchtigkeit in neuerer Zeit kaum zu finden ist«, stiftete nach langem Bemühen Eintracht zwischen Papst und Kaiser und führte die vereinten Christen gegen die Ungläubigen. Dasselbe erstrebte Friedrich II., auch er »ein sehr frommer und gerechter Fürst«. Von Anfang bis Ende verfolgte das Geschlecht dieselbe Politik maßvollen Ausgleichs, nicht antichristlicher Barbarei, und bestand aus guten Katholiken und geschmackvollen Männern.

Ähnliche Maßstäbe legte zwischen 1442 und 1453, nach dem Scheitern des Baseler Konzils, der päpstliche Sekretär Flavio Biondo in Rom an, als er die Staufer in den »Historiarum ab inclinatione Romanorum imperii decades« besprach. Er hielt sich an die Fakten von Villanis Chronik, sah aber richtiger die Einheit hochmittelalterlicher Geschichte in der Kreuzzugsbewegung; er empfand sie als Leistung der Päpste. Die Staufer waren zu loben, wenn sie im Einvernehmen mit dem Papst ins Heilige Land zogen, zuerst König Konrad III., der allerdings eher tatendurstig als umsichtig vorging. Seine schwäbischen Nachfahren bis zu Konradin zeichneten sich erst recht durch Rücksichtslosigkeit aus; besonders die beiden Friedriche zerrütteten Frieden und Freiheit des urbanen Italien durch plumpe Tyrannei und barbarische Tücke. Obwohl Biondo wenigstens bei Friedrich II. Geschmack und Gewandtheit erkannte, rühmte er als tüchtigsten und gebildetsten Herrscher der Epoche lieber den Türkensultan Saladin als einen Staufer. Das einzige, was die Schwaben den Italienern vererbten, waren die »gewiß deutschen« Ausdrücke für Guelfen und Ghibellinen. Das sollte ein Muster europäischer Zukunft sein?

Die beiden Kurialen überblickten vom römischen Papsthof in lateinischer Sprache das ganze Europa, das ihnen von Gott begünstigt, vom Fingerspitzengefühl der Herrscher formbar erschien. Beide nahmen die Staufer sehr wichtig, begriffen sie als dynastische Gemeinschaft und unterstellten ihnen eine folgerichtige Politik, die auf das Ganze der Christenheit zielte. Daß sie damit der verwirrten Gegenwart ein Vorbild boten, wurde kaum mehr bezweifelt, seitdem die Türken näherrückten. Der Streitpunkt lag für das Zeitalter des Frühhumanismus vielmehr in der Wahl zwischen deutscher Wut und italienischer Eleganz. Methodisch bahnten beide Autoren Fortschritte an. Dietrich zog neben erzählenden Berichten zahlreiche staufische Urkunden und Briefe im Wortlaut heran, um die Kaiser selbst sprechen zu lassen; natürlich bestätigten sie seine günstige Meinung. Biondo schob spätere Übertreibungen beiseite, um den ältesten Zeugen das Wort zu geben. Nur hatten die groben Deutschen, soweit er wußte, ihre eigene Geschichte nicht aufgeschrieben und das Feld päpstlichen Verlautbarungen überlassen; natürlich zitierte er sie gern. Tadellose gelehrte Grundsätze bestärkten also beide Geschichtsschreiber in ihren politischen Vorurteilen. Doch bald erzwangen die Erfindung des Buchdrucks und das gemeinsame Humanistenlatein eine vergleichende Kontrolle sowohl der Vorurteile wie der Überreste.

5. Das *frühe 16. Jahrhundert* erlebte europäische Spaltungen, bei denen das habsburgische Kaisertum lediglich Partei war, in Italien gegen die französischen Könige, in Deutschland gegen Luthers Reformation. Infolgedessen bildete auch das staufische Kaisertum nicht mehr den Schwerpunkt mitteleuropäischer Geschichte. Der Florentiner Staatsmann Niccolò Machiavelli widmete seine »Istorie fiorentine« von 1520–25 einem Medici-Papst und verwendete Biondos Darstellung, gab ihr aber eine eifernde nationale Tendenz. Eigentlich könnte sich Italien allein beherrschen. Daß es nicht zu sich kam, verschuldete im 12. Jahrhundert zunächst der Schwabe Friedrich Barbarossa mit seiner Hemmungslosigkeit. »Ein hervorragender Kriegsmann, aber so voll Hochmut, daß er es nicht ertragen konnte, dem Papst nachzustehen.« Sein Krieg, der Italien verwüstete, wurde durch deutsche Fürsten beendet, die ihn zum Frieden zwangen. »Weil er nicht ohne Krieg sein konnte, unternahm er den Zug nach Asien, um gegen Mohammed seinen Ehrgeiz auszutoben, nachdem er es gegen die Statthalter Christi nicht konnte.« Die Päpste folgten seinem schlechten Beispiel. Aus Machtgier erhoben sie den landfremden Heinrich VI. zum König Siziliens und zwangen Friedrich II., bei landfremden Deutschen und Mohammedanern Rückhalt zu suchen. Als er wiederkam, säte auch er laut Villani »so viel Zwietracht, daß er den Ruin von ganz Italien verschuldete«. Die Hauptschuld aber trugen jetzt die Päpste. »Wenn sie einen Fürsten mächtig gemacht hatten, bereuten sie es und suchten ihn zu stürzen und ließen nicht zu, daß das Land, das sie selbst in ihrer Schwäche nicht besitzen konnten, von einem anderen besetzt würde.« Die Geschichte mittelalterlicher Universalmächte, auch der staufischen Kaiser, entsprang den Machtgelüsten von Ohnmächtigen; daran krankte Italien seitdem. Ob sich der Papst die Warnung zu Herzen nehmen würde?

Nach der Grundlage staufischer Macht fragte auch der Stadtarzt Johannes Adelphus in Schaffhausen, ein Freund oberrheinischer Humanisten. Er publizierte 1520 in Straßburg die erste Lebensbeschreibung eines Staufers, »Barbarossa«, gestützt auf deutsche Chroniken der Stauferzeit, dem Stadtschreiber von Basel zugeeignet. Barbarossas Vaterhaus »von hohen stauffen« war jung, kam aber über die Frauen »von dem künigklichen stammen deren von Waiblingen«, letztlich von merowingischen und karolingischen Herrschern. Die daher rührende Verwandtschaft mit zahlreichen deutschen Fürstenhäusern verschaffte ihm Ansehen. Ihre Streitigkeiten schlichtete er und gewann sie, vor allem die Welfen, zu treuen und frommen Helfern, ebenso dann die verfeindeten Herrscher in Dänemark, Polen, Böhmen, Burgund. Der »vatter des vatterlandes« wollte auch bei den tückischen Städtern Italiens Frieden stiften; mehr mit ihnen als mit den Päpsten kämpften die Deutschen, meinte Adelphus entschuldigend. Endlich konnte Barbarossa an der Spitze der Christenheit, vom Papst und von Westeuropas Königen unterstützt, die Türken besiegen. Seit Karl dem Großen kam keiner ihm gleich, auch neuere Kaiser nicht. Von ihm könnten sie lernen »ein ruemreich loblich regiment füren, ritterlich kriegen, friden machen, die hoffertigen demütigen, der armen schonen, den weisen folgen . . .« Seine einzigartige Macht beruhte auf der Sympathie des ganzen Deutschland; seine Nachkommen in Italien würdigte Adelphus kaum eines Blickes. Ob der Kaiser den Wink verstehen würde?

Die beiden städtischen Honoratioren, studiert, ohne geistlich zu sein, schrieben für Mitbürger in der Volkssprache. Sie fühlten sich nicht als Vorkämpfer einer Stadt oder eines Landes, sondern der größeren Nation, Italiens oder Deutschlands. Beide glaubten, daß Geschichte von mächtigen Männern gemacht werde, wollten aber von den Staufern wissen, was sie der Nation Böses oder Gutes angetan hatten, und bemaßen danach den Wert des einzelnen Herrn. Machiavelli mochte von Biondos Klatsch über staufische Hinterlist und Unzucht nichts hören; ihm lag weniger an persönlichen Leidenschaften als an ihren sachlichen Wirkungen. Auch Adelphus klagte über Biondo; die neueren Italiener schrieben, was ihnen paßte, »einer nach gunst, der ander nach unwissenheit«. Glaubwürdiger waren Augenzeugen wie »Otto Frisingensis der wohl zuogegen mocht sein«. Gelehrte Befragung der Überreste widerlegte subjektive Befangenheit, zog indes ein neues Vorurteil nach sich: Wenn Italiener schon im Mittelalter die landfremden Staufer möglichst ignoriert hatten, wurde die humanistische Suche nach Quellen zur Aufgabe der Deutschen allein; auf sie fiel die Beweislast.

6. Das *spätere 16. Jahrhundert* fand für die deutsche Geschichte keine gemeinsame Signatur, weil Deutschland konfessionell zersplittert war und bloß in der Erbfolge seiner vielen Fürstenhäuser historisch zusammenhing. Den kaiserlich habsburgischen und katholischen Standpunkt verfocht Johannes Cuspinianus, eine Zeitlang Rhetorik-Professor der Universität Wien, in dem Buch »De caesaribus atque imperatoribus Romanis«, einer Kaisergeschichte von Caesar bis Maximilian, die zwischen 1510 und 1524 entstand, aber erst 1540, elf Jahre nach Cuspinians Tod, gedruckt wurde. Cuspinian benutzte für Barbarossa die »Gesta Friderici« Ottos von Freising, die er 1515 in Straßburg erstmals ediert hatte, für Friedrich II. die handschriftliche Briefsammlung von dessen Hauptberater Petrus de Vinea. Er befolgte also seinen Grundsatz: »Die Taten deutscher Kaiser konnte niemand genauer beschreiben als ein Deutscher, der sie gesehen und gehört hat, so wie bei italienischen Kaisern ein Italiener.« Cuspinian sang das Lob seiner Gönner, widmete das Werk dem Kaiser Karl V. und nahm dessen staufische Amtsvorgänger mit in Schutz. Die Familie von »Hohenstouphen« konnte sich hohen Adels nicht rühmen, doch förderten ihre Kaiser Österreich, »das Herzschild des heiligen römischen Reiches« und seine babenbergischen Herzöge; das war Verdienst genug. Friedrich I., »eine Zierde Deutschlands, ein ganz makelloser Fürst«, verdankte seinen Namen nicht, wie Biondo geiferte, dem Wort »foede« (scheußlich), sondern dem Frieden, den er zwischen Waiblingern und Welfen schloß; am traurigen Streit mit dem Papst trug er nicht die Alleinschuld. Heinrich VI. war ein Wüstling, sein Bruder Philipp dagegen ein milder, vertrauenswürdiger Regent. Der hochgebildete Friedrich II. dachte fromm, lebte allerdings unkeusch, aber nicht wie ein Barbar. Mit deutschen Wirren des 12. hatten die Parteinamen des 13. Jahrhunderts nichts gemein; sie bildeten sich in Italien, der »Mutter aller Parteiungen«. Ihnen fielen 1268 am gleichen Tag der letzte Staufer Konradin und der letzte Babenberger Friedrich zum Opfer, eine geheimnisvolle Fügung Gottes, die den Habsburgern zugute kam.

Intensiver kümmerte sich um die Staufer aus protestantischer und württembergischer Sicht Martin Crusius, Professor für klassische Philologie in Tübingen. Seine »Annales Suevici«, von 1589 bis 1595 verfaßt, wurden dem Herzog Friedrich I. von Württemberg überreicht, der den staufischen Leitnamen als erster seines Hauses trug. Indes nahm Crusius sein Buch als Geschichte nicht einer Fürstendynastie, sondern einer Landschaft mit europäischen Verbindungen und verwertete riesiges Quellenmaterial aus aller Herren Ländern. Auch wenn die Adligen von Hohenstaufen anfangs kleine Herren waren, gab Crusius ehrfürchtig Adelphus recht, daß sie über die Waiblinger bis zum Frankenkönig Chlodwig zurückreichten. Als Kaiser pflegten sie ihr »liebes Schwaben wie einen anmuthigen und lustigen Garten«, brachten aber darüber hinaus »die gantze Römische Herrlichkeit« an sich, »welches vielleicht Julius Caesar zu seiner Zeit nicht würde geglaubt haben«; Philipp führte sogar eine griechische Kaisertochter heim. Friedrich II. war italienisch unberechenbar, trotzdem ein »seinen Staat genau beobachtender Herr«, der in Neapel die Universität gründete. Wenn er sich von den Päpsten hätte »gutwillig mit Füßen treten lassen, so würden sie ihn unfehlbar und gar gern in das Register derer Heiligen eingetragen haben«. Daß sie es nicht konnten, gereichte ihm zur Ehre. Warum dieses vornehme Haus ausstarb, verstand Crusius nicht. Wollte Gott die Könige mahnen, ihm mit Furcht zu dienen und sich mit Zittern zu freuen?

Beide Universitätslehrer für humanistische Bildung schrieben lateinisch für akademische Kreise, mit beträchtlichem Widerhall; Cuspinians Buch wurde noch 1653 an der Universität Marburg als Lehrbuch benutzt, Crusius' Buch 1733 von einem Tübinger Professor für Staatsrecht ins Deutsche übersetzt. Beide ließen in der Geschichte nur die universale Allmacht Gottes und die territoriale seiner Fürsten gelten. Sie empfahlen sich durch Auswertung der ältesten Zeugnisse aus vielen Ländern, durch übersichtliche, chronologische Anordnung des Stoffes, durch Zurückhaltung gegen neuere Historiker. Ihre Gelehrsamkeit entzog das Stauferthema jedoch der aktuellen Diskussion. Zudem verengte die Ausrichtung auf Kaiserdynastie und Stammesterritorium das Blickfeld; auch wenn Cuspinian und Crusius, von italienischer Polemik provoziert, den europäischen Horizont der Staufer überschauten, konnten es die provinziellen Epigonen nicht mehr. Ihnen dienten die Staufer bloß als didaktische Figuren, um absolutistische Fürsten an ihre Verantwortung vor Gott zu erinnern. Es lohnt sich nicht, diese Dissertationen des frühen 17. Jahrhunderts zu betrachten.

7. Das *späte 17. Jahrhundert* belebte die Idee von Kaiser und Reich neu, als sich deutsche Territorien trotz geteilter Konfession gemeinsam in Ost und West gegen Türken und Franzosen wehren mußten. Der katholische Kirchenrechtler Giovanni Palazzi in Venedig, Hofhistoriograph der Habsburger, nahm 1679 die Gelegenheit wahr und behandelte die Staufer unter dem Titel »Aquila Sueva« im fünften Band einer Kaisergeschichte von Karl dem Großen bis zu Leopold I. Palazzi widmete diese erste selbständige Geschichte der Stauferzeit dem Türkenlouis, Markgraf Ludwig Wilhelm von Baden, weil er Stauferblut in den Adern trug, der wahren Kirche treuer als die Ahnen diente und so tapfer wie sie gegen die Türken stritt. Friedrich I. mißachtete die Trennung zwischen weltlicher und geistlicher Gewalt und versündigte sich am Papst; immerhin büßte er es fromm mit dem Tod im Türkenkrieg. Friedrich II., auch er ein guter Katholik, haderte mit christlichen Königen, statt sie gegen die Tataren zu führen; so gewannen die Heiden an christlichem Boden. Nur innere Eintracht schützt Europas äußere Grenzen. Im einzelnen Staat muß Rechtsordnung die Willkür des Herrschers zügeln. Palazzi, der besonders auf Gesetzestexte achtete, stellte die meisten zweitrangigen Staufer als Gegenbeispiele für gute Regierung vor, nicht eben überzeugend. Der schwache Konrad III. ließ sich von Frauen beschwätzen; eine bloß intellektuelle Erziehung konnte den wilden Heinrich VI. nicht veredeln; der grausame Konrad IV. verdarb durch böse Beispiele die Sitten seines Volkes. Der sanfte Philipp war an sich der beste Staatslenker auf der ganzen Welt, büßte aber das Unrecht von Vater und Bruder. Nicht am einzelnen Herrscher, an seinem ganzen Haus rächt sich auf Erden alle Schuld; das möge Habsburg bedenken.

Ähnlich argumentierte der Historiograph des Hauses Braunschweig-Lüneburg, der evangelische Philosoph Gottfried Wilhelm Leibniz, der in Hannover von 1692 bis zum Tod 1716 an den »Annales imperii occidentis Brunsvicenses« schrieb. Sie sollten Kurwürde und Erbansprüche des welfischen Fürstenhauses rechtfertigen, dem soeben auch die englische Krone zufiel. Leibniz wollte die weitverzweigten Ahnenreihen und Besitzungen der Welfen einer deutschen Reichsgeschichte seit Karl dem Großen eingliedern. Nur durch Eintracht zwischen Kaiser und Landesfürsten diente das deutsche Reich seiner christlichen und europäischen Mission. Alles hatte harmonisch begonnen, wie es Leibnizens knappe Vorrede skizzierte: Die alten Welfen versippten sich mit den karolingischen, die salischen »Guibelingi« mit den ottonischen Kaisern. Die Salier adoptierten ihrerseits die neuen Waiblinger, die »Hohenstauffii«. Sie aber begannen eifersüchtigen Streit mit den neuen Welfen, ihren Nachbarn. Konrad III. mußte seine Stunde abwarten; Friedrich I. versöhnte sich jugendlich edel mit dem verwandten Heinrich dem Löwen. Das Alter ließ jedoch die Liebe erkalten und politischen Trug siegen, als der Staufer dem Löwen wider alles Reichsrecht das ererbte Sachsen raubte und seine eigene Sippschaft versorgte. »Doch die Vergeltung traf die Nachkommen des Siegers gar zu hart mit dem traurigen Untergang Konradins. Dafür wieder rächten sich die Ghibellinen Italiens mit dem Blut mehrerer Jahrhunderte.« Am Schluß siegten dennoch die Welfen, deren Besitz zwar geschmälert wurde, deren Tugend aber den Ruhm früherer Größe im Hause Braunschweig rein erhalten hat. Also nicht an Päpsten, Türken oder Gottes Ratschluß scheiterten die staufischen Kaiser, sondern an der Mißachtung von Recht und Konsens, an der Nemesis der Gewalt. Eine nicht gerade unparteiische, dennoch tiefsinnige Deutung.

Beide Hofhistoriographen, aus bürgerlichen Zuständen kommend und durch die Universitäts-Jurisprudenz geprägt, sollten den Erbgang eines Fürstenhauses studieren, stießen aber dabei auf die Geschichte des ganzen europäischen Hochadels. Dessen Zusammenleben mußte anders als durch Willkür von Gottes Gnaden und genealogische Zufälle geregelt sein, durch vorgegebene Normen der christlichen Moral und, mehr noch, des Völker- und Staatsrechts. Juristische Einstufung adligen Verhaltens überlagerte die höfische Verherrlichung der Dynastie. Beide Juristen erweiterten den Bestand mittelalterlicher Quellen, einerseits um familien- und besitzgeschichtliche Urkunden, andererseits um Rechtssatzungen. Beide schrieben Geschichte im annalistischen Schema, das Jahr an Jahr reihte, damit man nicht mehr nur nachschlagen könne, sondern den Fortschritt erkenne. Denn aus den Mißgriffen der Früheren lernten Spätere schließlich doch. Der staufische Versuch, von der deutschen Mitte aus das christliche Europa zusammenzufassen, erschien als unbeherrscht und unbedacht, mit unrechten Mitteln unternommen, immerhin auf das rechte Ziel gerichtet.

8. Das *frühe 18. Jahrhundert*, weiterhin von Hegemonie- und Erbfolgekriegen gepeinigt, erhoffte sich den Frieden nicht mehr von einer kaiserlichen Mitte, sondern von äußerem Gleichgewicht

und innerer Verfassung der souveränen Staaten. Als historisches Exempel für ausgewogene Innenpolitik wählte 1722 der junge Beisitzer am kursächsischen Oberhofgericht in Leipzig Graf Heinrich von Bünau »Leben und Thaten Friedrichs I., Römischen Käysers«. Von Adelphus angeregt, beschrieb er etwas völlig anderes, eine Reichsverfassung, die monarchischem Despotismus so wenig Raum ließ wie ständischem Partikularismus. Nicht ihre unbedeutende Ahnenreihe zeichnete die Staufer aus, sondern ihre tägliche Pflichterfüllung über Jahrzehnte. Die Zeugnisse von Barbarossas Verwaltungsarbeit, Hunderte von Urkunden, wurden erstmals in Regesten fleißig zusammengestellt. Daß Friedrich die Staatsmaschinerie trotz welfischer und päpstlicher Übergriffe in der Hand behielt, machte ihn nach Bünaus recht bürokratischem Verständnis groß. »Dieser Herr hat an Tapfferkeit, Klugheit, Erfahrung und anderen Tugenden keinem, so iemahls den Teutschen Kayser-Thron bestiegen, etwas nachgegeben, und würde er sonder Zweiffel den Beynahmen eines Großen, so ihm auch einige beyzulegen kein Bedencken getragen, erhalten haben, wenn er nicht die Majestät des Reichs gegen die Eingrieffe des Römischen Stuhls mit Nachdruck zu vertheidigen willens gewesen und hierunter nicht dem Beyspiel derer Kayser, so den Nahmen Heinrich geführt, gefolgt, sondern Carln und Otten denen Großen nachgefolget wäre.« Die Fortsetzung der aggressiven salischen Italienpolitik wurde dem staufischen Staatsbau in Deutschland zum Verhängnis – eine These, die bis heute verfochten, deren Urheber gern verschwiegen wird.

Daß umgekehrt das staufische Eingreifen in Italien die dortige Verfassung schwer geschädigt habe, entnahm der geistliche Archivar der Este in Modena, Ludovico Antonio Muratori, den Hunderten städtischer Archivalien und Chroniken, die er herausgab, und stellte es 1744 in den »Annali d'Italia« dar. Er warf den Staufern auf die Weise Palazzis auch Charaktermängel vor: »Unter den seltenen Gaben, die sich in Friedrich (I.), einem wachsamen und klugen, unvergleichlich tapferen und tüchtigen Fürsten vereinten, befand sich nicht zuletzt Gerechtigkeitsliebe, indes eine unbeugsame, mit einer Strenge verbunden, die ans Barbarische grenzte.« Und Friedrich II. besaß zwar »viel Geist, aber noch mehr Ehrgeiz und erbte vom Großvater die Laster ohne die Tugenden«. Wichtiger nahm Muratori wie Machiavelli die objektiven Folgen: »Im Ganzen überwogen damals in Italien die Übelstände, und ihr Ursprung ist größtenteils dem Streit zwischen Papsttum und Kaisertum zuzuschreiben, der unter Kaiser Friedrich I. neu auflebte und danach unter seinen Nachfahren fortgesetzt, ja verschärft wurde. Wir heute Lebenden müßten die Hände zum Himmel heben, daß er uns so gut behandelt!« Unbeherrschte Kaiser und Päpste bescherten dem unglücklichen Italien Kreuzzüge nicht gegen vordringende Heiden, sondern gegen christliches Eigentum; ständige Geldforderungen aller Obrigkeiten; immer neue Exkommunikationen aus Rom, Erkalten des Glaubens; Fehlgriffe der Inquisition, wachsende Sympathie für Ketzereien; Bürgerkrieg zwischen den Städten und innerhalb der Mauern, mit Verbannungen und Verwüstungen; Schwund des Gemeinsinns, Verderb der Grundsätze von Freiheit und Unabhängigkeit, die sich die Völker Italiens gebildet hatten.

Beide Fürstendiener schrieben annalistisch fortschreitende Erzählungen in schlichter Volkssprache, um den Herrschern nicht mehr alte Privilegien nachzuweisen, sondern tägliche Arbeit für die Untertanen nahezulegen. Beide betonten die Verfassungsgeschichte und förderten ihre Erforschung durch umfassende Sammlung von Aktenstücken aus kaiserlichen und kommunalen Schreibstuben. Auf solche Überreste der Tagesgeschäfte gestützt, kritisierten beide die nachträglichen Vorurteile der Geschichtsschreiber. Beide glaubten, ihr aufgeklärtes Jahrhundert habe den feudalen Krieg aller gegen alle überwunden, an dem die Stauferzeit litt. Der Stolz ihrer Gegenwart war ein System rationaler Zivilverwaltung, internationaler Kontrollen und Balancen; es schenkte dem Volk und den Völkern zwar nicht Freiheit, aber friedlichen Handel und Wandel. Doch wer außer einigen Archivaren brauchte dann noch Bünaus und Muratoris langatmige Annalen? Wozu sollten sich Laien mit der antiquierten Feudalzeit befassen?

9. Das *späte 18. Jahrhundert* ließ sich davon überzeugen, daß gebildete Bürger die Geschichte nicht länger Gottes vermeintlichen Statthaltern überlassen, sondern sich materiellen Wohlstand, obendrein geistige Freiheit selbst erringen sollten. Diesem aufgeklärten Geschichtsbild ordnete 1756 Voltaire die Staufer zu, im »Essai sur les mœurs et l'esprit des nations«, dem wichtigsten Beitrag Frankreichs zu unserem Thema. Bissig kommentierte Voltaire die Kaiserkrönung Barbarossas 1155. »Derart verworren war damals die Anarchie des christlichen Abendlandes, daß die beiden Ersten in diesem kleinen Teil der Welt – der eine rühmte sich, Nachfolger

des Caesaren, der andere, Nachfolger Jesu Christi zu sein, und der eine sollte den anderen weihen – alle zwei schwören mußten, während der Zeremonie keinesfalls Mörder zu werden.« Der furchtlose Kämpfer Barbarossa setzte sich nördlich der Alpen durch, im Reich und in Böhmen, Polen, Dänemark, gab sich aber damit nicht zufrieden. »Die Deutschen wollten immer in Italien herrschen, und die Italiener wollten frei sein« und hatten ein natürliches Recht darauf. Sie gewannen ihre Freiheit nicht, weil auch die Päpste für Konfusion und Bürgerkrieg sorgten – Machiavellis Vorwurf. »Am Schluß, beim Verhandeln, war der Papst stärker als der Kaiser beim Kämpfen. Friedrich Barbarossa mußte nachgeben.« Niemandem half es. Heinrich VI. zog die falsche Konsequenz und unterdrückte die mediterrane Zivilisation mit einer nordischen Barbarei, die ihn selbst verschlang. Friedrich II., im Lande geboren, begriff die Lehre, hauste in Italien nicht wie ein Barbar und wollte hier den Thron der neuen Caesaren errichten. Damit hätte er das Gesicht Europas verändert, wenn nicht wieder die Päpste dazwischengetreten wären. »Trotz der vielen Wirrungen waren seine Reiche Neapel und Sizilien dank seiner Fürsorge verschönt und gesittet. Dort baute er Städte, gründete Universitäten und ließ die Literatur ein wenig blühen.« Ein Lichtblick im finsteren Mittelalter, das sonst mit maßlosen Ansprüchen von vorgestern das bißchen Glück der Lebenden zerstörte.

Eben daß die Staufer irdische statt geistlicher Ziele erstrebten, ärgerte 1782 den Schweizer Johannes von Müller, damals Geschichtslehrer in Kassel; sein schmales, anonym erschienenes Bändchen »Reisen der Päpste« erregte Aufsehen und bereitete die romantische Neigung zum gläubigen Mittelalter vor. Dem Machtwillen des heldenmütigen Barbarossa entzog sich der machtlose Papst Alexander III. durch Flucht nach Frankreich. Der päpstliche Sieg des Geistes über die Waffen, von Müller idealisiert, brach dem italienischen Bürgertum Bahn. »Aus den befreiten guelfischen Städten ergossen Künste und Wissenschaften ihren Reiz in das barbarische Leben der alten Europäer. Zuerst bei ihnen wurde Schönheit gefühlt, bei ihnen bildete sich die Gesellschaft in angenehmere Formen. Republikanische Staatskunst, große Maßregeln der auswärtigen Geschäfte hatten vor andern sie; sie haben ohne Menschenwürgen durch Schiffahrt und Fleiß alle Küsten und Weltteile verbunden.« Daß Gewalt nicht alles darf, erfuhr auch Friedrich II., der sich über die Meinungen seiner und folgender Zeiten sonst einsichtig erhob, aber keine moralische Bindung hinnahm. Er stolperte über die unsichtbare Kette, mit der der flüchtige Papst Innocenz IV. die Seelen aller Christen an den Stuhl der Apostel schloß. »Daher unterlag der hundertjährige Thron der großen Hohenstauffen, der furchtbarste unter allen Kaisern mit aller angestammten Gewalt und eigenen Kunst ...« Dadurch wurde auch Deutschland freier und Europa gesichert; eine Vielzahl deutscher Fürsten, Völker und Städte beseelte das Land. »Von dem an konnte jeder seinen Herrn wählen unter mehreren Fürsten: so lang die Welt einem einigen diente, war Freiheit nur, wo Cato sie fand«, im Selbstmord.

Beide Literaten, durch fremde Länder umgetrieben, erfaßten die Stauferzeit als Etappe des europäischen Weges von geistlicher Autorität zu bürgerlicher Freiheit. Beide erschlossen keine neuen Quellen und gruppierten die weitläufigen Forschungen Früherer um wenige Schwerpunkte, in leidenschaftlicher Zuspitzung, um ihre Mitbürger zu einer menschlicheren Zukunft zu ermutigen. Den Staufern wurden beide nicht gerecht. Das positive Urteil Voltaires wurzelte in der Abneigung des Katholiken gegen geistliche Uniformierung, in der Vorliebe des Franzosen für großräumige Staatsordnung. Umgekehrt liebte Müller, der Protestant aus Schaffhausen, die Vielfalt von Kleinstaaten und sehnte sich nach geistlicher Eintracht. Solche Meinungsverschiedenheiten zogen die Staufer von neuem in den Streit um Europas Ziel: politische Zentralisation oder lokale Selbstverwaltung, geistige Vielfalt oder religiöse Einheit? Wenn die Staufer diesen Streit entfesselt und nicht entschieden hatten, wurde ihre Geschichte aus einem abgeschlossenen Exempel zum offenen Problem.

10. Im *frühen 19. Jahrhundert* wurde es ein deutsches Problem. Nach dem Erlöschen des habsburgischen Kaisertums und dem Scheitern der napoleonischen Nivellierung ging es um die Einheit der Nation und die Vielfalt der Länder. Unter dem Blickwinkel der preußischen Staatsreform, sozusagen von oben, schrieb der Berliner Professor Friedrich von Raumer die »Geschichte der Hohenstaufen und ihrer Zeit«, die 1807 begonnen, 1823 bis 1825 in sechs Bänden vorgelegt wurde. Sie malte ein Panorama vom Zeitalter der Kreuzzüge, vom Ringen zwischen Morgen- und Abendland, von der Zusammenfassung der Christenheit durch Kaiser und Reich. Im Zentrum stand das große Trauerspiel des staufischen Hauses, eine dramatische Kurve, in der sich das

anfangs unscheinbare Geschlecht über alle Fürstenhäuser hob, »bis es, nach blendendem Sonnenglanze und unvergleichbarer Höhe, von einem furchtbar und beispiellos tragischen Geschick ergriffen ward und so plötzlich in die finsterste Nacht hinuntersank, daß keine Spur desselben übrig blieb ...« Es kam über die Staufer unabwendbar, auch wenn sie mithalfen, am Anfang durch Anspannung aller Kräfte, am Ende durch Irrtum und Sünde. Eigentlich wollten sie nicht das Schicksal versuchen, sondern einen Staat bauen. Am Beginn des Aufschwungs stand Barbarossa, ein heldenmütiger und besonnener Fürst, der die Gesetze rücksichtslos vollzog. Er löste die große Aufgabe nicht vollständig, »Deutschland und Italien als einen wohlgeordneten ruhigen Staat zu beherrschen oder die Verhältnisse der Völker, Fürsten und Päpste in friedliche Übereinstimmung zu bringen«. Einen Rückschritt brachte Heinrich VI.; er setzte »an die Stelle edler Festigkeit eine grausame Folgerichtigkeit des Verstandes«. Den Höhepunkt erreichte, kurz vor dem Absturz, Friedrich I., der im Widerstand gegen die Päpste, »wir möchten sagen, Protestant geworden war«. Sein Staat hielt die Geistlichkeit in der bürgerlichen Ordnung, zügelte und spornte Adel, Bürger und Bauern, besaß pflichtbewußte Behörden und eine zu allgemeiner Anteilnahme erziehende Verfassung; mitteninne der Kaiser als Gesetzgeber und Gesetzanwender. Dazu die Pflege von Kunst und Wissenschaft, Dichtung und Frauenverehrung, die alle Menschen in die höchsten Reigen des Lebens hineinzog. »Daß der volle Ernst und der heiterste Scherz, dessen menschliche Gemüter nur fähig sind, sich hier ungestört in unendlicher Mannigfaltigkeit bewegten: – das möchten wir einzig und beispiellos in der Geschichte nennen!« Beispiellos die Erfüllung, beispiellos die Tragik ...

Flacher verlief die Kurve, anders lag ihr Scheitelpunkt, wenn sie gleichsam von unten, aus der Heimat der Staufer betrachtet wurde; das tat 1847 der Stuttgarter Oberbibliothekar Christoph Friedrich Stälin im zweiten Band seiner »Wirtembergischen Geschichte«, der berühmtesten deutschen Landesgeschichte. Für das Herzogtum Schwaben wurde die »Hohenstaufenzeit« zum Schicksal; es erlebte seine Blüte unter Barbarossa. »Dieser König erhob Deutschland zu einem Ansehen und einer Macht, welche es seither nie wieder erreicht hat. Bei solchem Glanze des Reiches verschwanden aber oft einzelne Provinzen vom Schauplatze der Geschichte, für welchen vorzugsweise Italien, wo sich indes bereits die Keime späteren Mißgeschicks der Hohenstaufen entwickelten, ausersehen war.« Schwaben trat »auf eine glückliche Weise in den Hintergrund der Geschichte« – eine fast biedermeierliche Idylle. Führende Adelsgeschlechter, die Markgrafen von Baden, die Grafen von Württemberg, dienten den Staufern mehr oder weniger treu und gediehen dabei schlechter oder besser; auch ohne staufische Vorsorge blühten Ritterburgen und Mönchsklöster, Dörfer und Städte im Land. Nach dem Tod Heinrichs VI. begann die Verwirrung, das Reich löste sich in viele Herrschaften auf, und Friedrich II. blieb fern. »Wild bewegt, wie seine Jugend war, so verflossen auch die letzten Jahre dieses Kaisers in dem unheilschwangeren Italien. In den letzten paar Jahren seines langen Verweilens in diesem Lande erfahren wir nichts mehr von schwäbischen und fränkischen Waffengenossen des rastlos tätigen Kaisers.« Mit dem Erlöschen der Staufer zerfiel auch das Herzogtum Schwaben für immer. Das Leben ging weiter, bescheidener, mühsamer.

Beide Beamten weihten ihre Bücher ihren königlichen Herren und schrieben noch einmal Personengeschichte der Staatsmänner, nicht mehr der staufischen Herrscher allein. Raumer besprach außer den Monarchen Europas die byzantinischen und islamischen Souveräne, eine Menge von Königen; Stälin verzeichnete außer den Verwandten der Kaiser zwei Dutzend schwäbische Adelsfamilien mit urkundlich reich belegter Familien- und Besitzgeschichte. Die Stauferzeit erschien als Epoche personaler, aristokratischer Herrschaft, von Ansätzen zu sachlicher Verwaltung kaum gegen jähen Wechsel gesichert. Daneben setzten beide, was ihre Vorbilder Voltaire und Müller verlangt hatten, Querschnitte durch das tägliche Leben in Staat und Recht, Gewerbe und Handel, Wissenschaft und Kunst, geselligen Sitten und Bräuchen. Hier begegnete der Leser gewöhnlichen Sterblichen, Mönchen, Rittern, Bürgern, Bauern, die das Funkeln der Krone nur von weitem sahen.

11. Dem *späten 19. Jahrhundert* drängte sich die Frage auf, ob und wie sich das zweite, durch Preußen geeinte deutsche Kaiserreich nach dem ersten, staufischen richten solle, im Verhältnis zwischen Staat und Gesellschaft, zwischen Reich und Staatenwelt. Einen scharfen, preußischen Schnitt zog 1866 der schlesische Publizist Gustav Freytag im ersten Band der »Bilder aus der deutschen Vergangenheit«. Die Staufer waren »stolzgesinnt, kriegstüchtig, in Tugenden und Fehlern weit über das Mittelmaß menschlicher

Kraft emporragend«. Dennoch scheiterten sie, nicht an Raumers Tragik. »Nicht die Feindschaft des dritten Innocenz und seiner Nachfolger war letzter Grund des staufischen Verderbes, sondern die alte Idee der römischen Weltmonarchie.« Als sie nach Italien und Palästina statt zur Ostkolonisation zogen, verkümmerte ihre deutsche Basis schon unter Friedrich dem Rotbart, dessen Heldenleben Freytag tragisch fand. Während er draußen mit Päpsten und Kommunen rang, entfaltete sich zu Hause blühendes Leben bei ritterlichen Dienstmannen, die mit adligem Kriegshandwerk weltliche Bildung und höfischen Minnedienst lernten, und bei Stadtbürgern, die vom Austausch der Märkte hohe Baukunst und edles Handwerk heimtrugen. Nur indirekt förderte der Rotbart die deutsche Nation, durch seine Persönlichkeit. »Dieser Segen eines starken Lebens wirkt noch dann einen unendlichen Kulturfortschritt des Volkes, wenn sich als Irrtum erweist, was den Herrschenden selbst für das höchste Ziel ihrer Kämpfe galt. Auch der Gewinn, welchen die Hohenstaufenherrschaft den Deutschen brachte, ist ein immerwährender geworden, und wir alle leben und atmen darin.« Was hatten indes die Deutschen davon, daß Friedrich II. mit exotischen Elefanten und Sarazenen durch die Lombardei ritt?

War der staufische Ritt nach Italien ein Irrtum? Der Münchner Professor Wilhelm von Giesebrecht verneinte es, als er von 1867 bis 1889 die letzten fünf Bände seiner »Geschichte der deutschen Kaiserzeit« schrieb; die Begründung war weniger süddeutsch als übergreifend germanisch-romanisch. Um 1100 hatten sich die romanischen Nationen um das neue Zentrum Papsttum und Kreuzzug geschart und im französischen Mönchtum und Rittertum, im italienischen Bürgertum und Rechtswesen neue Gesellschaftsformen erprobt; diese Tendenzen hatten bald auch Deutschland ergriffen und dort das Königtum vom Volk getrennt, von Klerus und Adel abhängig gemacht. Wer jetzt der deutschen Nation »ein fester Mittelpunkt für ihre erstarkten, aber mehr auseinander geworfenen Kräfte« werden wollte, mußte zur Wahrung des Alten das Neue versuchen, also nach Rom ziehen. Dem ersten, Konrad III., mißglückte es; er war »gleichsam nur ein Schattenbild seiner Vorgänger«. Der nächste, Friedrich der Rotbart, eröffnete wirklich eine neue Zeit, allerdings mit einem strengen und herben Regiment, das auf allen lastete und auch dem Kaiser und seinen Helfern Enttäuschungen und Verwirrungen brachte. Nur seine eiserne Beharrlichkeit machte Deutschland noch einmal zur Mitte

Europas. »Als der unerschrockene Vorkämpfer des römischen Reichs deutscher Nation hat Friedrich der Rotbart sich die Bewunderung seiner Zeitgenossen errungen, und auch die Deutschen unserer Tage, die ein römisches Reich nicht mehr kennen, wahren dankbar sein Andenken, weil er, ein deutscher Fürst durch und durch, die Ehre und Hoheit der deutschen Nation inmitten großer Weltverwickelungen rühmlich behauptete.«

Beide Geschichtsschreiber, die das Geschichtsbild des deutschen Bürgertums für Jahrzehnte bestimmten, gestanden den Staufern nur mittelbare Wirkungen auf die deutsche Gegenwart zu, hielten diese aber für ihre wichtigste Leistung. Weil der im Kyffhäuser schlafende Rotbart zum Symbol des erträumten Nationalstaats geworden war, blickten beide fast nur auf Barbarossa, den Staufer schlechthin. Der konservative Giesebrecht fügte, was Stälin kaum begonnen hatte, sämtliche Nachrichten aus erzählenden und urkundlichen Quellen zu minutiösem Nachvollzug politischer Abläufe. Barbarossas eigene Ziele wurden dabei jeden Augenblick von Helfern abgewandelt, von Gegnern durchkreuzt und zu unerwarteten Ergebnissen geführt. Der liberale Freytag betonte, was Raumer nebenbei behandelt hatte, die Geschichte des bürgerlichen Alltags und ihre Quellen, Briefe, Autobiographien, Dichtungen der kleinen Leute. Hier wie dort staufische Geschichte als kompliziertes Geflecht, das vielleicht vom Kaiser angeregt, jedenfalls von zahllosen Deutschen verwirklicht wurde.

12. Dem *frühen 20. Jahrhundert* machten die Weltkriege Formen und Inhalte menschlichen Zusammenlebens fragwürdig, besonders das Verhältnis des einzelnen zur Gesellschaft, der hohen Idee zur häßlichen Realität. Der Deutsche Ernst Kantorowicz, Frontkämpfer aus dem Ersten Weltkrieg und Mitglied des Heidelberger George-Kreises, verteidigte 1927 mit dem Buch »Kaiser Friedrich der Zweite« das Recht des großen Einzelnen und seiner Idee, »gerade in unkaiserlicher Zeit«. Friedrich II. verkörperte ihm, stark verallgemeinert, den Typ des gottgleichen Weltherrschers, ferner die Eigenart des begnadeten staufischen Hauses, in dem sich nüchternes staatsmännisches Genie zu heiterer Leichte der Sinnesart gesellte; das erinnert an Raumer. Nicht der Vater Heinrich VI. mit seiner traumlos spröden Politik bahnte dem größten Staufer die Wege, wohl aber der Großvater, »der mitreißende Rausch eines Barbarossa und dessen ganz naive Begier«. Auch die politischen Träume waren verwandt, »das römische Erdenrund der

vorkonstantinischen Kaiserzeit in seiner ganzen ungeteilten weltumfassenden Weite neu zu begründen und die Kreuzzüge dehnten den Raum noch weithin nach Osten«. Giesebrechts germanischromanische Geographie war da zu eng. Vielmehr ließ der römische Caesarenglanz den ersten Friedrich, den »müden Herrn des Endes«, zwar »zu den äußersten Höhen auffahren, aber nirgends im Erdreich Wurzeln schlagen«, während der zweite, der »feurige Herr des Anfangs«, den Weltstaat ins Intensive der sizilischen Monarchie versetzte. Fast wäre es ihm auch diesseits der Alpen schon geglückt, »der eben gewonnenen schönen Form des römischen Deutschen auch die Möglichkeit der Erhaltung zu schaffen«, im staatlichen Bild, wie es im steinernen Bild gelang. Doch deutsche Größe kannte keine Dauer, »stets auf dem einzelnen Genius beruhend, nicht auf dem Volk«. Ein Volk von Bamberger Reitern – nie zuvor wurde die staufische Kunst so unmittelbar als geschichtliche Chance empfunden. Aber wer hat sie vertan? Die Frage blieb offen.

Daß Kantorowicz' Buch »mehr von literarischem Interesse« sei, behauptete 1946 der Engländer Geoffrey Barraclough, Frontkämpfer aus dem Zweiten Weltkrieg und Professor in Liverpool. Sein Buch »The Origins of Modern Germany« gründete sich auf die trockene Analyse von Verfassung, Wirtschaft und Gesellschaft. Giesebrecht hatte es wenigstens angedeutet: Barbarossa zog aus dem Zusammenbruch salischer Kaisermacht in dem sich wandelnden Europa die nüchterne Folgerung und baute an seine schwäbischen Hausgüter angelehnt in Burgund und Lombardei ein zentrales Bollwerk direkter Herrschaft, durch Ministerialen zuverlässig verwaltet. Das weite übrige Reich konstruierte er nicht als caesarische Monarchie, sondern als feudalen Bund mit niederdeutschen Fürsten und oberitalienischen Kommunen, dessen soziales Gleichgewicht ihm die Spitzenstellung gab. Barbarossas Stützpunkte wechselten, seine Ziele blieben und förderten die soziale Entwicklung Deutschlands, den Aufschwung von Rittertum und Bürgertum, auch von Dichtung und Baukunst. Was Barbarossa an politischem Kapital gesammelt hatte, erschöpfte Heinrich VI. mit dem Griff nach Sizilien und dem Orient. Nach seinem Tod brachten Papsttum und westeuropäische Monarchien Deutschland vollends in eine Krise, doch hätte ein zweiter Barbarossa sie wohl gemeistert. Friedrich II. war indes Sizilianer und opferte die deutschen Möglichkeiten seinem zentralistischen Staat in Süditalien. Deutschland schlug eine Richtung ins Altertümliche ein, »die seine Geschichte auf Jahrhunderte hinaus, wenn nicht für immer, von der Englands und Frankreichs unterschied: seine Geschicke gingen aus der Hand der Monarchie in die Gewalt einer fürstlichen Aristokratie über, deren Horizont sich selten über die Grenzen ihres eigenen Territoriums erstreckte und derer Politik für die gemeinsamen Interessen und Traditionen des deutschen Volkes nur geringe Achtung bezeigte«. An dieser Wendung der deutschen Zustände wäre ein Mann, Friedrich II., schuld? Schwer zu glauben.

Beide Fachhistoriker, deren Bücher auch außerhalb der Zunft lebhaft diskutiert wurden, sahen die Staufer von außen, vom antiken Ideal der Weltherrschaft, vom modernen Ideal des Nationalstaates her. Beide sahen sie mit den Augen von Untertanen, die in den Kaisern übermenschliche Kräfte verehrten, von ihrer Nähe materielles Gedeihen erhofften. Die Verbindung der einseitigen Perspektiven, der geistes- und der sozialgeschichtlichen, ergäbe ein weniger einheitliches, aber plastischeres Bild vom Zusammenleben zwischen Herrschern und Beherrschten der Stauferzeit; diese Verbindung wäre heute die dringlichste Aufgabe der Geschichtsschreibung.

Drei *Ergebnisse* des gedrängten Überblickes seien festgehalten.

Für die Stauferzeit: Woran sich ihre Zeitgenossen schwer gewöhnten, das lernten auch ihre Historiker spät, daß die Staufer nicht einerlei Menschen waren; daß der einzelne in verschiedenen Zeiten und Ländern gegensätzlich handelte, daß Friedrich I. die Stadt Mailand erst verwüstete und nachher verwöhnte, daß Friedrich II. Feudalherren in Italien niederzwang und in Deutschland unterstützte. Sie wären also gute Politiker gewesen? Das auch. Alle Staufer wandten für politische und soziale Verklammerung, zumal in Schwaben und Sizilien, viel Zähigkeit und Härte auf. Aber dort und anderswo, in Niederdeutschland und Oberitalien sorgten sie außerdem mit viel Leichtigkeit und Geschmack für geistige und künstlerische Lockerung. Nur eines war ihnen nicht gegeben, Gleichgültigkeit gegenüber den Menschen. Daß sie die Spannweite der Leidenschaften, am krassesten zwischen den Brüdern Heinrich VI. und Philipp, insgesamt durchhielten, schließt ihr Geschlecht zur einzigartigen geschichtlichen Einheit zusammen.

Für die folgende Geschichtsschreibung: Weil sie ihr großes Tagewerk nicht vollendeten, wurden die Staufer nach dem Tod zu

Namen für noch größere Träume. Sie bewegten in Deutschland und Italien, im Wirkungsfeld der Staufer, jahrhundertelang die Geschichtsschreibung. Es waren nicht einerlei Träume; sie trennten sich weniger nach Zeiten und Räumen als nach Standpunkten: Hie guelfische Alpträume von teuflischer Unterdrückung des Humanen – hie ghibellinische Wunschträume von göttlicher Überhöhung des Nationalen. Nur eines war deutschen und italienischen Historikern nicht gegeben, Gleichgültigkeit gegenüber den Staufern. Daß sie sich immer neu leidenschaftlich einsetzten, von Villani bis Kantorowicz, spaltet ihre Zunft in zwei ungewöhnlich hartnäckige Parteien: Hie Welf – hie Waiblingen.

Für die Zukunft der Staufer: Je vielseitiger und eindringlicher die Überreste staufischer Geschichte gesammelt und gewichtet wurden, desto mehr schrumpfte der Spielraum für modische Vorurteile und wuchs der Bestand an bleibenden Einsichten. Wer ihn weiter vermehren will, muß Abstand gewinnen von dem Streit zwischen Zeitgenossen und Landsleuten, die kaum auf Tote und Fremde hören. Der modernen Forschung gelang das noch nicht recht, weil sie selbst im Bannkreis der Geschichtsschreibung stehen blieb und bisher bloß das Nachleben einzelner Staufer oder einzelne Etappen staufischer Historiographie studierte. Das beste Mittel, die Parteilichkeit der Geschichtsschreibung zu überwinden, wäre, ihre Geschichte im ganzen zu schreiben; dazu möchte diese erste Skizze einladen. Nur gemeinsame Arbeit vieler Zeiten und Länder erschließt Leistung und Versäumnis der Staufer in ihrer Zeit und macht sie zur Lehre für uns.

Die Anwesenden

Publikum. Baronin Hildegard von Spitzemberg, geborene Varnbüler, die Gattin des württembergischer Gesandten in Berlin,
schrieb zum Samstag, 17. Juni 1871, in ihr Tagebuch: »Auf 7¹/₂
waren wir beide zur Festvorstellung ins Opernhaus geladen. Die
ganze Mittelloge war angefüllt mit Herrschaften, das übrige Theater fast ausschließlich von Militärs und ihren Familien eingenommen, darunter v. d. Tann, Hartmann, Werder, Gablenz usw. Erst
kam ein Prolog und Festspiel, mir wenig verständlich und ansprechend; dann eine Dichtung ›Barbarossa‹. Der alte Kaiser (Niemann) sitzt im Kyffhäuser und läßt wie im Traume die Hauptmo-
mente der deutschen Geschichte an sich vorüberziehen; diese sym-
bolisierend zeigen sich in dem sich öffnenden Berge lebende Bilder: 1189 die Kreuzfahrer, 1678 den großen Kurfürsten zu Schiffe,
1760 den alten Fritz auf seinem Schimmel, 1813 eine Szene aus
den Freiheitskriegen, 1864 und 1866 (die heikle Angelegenheit
glücklich überwindend) Drakes Kriegerdenkmal, endlich 1870
Germania auf dem Schilde getragen von preußischen, bayerischen,
württembergischen usw. Soldaten. Die Bilder waren sehr schön,
Niemann höchst gelungen als Repräsentant des alten, nun zur
Ruhe gelangten Rotbarts. Den Schluß bildete ein mit lautem Jubel
begrüßtes Bild, Kaiser Wilhelms Reiterstatue, Paris im Hintergrunde. – Zwischen beiden Stücken trat man in die Gänge, wo
auch der Kaiser erschien. Moltke gratulierte ich zum Feldmarschall, was ihn sehr zu freuen schien. – Die Hitze war entsetzlich.«

Ein geselliges Ereignis also, Mittelstück des Friedensfestes, das
als Gipfel- und Endpunkt des Deutsch-Französischen Krieges seit
Mitte Februar 1871 im preußischen Hauptquartier geplant und am
31. Mai 1871 von Kaiser Wilhelm I. öffentlich angeordnet worden
war. Höhepunkt und Abschluß würden Dankgottesdienste bilden,
die in ganz Deutschland am Sonntag, 18. Juni 1871, begangen
werden sollten. Die Feierlichkeiten begannen am Freitag, 16. Juni
1871, gegen 13 Uhr, mit der Siegesparade der heimkehrenden
Truppen in Berlin unter den Linden. Baronin Spitzemberg berichtete davon: »Uns gegenüber zwischen Universität und Zeughaus
stand Tribüne an Tribüne, zum Brechen voll, ja alle Dächer waren
mit Menschen bedeckt. Auf den Bürgersteigen standen die

Offiziere, Verwundeten, Deputationen etc., unter uns ein zahlreiches, kaum zu bändigendes Publikum.« Dann zogen die Akteure des Deutsch-Französischen Krieges in die neue Reichshauptstadt ein, der Kaiser, eine große Suite von Prinzen, Moltke und Bismarck, Generäle und Offiziere, die Regimenter in Kompaniefront, rund 42 000 Mann, meist Gardetruppen, vom Volk mit Jubel begrüßt. Am Nachmittag um 16 Uhr noch ein militärisches Zeremoniell, feierliche Enthüllung des Reiterdenkmals im Lustgarten; es stellte den Vater des Kaisers, den König der Befreiungskriege Friedrich Wilhelm III. dar.

Nach dem preußischen und soldatischen ein deutscher und ziviler Festtag: Am Samstag, 17. Juni, um 16 Uhr großes Diner im kaiserlichen Schloß, für die Bundesfürsten, Reichsbeamten, Reichstagsabgeordneten und Offiziere. Am Samstagabend die Festvorstellung in der Staatsoper. Hier versammelte sich die Hofgesellschaft, um in erlesenem Kreis den Sieg über Frankreich und die Gründung des deutschen Kaiserreiches zu feiern. Hier kamen keine Zuschauer, nur geladene Gäste; der Deutsche Reichsanzeiger meldete am nächsten Abend, daß »über fast sämtliche Billets Allerhöchsten Orts verfügt worden war«. Die Elite des neuen Reiches feierte sich selbst als Gemeinschaft, die das ganze Volk vertrat, aber nicht einließ. Die unter Friedrich dem Großen errichtete Staatsoper bot dafür den ebenso weitläufigen wie exklusiven Schauplatz.

Den Kern der Hofgesellschaft bildeten die Herrschaften in der Mittelloge, das heißt, sämtliche Angehörige der Kaiserfamilie und die Gäste aus anderen Fürstenhäusern, darunter die Großherzöge Friedrich von Baden und Carl Alexander von Sachsen-Weimar. Sie hielten sich abgesondert. Es wurde vermerkt, verstand sich also nicht von selbst, daß während der Pause der Kaiser in den Gängen erschien, in der Uniform des 1. Garderegiments zu Fuß. Er mischte sich huldvoll unter die anderen. Die anderen, das war bei einer Siegesfeier hauptsächlich die militärische Aristokratie. Diplomaten wie die Spitzembergs saßen ebenso dabei wie andere zivile Würdenträger, die höchsten Beamten der Reichsbehörden und die führenden Abgeordneten des Reichstags; von deren Anwesenheit berichteten jedoch nur andere Quellen. Die Baronin erwähnte keinen Zivilisten, nicht einmal Bismarck, den sie am übernächsten Abend besuchte und der ihr näher stand als Moltke. Der Abend gehörte den Militärs und ihren Familien, das war ihr klar.

Außer dem Feldmarschall Graf Moltke dem Chef des Großen Generalstabs, nannte die Frau des württembergischen Gesandten indes keinen preußischen General mit Namen, statt dessen sämtliche süddeutschen Korpskommandanten, die bayerischen Generäle Ludwig Freiherrn von der Tann und Jakob von Hartmann und den Befehlshaber des badisch-württembergischen Korps, August von Werder. Der außerdem notierte Freiherr Ludwig von Gablenz war Kavalleriegeneral, aber ein österreichischer; er hatte den Krieg nicht mitgewonnen und zur Siegesfeier ein Handschreiben seines Kaisers aus Wien überbracht. Die Baronin legte demnach Wert darauf, daß dies eine Siegesfeier nicht der Preußen, sondern der Deutschen war. Das versammelte Publikum bildete noch keine Gemeinschaft, sondern sollte, unter anderem durch den Festakt, eine werden; deshalb wurden nicht nur als Gäste, sondern als Mitspieler die Nichtpreußen eingeladen. Obwohl die Militärs an diesem Abend zuschauten, fühlten sie sich als Akteure schlechthin. Sie waren es gewesen – oder?

Vordergründig erfüllte das Festspiel »Barbarossa« ihre Erwartungen und zeigte in den meisten Bildern siegreiche deutsche Militärs. Daß es mit dem Aufbruch Barbarossas zum dritten Kreuzzug begann, paßte allerdings nicht dazu. Der Staufer hätte sich schön als siegreicher Feldherr darstellen lassen, bei der Eroberung Mailands 1162 oder beim Türkensieg von Ikonium 1190; beide Kämpfe waren von Dichtern und Malern farbenprächtig geschildert worden. Offenbar sollten die Anwesenden den alten Kaiser bloß als Vorläufer sehen, im Aufbruch zu einem Kreuzzug, der mit seinem Tod eigentlich erst anfing. Die Baronin verstand, wie andere im Zuschauerraum, genug von Geschichte, um sich darüber zu wundern, wenn sie wollte; sie wollte nicht.

Daß gleich der Große Kurfürst auftrat, war noch merkwürdiger: Fünfhundert Jahre Hiatus! Es wäre leicht gewesen, die Lücke zwischen Staufern und Zollern elegant zu schließen, sogar mit einer Fortsetzung des Kreuzfahrerbildes, durch Darstellung des siegreichen Deutschen Ordens in Preußen. Die Freiin Varnbüler hatte Ende Oktober 1863, obwohl sie Schwäbin war und die Preußen damals abscheulich fand, die neunbändige Geschichte des Deutschen Ordens von Johannes Voigt »mit großem Interesse« gelesen, »weil dies die großartigste Schöpfung ist, welche der deutsche Adel geschaffen: die Zivilisierung und Germanisierung von ganz Preußen«. Der deutsche Adel, nicht der märkische allein! Von den

Anwesenden trugen viele, auch Nichtpreußen, das Eiserne Kreuz, das unmittelbar an das Kreuz der Ordensritter erinnerte. In einem derartigen Bild hätten sich die Militärs und ihre Familien im persönlichen Adelsstolz und Traditionsbewußtsein wiedererkannt. Freilich hätte es keinen siegreichen Monarchen, sondern eine Genossenschaft von Kriegern vorgeführt, und das vermied die Regie.

Dann lief die majestätische Reihe ab. Deutsch sein hieß Kriege gewinnen, immer, gegen jeden, nach allen Himmelsrichtungen, zu Wasser und zu Land: 1678 Eroberung der schwedischen Insel Rügen, 1760 Sieg über die Österreicher bei Torgau, 1813 Sieg über die Franzosen bei Leipzig, 1864 Sieg über die Dänen. Und die Deutschesten der Deutschen waren die Preußen, die ihren hohenzollerischen Herrschern gehorchten. Die Bilderfolge empfahl den anwesenden Adelsfamilien, sich als treue Ritter und Paladine ihres Obersten Kriegsherrn zu betrachten. Diese Auffassung vom Adel als Gefolgschaft des Monarchen war dem preußischen Offizierskorps seit mehreren Jahrhunderten eingeimpft worden, einem Teil der Anwesenden also in Fleisch und Blut übergegangen. Moltke zum Beispiel, der Stratege des Sieges, war gestern Feldmarschall geworden, weil sein Kaiser den Krieg gewonnen hatte. Er brauchte im Opernhaus nicht über Spannungen zwischen persönlicher und geschichtlicher Identität, zwischen Namen und Titel, zwischen Sein und Scheinen zu grübeln. Offiziere sollten dem Monarchen seine Kriege führen; dazu waren sie da, das hatten sie getan. Der Kaiser dekorierte sie, sie freuten sich sehr. Sie hatten nichts »statt dessen« getan und waren »es« doch nicht gewesen. Alles, was Deutsche getan hatten, schloß sich am Ende zu einer Identität zusammen, zu Kaiser Wilhelms Reiterstatue. Bei der Siegesfeier schien es angebracht, auch die Nichtpreußen in die Pflicht zu nehmen. In allen preußischen Kriegen hatten die Hohenzollern gesiegt; sie würden weiter siegen, wenn ihnen alle Deutschen folgten. Der laute Jubel beim Schlußbild klang wie die Antwort »Zu Befehl, Majestät!«

Schauspieler. Der Gegenspieler des Publikums, der Sänger Albert Niemann, hatte es einfach; er sollte etwas statt dessen tun, niemand verlangte mehr von ihm. Baronin Spitzemberg kannte ihn beim Namen; die meisten Anwesenden kannten ihn, obwohl er nicht zur Hofgesellschaft zählte. Er war Sohn eines Gastwirts, hatte es aber zu einem der größten Heldentenöre der Opernbühne gebracht und galt als bester aller Wagnersänger. Seit er 1866 an die Königliche Oper Berlin kam, blickte der Hof voller Stolz auf so viel Kultur im Haus. Niemann sang am 2. Februar 1867 bei einem »sehr genußreichen Konzert« im Weißen Saal des Schlosses vor den Majestäten, Diplomaten, Offizieren und Beamten, am 29. April 1868 bei einer »wundervollen« Soirée, zu der Bundesrat und Reichstag vom Hof geladen waren. Die Baronin hatte ihn bei beiden Gelegenheiten gehört und erwähnt. Ein in Hofkreisen beliebter Mime, ein lebendes Denkmal deutscher Kunst und Weltgeltung; denn Niemann sang auch in Paris und New York.

Trotzdem war er bei diesem Festabend niemand, nur Barbarossas »Repräsentant«. Mit der seit Boethius im Theaterbereich üblichen Vokabel bezeichnete die Baronin die Aufgabe Niemanns treffend: Er machte den Staufer bloß für die Dauer des Festspiels wieder gegenwärtig. Barbarossa war und blieb tot; Niemann konnte schon am nächsten Abend eine andere Figur repräsentieren und auch dabei höchst gelungen wirken. Zwischen der persönlichen Identität des Herrn mit Namen Niemann und seinen Opernrollen mochten Spannungen bestehen; aber sie betrafen nur ihn und seinesgleichen. Als Niemann 1858 zum erstenmal Richard Wagner besuchte, machte er auf den Komponisten großen Eindruck, »namentlich durch seine fast übermenschliche Gestalt« und seine »imponierende Persönlichkeit«. Weil Niemann damals nichts vorsingen mochte, wußte Wagner nicht recht, ob der Mann, der wie der leibhaftige Siegfried aussah, auch den nötigen Stimmumfang besaß, um den Siegfried zu singen; Wagner nahm es »in gutem Glauben« an. Nun, das war mittlerweile erwiesen und ein guter Siegfried würde auch einen guten Barbarossa abgeben.

Auf der Bühne beschränkte sich Niemanns Risiko gegenüber den Zuhörern darauf, ob er ihren Erwartungen gemäß sang und wie er spielte. Was er sang und spielte, hatte nicht er zu verantworten. In der großen Gesellschaft wäre es ihm erst an den Kragen gegangen, wenn er diesseits der Bühne Rolle mit Identität verwechselt hätte und während der Pause im Kaiserornat huldvoll in die Gänge getreten wäre. Selbst dann wäre er lediglich der alte Barbarossa gewesen, nicht der Kaiser Wilhelm; dafür war vorgesorgt. Es entsprang nämlich nicht nur einem Einfall der Regie, daß Wilhelm auf der Bühne als Statue erschien; die Preußen bekamen regierende Fürsten fast nie in Theaterrollen vorgeführt. Eine Kabinettsordre von 1844 untersagte, »auf öffentlichen Bühnen

Gestalten aus Königs- und Fürstenhäusern ohne besondere Genehmigung theatralisch darzustellen«. Theatralisch, das hieß eben unecht, aufgedonnert, lächerlich; ein zeitgenössischer Kaiser auf der Bühne war fast als solcher eine Majestätsbeleidigung.

Die Aufführung des Festspiels erforderte viel weiteres Personal, vor und hinter den Kulissen; davon sprach erst recht kein Kunstverständiger. Das Theatervölkchen war es bestimmt nicht gewesen, auch darauf hielt der preußische Staat ein wachsames Auge. Im Mai 1871 veranstaltete der Großherzoglich Badische Hof in Karlsruhe eine ähnliche Feier im Hoftheater zur Heimkehr der Truppen; dabei wurde ebenfalls ein Festspiel aufgeführt, mit einigen Schlachtszenen. Im liberalen Baden stellte General Werder als Statisten Soldaten zur Verfügung, die zum Teil selbst miterlebt hatten, was sie auf der Bühne spielten; der Festspielautor und Spielleiter des Hoftheaters, Otto Devrient, freute sich über diese Verschmelzung von Realität und Fiktion. Im Königreich Preußen wurde solches Allotria nicht geduldet. Ein knappes Jahr nach dem Friedensfest brachte das Berliner Schauspielhaus ein Ballett »Militaria« mit Szenen aus dem Deutsch-Französischen Krieg. Wilhelm I. sah sich das Ballett vorher persönlich an und befahl Änderungen. Verärgert reagierte er, als in dem Ballett leibhaftige Soldaten mitwirken sollten. Am 27. April 1872 schrieb Kaiser Wilhelm dem Generalintendanten der Königlichen Schauspiele, Baron Botho von Hülsen: »Nachdem ich alle meine Erinnerungen zurückgerufen habe, kann ich mich doch keines Falles erinnern, wo wirkliche Soldaten einen wirklichen existierenden Truppenteil auf der Bühne dargestellt haben; es müßte denn in dem Ballett ›Glückliche Rückkehr‹ 1814 oder 1815 gewesen sein. Aber ich glaube, daß die Soldaten damals von Statisten dargestellt wurden.« Ein preußischer Soldat hatte auf der Schaubühne so wenig zu suchen wie sein Oberster Kriegsherr; da war der Spaß zu Ende.

Autoren. Wer sich auf Notizen einzelner Teilnehmer verließe, erhielte einseitige Nachrichten von der Siegesfeier. Nur die Witwe des Generalintendanten, Helene von Hülsen, geborene Gräfin von Haeseler, gab 1889 in Erinnerungen an die Berliner Tätigkeit ihres Mannes das Programm vollständig wieder. »Der Theaterzettel des 17. Juni 1871, der vor mir liegt, zeigt folgende Anordnung:

Königliches Opernhaus:

Festvorstellung zum Einzuge der siegreichen Truppen.

Ouverture zum Feldlager in Schlesien von Meyerbeer.

Prolog von Friedrich Adami
gesprochen von Frau Erhartt.

Hierauf:
Zur Heimkehr.
Festspiel in drei Bildern von Jul. Rodenberg. Musik von Eckert.

Hierauf:
Barbarossa.
Dichtung in 1 Aufzug von Hein, Musik von Hopfer (!), mit 5 lebenden Bildern.

Den Schluß bildete der, von Frau Ingeborg von Bronsart eigens komponierte, Kaiser-Wilhelm-Marsch, und ein glänzendes Siegesbild, das ich, wie die ganze prachtvolle Vorstellung, noch in frischester Erinnerung habe.«

Kein Augenzeuge achtete sonderlich auf den Anfang, den Einzug der Herrschaften, der vom Reichsanzeiger so beschrieben wurde: »Als gegen 8 Uhr Orchesterfanfaren das Erscheinen Ihrer Majestäten des Kaisers und der Kaiserin, umgeben von sämtlichen Kaiserlichen und Königlichen Prinzen und Prinzessinnen und den am Kaiserlichen Hofe zu Besuch anwesenden Hohen Fürstlichen Gästen in der großen Hofloge verkündeten, erhob sich die ganze Versammlung und verneigte sich ehrfurchtsvoll.« Bedeutsamer war, daß darauf die Ouvertüre zur Oper »Ein Feldlager in Schlesien« von Giacomo Meyerbeer gespielt wurde. Mit ihrer Uraufführung in diesem Hause hatte Meyerbeer am 7. Dezember 1844 das abgebrannte Staatsopernhaus neu eröffnet, zwei Jahre nachdem ihn König Friedrich Wilhelm IV. zum preußischen Generalmusikdirektor ernannt hatte. Die Oper war also ein wichtiges Symbol preußischer Kulturtradition. Sie pries den Siebenjährigen Krieg Friedrichs des Großen, erinnerte also obendrein an die militärische Tradition Preußens. Der zweite Akt dieser Oper war schon bei der Siegesfeier für Königgrätz am 6. August 1866 in der Berliner

Staatsoper aufgeführt worden, ebenso am 20. März 1871, als Wilhelm I. zum ersten Mal nach der Kaiserproklamation in Berlin eintraf. Damals hatte es Baronin Spitzemberg leicht irritiert vermerkt. Diesmal erinnerte die Ouvertüre so dezent an preußische Kriegsgeschichte, daß es der Baronin nicht auffiel. Sie konnte nicht wissen, daß Wilhelm I. auch diesmal am liebsten den zweiten Akt gehört hätte.

Die Schwäbin bezeichnete vielmehr als Auftakt einen Prolog, der ihr nicht gefiel. Wilhelm I. fand gerade ihn ergreifend und »unaussprechlich schön«, denn der Prolog zitierte eine weitere preußische Tradition. Sein Verfasser Friedrich Adami, Mitarbeiter der erzkonservativen »Kreuzzeitung«, königlicher Hofrat und persönlicher Freund des Generalintendanten Hülsen, hatte 1849 eine volkstümliche, oft neugedruckte Biographie von Königin Luise, der Mutter Wilhelms I., verfaßt und seit 1853 beinahe alljährlich vaterländische Festspiele und Prologe für die Berliner Bühnen geschrieben. Sein Prolog erinnerte diesmal an die Befreiungskriege und den Preußenkönig jener Jahre, Friedrich Wilhelm III., dessen Reiterstatue am 16. Juni 1871 nach der Siegesparade, also am Vortag der Festvorstellung, enthüllt worden war. Er hatte 1813 das Eiserne Kreuz gestiftet, das (hier durfte es gesagt werden) »einst Ordensschmuck der Deutschen Ritter war« und jetzt die Brust des kaiserlichen Sohnes zierte. Adami unterstrich den direkten Zusammenhang zwischen Denkmalsenthüllung und Siegesfeier:

»So deutet uns das neue Monument,
Als läg' das Buch der Weltgeschichte offen,
Wie Preußen wächst auf altem Fundament.
Auf diesem Fundament, das schon geschaffen
Der Große Kurfürst mit dem kleinen Heer,
Das Friedrich dann, trotz einer Welt von Waffen,
Gefestet kühn zur deutschen Macht und Wehr.
Auf diesen Grund, den Fels der alten Treue,
Hat Friedrich Wilhelm neu gebaut das Reich.
Aus alten Wurzeln reift die Zeit, die neue,
Das kündet uns sein Bild bedeutungsreich.«

Solche Töne konnten die Württembergerin nicht begeistern: War denn Preußens Wachstum die Quintessenz der Weltgeschichte, war denn die militärische Tradition des Hauses Hohenzollern das Fundament des neuen deutschen Reiches?

Befremdlich fand Baronin Spitzemberg auch den nächsten Pro-

grammpunkt, das Festspiel »Zur Heimkehr« von Julius Rodenberg; sie ignorierte sogar den Namen des Verfassers, der in Berlin
kein Unbekannter war. Baronin Hülsen hingegen kannte Rodenberg gut und rühmte sein Stück: »Diese ebenso patriotisch als poe-
tisch empfundene Dichtung des liebenswerten Menschen und hervorragenden Schriftstellers fand außerordentlichen und wohlver-
dienten Beifall.« Rodenberg hatte, seit 1863 in Berlin ansässig,
seine Talente vielfältig erprobt, in lyrischen und patriotischen
Gedichten, Romanen, Erzählungen, Reiseberichten, literarischen
und politischen Kritiken. Außerdem gab er Berliner Zeitschriften
heraus, seit 1867 die belletristische »Der Salon für Literatur, Kunst
und Gesellschaft«, seit 1874 die gewichtigere »Deutsche Rundschau«. Zu den Mitarbeitern von Rodenbergs »Salon« zählten
1870/71 Friedrich Adami ebenso wie Helene von Hülsen. Im
»Salon« ließ Rodenberg noch 1871 sein Festspiel drucken, mit dem
Titel »Die Heimkehr, Ein Festspiel zum feierlichen Einzug der
Truppen in Berlin«. Im selben Jahr kamen Text und Musik
zusammen gedruckt auf den Markt. Komponiert war das Stück für
Soli und Chor mit Orchester von dem Ersten Hofkapellmeister
Carl Eckert, einem Liederkomponisten, Wagnerverehrer und erge-
benen Mitarbeiter des Generalintendanten Hülsen. Wir stoßen hier
auf einen ganzen Zirkel von Berliner Künstlern und Literaten, den
die Baronin aus Stuttgart nicht sonderlich schätzte.

Hauptperson in Rodenbergs erstem Bild ist der Friede mit dem
Palmzweig, Tochter der Gerechtigkeit, die in den Wolken thront
und sich auf das Schwert stützt. Sie entsendet die Tochter zur
Erde, zusammen mit den Tageszeiten, Jahreszeiten und Künsten,
um dort Glück und Liebe zu spenden, nachdem der blutige Krieg
beendet ist. Das zweite Bild zeigt die Rheinebene in der Abend-
dämmerung und aufziehende Soldaten, »mittelalterlich gedacht«.
Sie haben für den deutschen Rhein gekämpft und kehren nun
zurück. »Voran uns ritt ein Held so kühn, Wir sahn voll Jugend-
mut ihn glühn, Und frischen Lorbeer ihm umblühn Der Silber-
haare Schein.« Die von diesem Ritter geführten Soldaten fragen
freilich bang nach den Lieben daheim; den Schlafenden verheißt
der Friede glückliche Rückkehr. Das Schlußbild zeigt, unter dem
Segen des Friedens, die Wiedervereinigung der Krieger mit ihren
Familien, wobei der Choral »Nun danket alle Gott« erklingt. Im
ganzen ein ernstes Stück, das die Opfer des Sieges und die Leiden
der Krieger nicht vergaß und von der Zukunft nichts als Frieden

»nun für alle Zeit« verlangte. Auf preußische Tradition, überhaupt auf historische Begründungen griff Rodenberg nicht zurück. Nur die mittelalterliche Verfremdung von Heer und ritterlichem Feldherrn deutete vorsichtig auf einen Zusammenhang, den Rodenberg erst 1872 in einem Widmungsgedicht für Wilhelm I. offen herstellte: »Verwirklicht steigt mit Dir empor das Reich, Das deutsche Reich, der Traum so vieler Jahre. Ja, wenn wir uns in ferner Jugendzeit Ein Bild gemacht, aus ritterlichen Sagen: Dir glich es, Dir! der nun in Herrlichkeit Das Reichspanier entfaltet und getragen!« Tatsächlich hatte Rodenberg 1850 ein erstes, 1866 ein zweites Poem über das bevorstehende Erwachen Barbarossas verfaßt. Jetzt aber, 1871, wich er der Gleichsetzung Wilhelms mit Barbarossa aus und ließ statt politischer Bezüge lieber Allegorien sprechen. Verständlich waren sie, bloß fühlte sich Baronin Spitzemberg nicht von ihnen angesprochen, und sie war nicht die einzige, die das Stück abgeschmackt fand.

Ein anderer Süddeutscher, der fränkische Fürst Chlodwig zu Hohenlohe-Schillingsfürst, damals Erster Vizepräsident des Reichstags und nachmals Reichskanzler, notierte in seinen »Denkwürdigkeiten«: »Sonnabend den 17. war das große Diner im Schloß. Abends Festtheater bei einer Hitze von 36° Reaumur. Allgemeines Zerfließen. Der Text der Festspiele war höchst unbedeutend. Bennigsen, mit dem ich darüber sprach, verwies auf Goethe, der ja auch nur sehr elende Gelegenheitsgedichte gemacht habe, worauf ich ihm erwiderte, daß er aber auch *solche* Gelegenheiten nicht gehabt habe. Leider fehlt uns aber ein Goethe, um diese Zeit zu besingen.« Das Wort Gelegenheitsgedicht verrät den Hochmut, mit dem Gebildete und deren Hohepriester über die Gattung des Festspiels hinwegsahen; es enthüllt auch, warum zwischen Autor und Publikum keine Sympathie, geschweige denn Identifikation zustande kam. Baronin Spitzemberg war literarisch vielseitig gebildet und kannte tonangebende Dichter, vornehmlich in Süddeutschland lebende wie den gebürtigen Berliner Paul Heyse. Sie lernte den späteren Nobelpreisträger am 19. Mai 1869 in Berlin persönlich kennen, bei einer Einladung im Haus des jüdischen Professors Moritz Lazarus, mit dem die Spitzembergs befreundet waren; dort traf sie auch die Historienmaler Anton von Werner und Adolph Menzel. Zu diesen hoffähigen Künstlerkreisen zählten Berliner Gelegenheitsliteraten vom Schlag Rodenbergs nicht. Berliner Autoren hatten, anders als Besucher aus der Münchner Kunstmetropole, gesellschaftlich nichts zu sagen; ihr literarisches Versagen war vorprogrammiert.

Warum fiel dem niedersächsischen Adligen Rudolf von Bennigsen Goethe ein, vermutlich während der Pause, nach Rodenbergs Festspiel? Goethe hatte »solche« Gelegenheiten gehabt; er verfaßte nach dem siegreichen Einzug des preußischen Königs in Paris am 31. März 1814 für die Heimkehr der Truppen nach Berlin gleichfalls ein Festspiel, »Des Epimenides Erwachen«. Wegen der langwierigen Friedensverhandlungen des Wiener Kongresses wurde es ohne aktuellen Anlaß, ein Jahr nach dem Einzug in Paris, am 30. März 1815 im Königlichen Schauspielhaus Berlin vor dem Hof aufgeführt. Der schlafende und wieder erwachende Epimenides, Hüter des Vergangenen und Seher des Kommenden, mochte entfernt mit Barbarossa im Kyffhäuser verwandt sein; aber 1815 war Barbarossa noch nicht im Schwang, und Goethe dachte nicht an konkreten Bezug zur deutschen Geschichte. Er stellte die Freiheitskriege vornehmlich allegorisch dar, in Gestalt von Dämonen des Krieges, der List, der Unterdrückung; als ihre Gegenspieler traten die Tugenden Glaube, Hoffnung und Liebe auf. Das deutsche Heer erschien verfremdet »im Kostüm der sämtlichen Völker, welche von den Römern zuerst bezwungen und dann als Bundesgenossen gegen die übrige Welt gebraucht worden«. Erst gegen Schluß sah man ein Heer, »welches die verschiedenen neueren, zu diesem Kriege verbündeten Völker bezeichnet«. Sie riefen »Vorwärts« und erinnerten so an Marschall Blücher; sonst kam Geschichte nicht zur Sprache. Lebende Bilder und Festspiele sollten seit der Renaissance in Italien, seit dem Barock in Frankreich eine Hofgesellschaft ihrer glänzenden Gegenwart vergewissern, ihr keine geschichtliche Legitimation liefern.

Wenn bei Goethe geschichtliche Vorgänge durchschienen, dann als Genrebilder ohne Zusammenhang, schon gar nicht in chronologischer Reihung. Am Ende spricht Goethes »Jugendfürst«: »Was ihr besitzt, besitzt ihr erst von heute. Zwar hat der Ahnen würdiges Verdienst Die goldnen Reife längst geflochten, Doch nun ist's eigener Gewinst: Ihr habt das Recht daran erfochten.« Darauf erwidert Epimenides, der Uralte, lediglich: »Und wir sind alle neugeboren, Das große Sehnen ist gestillt; Bei Friedrichs Asche war's geschworen Und ist auf ewig nun erfüllt.« Womit der Tod Friedrichs des Großen gemeint war, vor knapp dreißig Jahren. Der wendige Rodenberg lehnte sich 1871 an Goethe an, mußte aber mit den Festspiel-Allegorien die höfische, präsentische, zeitlose Stilisierung übernehmen.

Die Gattung war allerdings nach Goethes Tod verbürgerlicht, konkretisiert, historisiert worden. Bennigsen hätte an die »Lebenden Bilder« von Gustav Freytag erinnern können; doch das ließ er bleiben und Rodenberg enthielt sich jeglicher Anleihe. Denn der Breslauer Privatdozent Freytag hatte die Verse für eine Vorstellung zum Besten der schlesischen Weber am 16. März 1844 geschrieben, wenige Wochen bevor dort der Weberaufstand ausbrach. In Freytags Prolog betont die personifizierte Kunst den Abstand zum höfischen Festspiel: Sie komme heute ohne Diadem und Purpurkleid und nicht mit ihres Hofes Pracht. Die Lebenden Bilder, durchweg nach eigens zitierten Zeichnungen, Gemälden und Stichen gestellt, sangen das Lob der einfachen Leute, der fürstlichen Hilfsbereitschaft, der bürgerlichen Strebsamkeit. Die Reihe begann mit einer Gestalt der mittelalterlichen »Vorzeit«, der mitleidigen Landgräfin Elisabeth von Thüringen, und schloß mit dem Küchenjungen Lully, der es zum Operndirektor am Hof Ludwigs XIV. brachte. Von der politischen Tendenz ganz abgesehen, paßten solche Spiele in private Veranstaltungen der Provinz, nicht in einen Staatsakt der Reichshauptstadt.

Dennoch wußte man sich in Berlin 1871 nicht anders zu helfen als mit einem Kompromiß zwischen der allegorisch-höfischen und der bürgerlich-historischen Auffassung vom Festspiel; man wählte ein Aggregat. Auf Rodenbergs »Heimkehr« folgte nach der Pause das einaktige Festspiel »Barbarossa« von Julius Hein. Auch seinen Namen hielt Baronin Spitzemberg nicht für bemerkenswert, mit Recht. Der 55jährige Hein, Hülsens treuer Helfer, hatte vorher nichts publiziert und tat es nachher nicht. Von Beruf Architekt, war er als Regisseur zum Theater gegangen und seit 1863 an Berliner Bühnen tätig, seit Anfang 1871 als artistisch-technischer Direktor des Königlichen Schauspielhauses. Heins Dichtung »Barbarossa« wurde nie selbständig gedruckt; das dichterische Wort sollte eine dienende Rolle übernehmen. Baronin Spitzemberg verstand die Absicht, wenn sie von der »Dichtung« bloß die »Bilder« erwähnte. Das Gewicht lag bei der optisch einprägsamen, nahezu fotografischen Darbietung der Lebenden Bilder, die Hein als Regisseur fachkundig gestalten konnte. Außerdem kam es auf die musikalische Untermalung mehr als bei Rodenberg und Eckert an. Der 31jährige, aus Berlin stammende Bernhard Hopffer hatte sich musikalisch ähnlich vielseitig ausgewiesen wie Rodenberg literarisch, durch Lieder, Märsche, Symphonien, Opern. Sein Opus 13, die Festspielmusik zu »Barbarossa«, erschien in Berlin sofort als Klavierauszug für das deutsche Heim; dadurch blieb Heins Text der Mitwelt erhalten.

Deshalb also übernahm ein Heldentenor die Titelrolle; auch bei diesem zweiten Teil des Festabends wirkten Chor und Orchester unter Eckerts Leitung mit. Noch mehr als bei Rodenberg war es auf ein Gesamtkunstwerk abgesehen, in dem Bild, Ton und Wort zusammenwirkten. Neu war das im Zeitalter Richard Wagners nicht mehr, sogar in Berlin nicht, das sich gegen Wagner lange gesträubt hatte. Baronin Spitzemberg fand, daß man aus Wagneropern »schachmatt, wenn auch gebührend hingerissen« nach Hause wanke. Dennoch, zum Festabend für Wilhelm I. am 20. März 1871 wurde vor Meyerbeers »Feldlager« wohl auf Betreiben Eckerts ein Akt aus Wagners »Lohengrin« gespielt. Betörend sollte die Mischung nicht klingen, eher »verständlich und ansprechend«. Das Publikum kannte zum guten Teil die Bilder, die auf der Bühne dargestellt wurden. Die des Mittelteils hingen als Gemälde von dem Düsseldorfer Schlachtenmaler Wilhelm Camphausen und anderen bereits in preußischen Galerien; Camphausen begann im kaiserlichen Auftrag gleich auch den Einzug vom 16. Juni 1871 als Historienbild zu malen. Der Germania waren die Berliner gestern draußen begegnet; von Albert Wolff sechs Meter groß in Gips modelliert, saß sie, die Kaiserkrone auf dem Haupt, vor dem Schloß. Man kannte das Kriegerdenkmal des Bildhauers Friedrich Drake, einen sterbenden Krieger mit Viktoria von 1833, und hatte gestern beim Einzug vor der Akademie der Künste seine Kolossalbüste Wilhelms I. bestaunt. Vollends kannte jeder Christian Rauchs Reiterstatue Friedrichs des Großen unter den Linden, die hier drinnen »zitiert« wurde.

Diese »Zitate«, zunächst räumliche aus der nächsten Umgebung der Staatsoper, sollten den Unterschied zwischen Wirklichkeit und Festspiel verwischen. Ähnlich handfest und hinreißend war die chronologische Folge von Bildern im Zeitraffertempo gemeint, die im allegorischen Festspiel fehl am Platz, der modernen Dramaturgie aber geläufig war; Grabbe hatte das gleiche Verfahren vor vierzig Jahren auf denselben Stoff »Barbarossa im Kyffhäuser« angewandt. Mit alledem wollte Hein moderner wirken als Rodenberg.

Trotzdem wurde er mit ihm in denselben Topf geworfen, nicht nur von Hohenlohe, auch von einem Dichter, der freilich zur Festvorstellung nicht eingeladen war und sie nur vom Hörensagen kannte. Hans Hopfen, ein gebürtiger Münchner aus dem Dichterkreis um Geibel, seit 1866 in Berlin zu Hause, kritisierte 1875 in den Berliner »Neuen Monatsheften für Dichtkunst und Kritik«, daß bei der Friedensfeier im Juni 1871 die Poesie nicht sehr glänzend vertreten war. »Während das Volk die prachtvoll illuminierten Straßen durchwogte, blähten sich auf den königlichen Bühnen vor weißen Krawatten, Ordenssternen und blaublütigen Schultern die reglementmäßig ausgehöhlten Allegorien durcheinander, die beliebten Pfeifenkopfgestalten Germanias und Borussias, der Krieg und der Friede, blechbeschlagene Ritter und hosenteufliche Landsknechte, die Genien vom Ballett und aus seinem Kyffhäuser Barbarossa – der letztere eine ganz besonders beliebte Figur, die zu der jetzigen (von mir gewiß benedeiten) Entwicklung der deutschen Dinge so ziemlich wie die Faust aufs Auge paßt. Indessen sie versahen ihren dekorativen Dienst so gut wie es andere getan hätten; kein Mensch war an jenem Abende gelaunt, auf Verse zu horchen; am zweiten Tage gingen sie mit dem übrigen Apparat in die Rumpelkammer.«

Die Festvorstellung endete mit einem Marsch der Frau von Bronsart, die bei Franz Liszt in die Schule gegangen und mit dem Intendanten des Königlichen Theaters in Hannover verheiratet war; auch sie gehörte zum Künstlerkreis um Hülsen. Es war wohl die persönliche Idee des Generalintendanten, daß zum Schluß, nachdem alle Stücke den Kaiser bereits verherrlicht hatten, er selbst in einer Apotheose erscheinen sollte. Seine Witwe erzählte später: »Hülsen hatte Se. Majestät, der ein abgesagter Feind aller ihn öffentlich verherrlichenden Ovationen war, dringlich gebeten, ihm doch wenigstens das Aufstellen seiner Büste zu gestatten. Er erlangte das nur nach vielem Widerstande, und ich erinnere mich noch, wie der Kaiser meinem Manne lächelnd gedroht und ihm zugerufen hatte: ›Na, Sie werden mich wohl heute wieder schön mitnehmen!‹ – Daß der Jubel beim Anblick der mit Lorbeer gekränzten Büste des vielgeliebten, nach so unsterblichen Siegen heimgekehrten Herrschers ein grenzenloser und die Woge der Begeisterung nahe am Überfluten war, wird man begreiflich finden. Schon bei dem ersten Erscheinen desselben wollte der Enthusiasmus kein Ende nehmen, und ich habe alte Herren Tränen der Freude vergießen und recht wenig gefühlvolle Leute völlig hingerissen gesehen. Welch ewig denkwürdiger Augenblick!« Frau von Hülsen hatte den Gesamteindruck in frischester Erinnerung, die Einzelheiten nicht: Was auf der Bühne enthüllt wurde, war nicht die Büste, sondern die Reiterstatue des Kaisers; Baronin Spitzemberg hatte genauer hingesehen.

Erfreut war auch sie. Noch bei der Kaiserproklamation am 18. Januar 1871 hatte sie sich weidlich über die Berliner geärgert, »ein ekelhaft blasiertes, nüchternes Volk«, das sich nicht leicht begeistern lasse; auch die Feierlichkeit am 20. März 1871 hatte sie enttäuscht: »Der Empfang des Kaisers war zwar laut und gewiß herzlich gemeint, aber wie alles hierzulande abgemessen und förmlich, nicht überwältigend, nicht stürmisch, wie er bei einem süddeutschen Publikum bei solcher Gelegenheit jedenfalls sein würde.« Diesmal war es anders. Die Begeisterung war wirklich groß, auch wenn Frau von Hülsen mehr als andere hingerissen war. Der Reichsanzeiger meldete: »Beim Anblick dieses Bildes, dessen Erscheinen von den Klängen der Wacht am Rhein begleitet war, erreichte der Enthusiasmus des Publikums seinen Höhepunkt. Die Versammlung erhob sich, die Damen wehten gegen die Kaiserloge mit ihren Tüchern, und alle brachen in laute begeisterte Hochrufe aus, welche die Musik schallend übertönten. Die Abfahrt Ihrer Majestäten und der übrigen Fürstlichen Herrschaften vom Opernhause wurde von dem vor den Türen zahlreich versammelten Publikum gleichfalls mit stürmischen Hurrahrufen begleitet.«

Zusammengefaßt: Für die Anwesenden brachte der Abend ein Schauspiel, eigentlich zwei Schauspiele, eines auf der Bühne, eines vor und in dem Zuschauerraum. Das wichtigere war nicht für die Hülsens, aber für die Spitzembergs das zweite. Es wurde mit Spannung erwartet, bedeutungsvoll zelebriert, lang im Gedächtnis bewahrt. Frau von Hülsen hat ein ähnliches Schauspiel von 1868 in ihren Erinnerungen anschaulich beschrieben. Festliche Garderobe anlegen, weiße Krawatte, Ordensstern, Decolleté. Mit der Kutsche durch die illuminierten Straßen fahren, an gaffendem Volk vorbei. Vor der Staatsoper langsames Vorrücken der Equipagen, unruhige Pferde, schimpfende Kutscher, schnauzende Schutzleute. Endlich vorfahren und aussteigen, vor den Türen viele Neugierige. Drinnen wichtige Persönlichkeiten sehen, von ihnen gesehen werden, sie begrüßen, mit ihnen plaudern. Die Treppe hinaufsteigen, die zugewiesenen Plätze aufsuchen. Wohin hat man uns gesetzt, wer ist noch da, sieh doch die aufgeblasene Person. Eine halbe Stunde Stimmengewirr und Erwartung. Beim Fanfarenstoß verstummt man, erhebt sich: Seine Majestät der Kaiser. Man setzt sich, der Zuschauerraum wird dunkel. Die Pause, das Foyer, die Gänge. Neue Begrüßungen, Plaudereien, Glückwünsche, Theaterkritik. Der Feldmarschall, er sieht uns, kennt uns, freut sich; drüben von fern Seine Majestät der Kaiser. Klingelzeichen, man setzt sich, der Zuschauerraum wird dunkel. Der Schlußapplaus, man erhebt sich, Ovation zur Mittelloge, Seine Majestät der Kaiser grüßt zurück und geht. Gedränge am Ausgang. Warten auf die Kutsche, noch ein paar Gespräche, Heimfahrt durch wogendes Volk und illuminierte Straßen. Vor dem Einschlafen ein Rückblick: Entsetzliche Hitze, 45° Celsius, meint Hohenlohe; trotzdem ein großer Abend, wir gehören dazu und sind dabei gewesen.

Das andere Schauspiel auf der Bühne, nun ja. Gemischtes Programm, ernster Prolog, bunte Bilder, leichtes Ballett, Musik, um Gottes willen nicht zu anspruchsvoll, was soll das. Eigentlich schade, eine *solche* Gelegenheit, aber ach, selbst Goethe ... Kritische Distanz zur Bühne, keine Faszination, wieso denn, ist alles gespielt, der alte Kaiser heißt Niemann, nicht einmal die Mannschaftsdienstgrade sind echt. Oh, man ist kunstverständig, Niemann höchst gelungen, Bühnenbilder sehr schön, leider die Texte höchst unbedeutend, sehr elend. Am besten vergißt man das Theatralische schnell, ab in die Rumpelkammer. Und doch: Wenn Baronin Spitzemberg aufmerksamer als Hohenlohe und Hopfen den Ablauf des Festspiels »Barbarossa« Bild für Bild festhielt, was sie sonst im Tagebuch nicht tat, dann muß in diesem Stück etwas Ungewohntes geschehen sein, etwas ganz und gar nicht Theatralisches. Hopfen hatte nämlich recht: In die bisherige Entwicklung der deutschen Dinge paßte Barbarossa im Kyffhäuser 1871 wie die Faust aufs Auge; so konkret und gezielt war die Kaisersage noch nie als »Hauptmoment der deutschen Geschichte« eingesetzt worden. Wie kam es dazu?

Die Abwesenden

Dichter. Ein 1887 von Paul Lemcke begründetes, bis heute gehegtes Vorurteil möchte, daß sich 1871 in der Neubegründung des deutschen Kaiserreiches endlich verwirklicht habe, »was sich unser bescheidenes Volk sechs Jahrhunderte lang nur im Traume zu wünschen gewagt, was es im bildlichen Gewande der Sagendichtung erwartet« habe, die Wiederkehr Barbarossas aus dem Kyffhäuser. In Wirklichkeit war noch zu Beginn des 19. Jahrhunderts diese Erwartung keine Sache des Volkes, sondern der Dichter; sie war weder mit dem historischen Barbarossa noch mit politischen Tagesfragen unlösbar verquickt und eignete sich zunächst bloß zum Ausdruck lyrischer Stimmungen.

Novalis erwähnte im Jahr 1800, in den Berliner Papieren zu dem Roman »Heinrich von Ofterdingen«, nebenbei den Kyffhäuser, der in seinem sächsisch-thüringischen Wirkungskreis lag. Nach Art der mittelalterlichen Kaisersage verband er ihn mit der Gestalt des Staufers Friedrich II. Novalis erwog zwar eine zukunftsweisende Ausdeutung: »Das hohenstaufische Haus – das künftige Kaiserhaus«, ergänzte sie aber durch eine urtümlich-mystische: »Mystizism mit dem kaiserlichen Hause. Urkaiserfamilie«. Auch wenn er die Stichworte hätte ausarbeiten können, wäre die poetische Idee politisch nicht verwendbar gewesen. Sie stellte sich in tausendjährige Kontinuität; noch 1800 wurde die Kaiserkrone Karls des Großen getragen, von einem Habsburger. Nach schlechteren mochten bessere Kaiser kommen; der Wechsel der Personen und Häuser würde die Identität des Kaisertums nicht berühren. Näher stand dem Verwandten des Staatsmanns Hardenberg das preußische Königtum, und ihm wünschte Novalis nichts weiter als erfüllte Gegenwart. In den Fragmenten »Glauben und Liebe«, 1798 in den »Jahrbüchern der preußischen Monarchie« erschienen, kritisierte Novalis die Vergangenheit: »Kein Staat ist mehr als Fabrik verwaltet worden als Preußen«. Der junge Friedrich Wilhelm III. kann »der erste König von Preußen« werden, seine Gemahlin Luise ist ein Bild des ewigen Friedens. Das mittelalterliche Vorbild eines bärtigen Alten wurde hier nicht beschworen.

Auch nachdem 1806 das Kaisertum von Napoleon usurpiert, von Habsburg preisgegeben war, richtete sich in der aktiven Generation der Freiheitskriege die Hoffnung keineswegs auf alte Staufer, sondern auf lebende Habsburger. Der ostpreußische Beamte Max von Schenkendorf rief im Juli 1813 nach ihnen, in dem Lied »Die Deutschen an ihren Kaiser«. Dem Österreicher Franz II. werden mahnend die kaiserlichen Ahnen vorgestellt, Rudolf I., Maximilian I., Ferdinand II. Sie rufen ihn zur Völkerschlacht: »Deutscher Kaiser! Deutscher Kaiser! Säumst du? Schläfst du? Auf, erwache!« Erst nach der Völkerschlacht von Leipzig, an der er teilnahm, dachte Schenkendorf an den Staufer. »Das Bild in Gelnhausen« an der Mauer, Kaiser Friedrichs Steinbild, regte ihn Ende 1813 an, dem Kreuzfahrer zuzurufen: »Magst nun dich zur Ruhe legen, Altes stolzes Kaiserhaupt, Deine Kraft, dein Waffensegen Wird uns nimmermehr geraubt.« Für den Wiederaufbau Deutschlands wurde Barbarossa nicht benötigt.

Nachdem die Freiheitskriege 1815 bloß den schwerfälligen Deutschen Bund der zahlreichen Fürstentümer hinterließen, machte sich Ernüchterung breit, allenfalls langfristige Hoffnung, deren Erfüllung kein Lebender sehen würde. So wurde Barbarossas Nachleben 1816 in den »Deutschen Sagen« charakterisiert, die die kurfürstlich-hessischen Bibliothekare Jacob und Wilhelm Grimm in Kassel herausgaben. »Er soll noch nicht tot sein, sondern bis zum jüngsten Tage leben, auch kein rechter Kaiser nach ihm mehr aufgekommen. Bis dahin sitzt er verholen in dem Berg Kyffhausen und wann er hervorkommt, wird er seinen Schild hängen an einen dürren Baum, davon wird der Baum grünen und eine bessere Zeit werden.« Bis er wiederkäme, würde es lange dauern. Dreimal muß dem Schlafenden der Bart um den Tisch gewachsen sein, bis er aufwachen kann, »jetzt aber geht er erst zweimal darum«. Daß die Wartezeit naturgegeben ist und weder vom Kaiser noch vom Volk verkürzt werden kann, bestätigt die Erzählung eines Schäfers, den im Berg der Kaiser fragte: »Fliegen die Raben noch um den Berg?« Auf die bejahende Antwort rief er: »Nun muß ich noch hundert Jahre länger schlafen.« Die Brüder Grimm fixierten die Sage durch ihre Überschrift auf Barbarossa: »Friedrich Rotbart auf dem Kyffhäuser«. Der Bart wurde damit zum wichtigen Attribut des Sagenkaisers; Friedrich II. kam nicht mehr in Frage. Fortan bezog sich, wer vom »Rotbart« sprach, nicht auf den geschichtlichen Friedrich Barbarossa, sondern auf den Sagenkaiser im Kyffhäuser.

Hier knüpfte um Neujahr 1817 der ehemalige Jenaer Privatdozent Friedrich Rückert an, der in Stuttgart Studien zu einem Epos »Hohenstaufen« trieb und statt dessen die lyrischen Verse »Barbarossa« schrieb. Rückert legte sich nicht auf den Kyffhäuser fest und sprach nur von einem unterirdischen Schloß, in dem »der alte Barbarossa, der Kaiser Friederich«, noch heute lebt. »Er hat hinab genommen Des Reiches Herrlichkeit Und wird einst wiederkommen, Mit ihr, zu seiner Zeit.« Damit ist die Sage so ausschließlich auf den ersten Staufenkaiser bezogen, daß bereits sein Enkel Friedrich II. als Verderber des Erbes erscheint. Daß der Bart nicht blond, »von Flachse« war, sondern rot, »von Feuersglut«, identifizierte den Schläfer eindeutig. Wann seine Zeit wiederkommen werde, ließ auch Rückert offen; der Flug der Raben deutete wie in der Grimmschen Sage an, daß es noch hundert Jahre dauern könne. Das Eingreifen des Kaisers rückte aus der Spanne zeitgenössischer Politik hinaus, in unbestimmte Zukunft, auch in definitive Vergangenheit. Ferdinand Freiligrath, damals Kaufmannslehrling im preußischen Soest, nahm 1829 die Sage ganz in das Mittelalter zurück. Lediglich der Titel »Barbarossas erstes Erwachen« ließ vermuten, daß er später noch öfter aufwachen könnte. Die Verse selbst berichteten nur, wie er beinah ein Jahrhundert nach dem Schlafengehen, 1268, zornig und hilflos hochfuhr, als Konradin hingerichtet und das staufische Geschlecht vernichtet wurde. »Er schilt und starrt verwundert, Und blinzt dann wieder stumm« – kein stimulierendes Vorbild für Freiligraths Zeitgenossen.

Diese Selbstgenügsamkeit verdroß Christian Dietrich Grabbe. »Was geht uns jetzt Konradins, des Sekundaners, Ermordung an!« schrieb der Militärrichter in der lippischen Residenzstadt Detmold am 17. Juli 1831 an Freiligraths Freundin. Er legte ihr seine Erwiderung bei, »das tolle Ding von Barbarossa, . . . es entstand heute«. Eine kurze Dialogszene nur, immerhin der erste Versuch dramatischer Behandlung. Grabbe stellte den bei Freiligrath fehlenden Gegenwartsbezug dadurch her, daß er die Nachrichtenreihe verlängerte und Barbarossa beinahe in jedem Jahrhundert aufwecken ließ. Dem träumenden Kaiser ruft im Kyffhäuser jemand zu: »Konradin fällt, Hohenstaufe!« (1268). »Dein Geschlecht vergeht!« (derselbe Zeitpunkt, wie bei Freiligrath, hier vielleicht Ersatz für eine Nachricht aus dem Spätmittelalter). Nun aber weiter: »Luther besiegt den Papst!« (1521). »Frankreich besiegt Dein Deutschland!« (1648). »Bastille gestürmt, Freiheit proklamiert!« (1789). Jetzt Schlag auf Schlag: »Napoleon!« (1804). »Die Lilien wieder!« (1815). »Das Tricolor weitflatternd wieder . . .« (1830). Jeder der acht Rufe bezeichnet ein Epochenereignis der europäischen, nicht allein deutschen Geschichte. Jedesmal antwortet Barbarossa: »Laß mich schlummern!«. Denn was seit seinen Tagen geschah, hat die Menschen nicht gebessert; sie sind so kurzsichtig, wie er war. Nur Namen wechselten, am Schluß bloß Fahnen.

Zuerst ging es um Dynastien (»Dein Geschlecht«), dann um Völker (»Dein Deutschland«), schließlich um Ideen (»Freiheit«). Doch die schönen Parolen brachten keinen wirklichen Fortschritt. Die Menschen verhalten sich immer gleich, Hin und Her, Sieg und Niederlage. »Das kehrt sich wieder um, Wie alles.« Hinter allen Masken der Geschichte dasselbe nichtssagende Gesicht der Leute, Identität der Unfreiheit. Grabbes Entwurf, das literarisch Dichteste und historisch Klügste, was das 19. Jahrhundert zur Nachwirkung Barbarossas sagte, verwies auch auf das politische Dilemma. Der alte Kaiser wurde angesichts der Vielzahl deutscher Fürstentümer zwar zum Symbol bürgerlicher Hoffnung auf staatliche Einheit und gesellschaftliche Freiheit; aber er würde kein moderner Bürger werden und keinen Weg zu einer besseren Staats- und Sozialordnung bahnen.

Das war die zentrale Frage: Welche Dynastie der Gegenwart hätte einerseits die Kraft aufgebracht, das wirkliche staufische Erbe erneuern zu können, andererseits die Entsagung, das vermeintliche erneuern zu wollen? Grabbe selbst dachte 1829 in der Tragödie »Kaiser Friedrich Barbarossa« einen Augenblick lang an die Hohenzollern. Bei der Musterung des Reichsheers auf den ronkalischen Feldern sagt Friedrich: »Mein Nachbar, Der lebensmut'ge Hohenzollern, schaut Mit hellem Auge über meine Schulter!« Der antwortet: »Ich schaue nach dem Glanze, welcher mir Entgegenschimmert, wenn ich deinen Blick Verfolge: Deutschlands Ruhm und Ehr und Größe!« In die gleiche Richtung blickte der Stuttgarter Politiker Paul Achatius Pfizer, liberaler Opponent des Königs von Württemberg. Sein Gedicht »Einst und jetzt« schilderte im Revolutionsjahr 1830, wie beim Mondlicht die beiden Friedriche und Konradin auf ihre Stammburg Hohenstaufen herabblicken. Der kühne Rotbart ist ja nicht gestorben, er schlummert in der Zauberhöhle; könnte er nicht aufwachen? Nicht er allein, auch Karl der Große wird gerufen und als »heiligster der Schatten« Hermann der Cherusker. Der Rotbart steht am Ende einer langen Geschichte, die nicht in die Gegenwart, sondern in die Vorzeit weist. »Doch die Helden sind geschieden, Die Vergangenheit ist tot! Seele! von des Grabes Frieden Wende Dich zum Morgenrot, Gleich dem Aar, der einst entflogen Staufens Nachbar und im Flug Zollerns Ruhm bis an die Wogen Des entlegnen Ostmeers trug. Adler Friederichs des Großen!« Er soll die Eulen am Hohenstaufen, die Raben am Kyffhäuser schlagen.

An die preußischen Hohenzollern dachte 1837 auch der 22jährige Lübecker Student Emanuel Geibel in Berlin. Er freilich mochte der staufischen Vergangenheit nicht den Abschied geben und ließ »Friedrich Rotbart« aus dem Kyffhäuser steigen. Pfizers Adler kommt und verjagt den Rabenschwarm; der Kaiser, auf dem Helm die Krone, greift zum Schwert; das eherne Tor öffnet sich dröhnend. Barbarossa mit den Seinen steigt empor und schreitet siegreich durch das Land. »Und dem alten Kaiser beugen Sich die Völker allzugleich, Und aufs neu zu Aachen gründet Er das heil'ge deutsche Reich.« Zu Aachen? Es war seit 1815 preußisch, aber schlichtweg deutsch war seine karolingische Tradition nicht. Was sollten die Hohenzollern mit ihr, wozu brauchten sie überhaupt Anleihen beim Mittelalter, Identifikation mit dem Rotbart? Geibel merkte bald, daß sich ganz andere Gruppen mit Barbarossa ineinssetzten, ungeduldige Republikaner, denen auch sein Freund Freiligrath immer mehr zuneigte. Ihm entgegnete Geibel, mittlerweile von Friedrich Wilhelm III. finanziell unterstützt, 1841 mit dem Gedicht »Barbarossas Erwachen«. Ein deutscher Jüngling stört den alten Kaiser im Schlaf, um sich bei ihm Rat zu holen; Barbarossa aber ermahnt ihn zur Geduld: »Der Lenz wird kommen plötzlich über Nacht.« Man muß es abwarten können, blinder Eifer schadet nur, letzten Endes kommt es auf die Monarchen an.

Früher und genauer als Geibel durchschaute der in Berlin wirkende schlesische Dramatiker Ernst Raupach die Wünsche des Preußenkönigs. Sein vierteiliges, seit 1831 aufgeführtes Drama »Kaiser Friedrich I.« legte dem Staufer aktuelle Lehren von protestantischer Freiheit und monarchischer Einheit in den Mund, hütete sich aber vor einem Kurzschluß zwischen Staufern und Zollern, sei es über die Kyffhäusersage, sei es über die schwäbischen Nachbarburgen. Als Raupach dem König Friedrich Wilhelm III. 1837 das Stück »Friedrich und Mailand« widmete, kennzeichnete er es so: »Ein Werk, in dem ich es versucht habe, eine Reihe heldenmütiger Fürsten darzustellen, deren Streben dahin ging, dem deutschen Reiche eine festere Verfassung und der Christenheit eine größere Glaubensfreiheit zu geben, wem hätte ich dieses Werk füglicher widmen können als einem Herrscher, der sich stets als ein Schutzherr der später errungenen Glaubensfreiheit erwiesen und an der Wiedergeburt und Neugestaltung Deutschlands in unseren Tagen entscheidend teilgenommen hat?« Der Rotbart war ein ferner, unvollkommener Vorläufer, mehr nicht.

Heinrich Heine, der Rebell aus dem preußischen Düsseldorf, witterte Raupachs Hintergedanken, als er 1835 in dem Buch »Die romantische Schule« schrieb: »Neue, emporstrebende Regentenhäuser lieben nicht bei dem Volke die Erinnerung an die alten Kaiserstämme, an deren Stelle sie gern treten möchten.« Umgekehrt konnten auch deutsche Republikaner nicht endlos lange auf einen Volkskaiser warten. »Nein, es ist nicht der Kaiser Rotbart, welcher Deutschland befreien wird, wie das Volk glaubt, das deutsche Volk, das schlummersüchtige, träumende Volk, welches sich auch seinen Messias nur in der Gestalt eines alten Schläfers denken kann!« So Heine 1840 in den Studien »Über Ludwig Börne«. Die Extreme berührten sich in der gemeinsamen Verdrängung der staufischen Symbolfigur.

Dennoch glaubten inzwischen viele an sie, gerade Unschlüssige und Gemäßigte, die sich Zukunft nur als Summe des Vergangenen denken konnten. Die bürgerliche Revolution, die 1848 mit der sozialen Freiheit nationale Einheit bringen sollte, schien einen Kaiser zu brauchen. Während in Frankfurt am 31. März 1848 das Vorparlament der Nationalversammlung zusammentrat, zog ein Häuflein von Patrioten zum Kyffhäuser hinauf, hißte die schwarz-rot-goldene Fahne, das angeblich alte Reichspanier, und sprach ein anonymes Gedicht »Barbarossas Erwachen«. Der alte Kaiser schläft und träumt von »seines Volkes Herrlichkeit«; da zieht »ein Strom von Liedern durch die Welt« und weckt ihn auf. Er ruft dem deutschen Volk zu: »Lausch' Deinem Sänger und erlöse Bald aus dem Zauberbanne mich. Schon bin ich bei dem Flügelschlagen Des jungen Sänger-Aars erwacht.« In der Frankfurter Paulskirche wurde nüchterner debattiert, doch die Versammelten träumten ähnliche Bilder. Als im März 1849 für die neue deutsche Reichsflotte ein englischer Raddampfer gekauft wurde, sollte er den Namen »Barbarossa« durch die Weltmeere tragen; das Schwesterschiff wurde wenig später auf den Namen »Erzherzog Johann« getauft. Der augenblickliche habsburgische Reichsverweser war mit dem mittelalterlichen staufischen Kaiser in eine Reihe gestellt. Ob solche Anleihen bei zeitlicher und räumlicher Ferne die aktuellen deutschen Probleme lösen halfen?

Am 28. März 1849 wählte die Frankfurter Nationalversammlung König Friedrich Wilhelm IV. zum erblichen deutschen Kaiser. Er lehnte im April das Wahlkaisertum ab, weil das »Einverständnis der gekrönten Häupter« Deutschlands fehle. In ohnmächtigem Trotz dichtete der Bonner Geschichtsprofessor Ernst Moritz Arndt, der fast 80jährige Rufer aus der Zeit der Freiheitskriege, am 17. Mai 1849 seine »Ausfahrt zur Heimholung des Deutschen Kaisers«. »Kaiserschein, du höchster Schein, Bleibst du denn in Staub begraben? Schrein umsonst Prophetenraben Um den Barbarossastein? Nein! Und nein und aber nein! Nein! Kyffhäusers Fels wird springen, Durch die Lande wird es klingen: Frankfurt holt den Kaiser ein.« Wen denn? Wann denn? Trotzdem beschrieb nun eine Reihe von Dichtern, wie sich der erwachte Barbarossa im Kyffhäuser von neuem schlafen legen muß. Nicht die freudige, die enttäuschte Erwartung machte den Rotbart mit den Deutschen identisch und hielt sein Bild lebendig.

Zusammengefaßt: Zwischen 1815 und 1848 flohen viele Deutsche vor der verworrenen Gegenwart in einen unberührten Raum der Vergangenheit und Zukunft. Die deutsche Gemeinsamkeit war zwar seit langem fiktiv, doch hatte das Kaisertum der Habsburger eine geschichtliche Identifikation der Deutschen noch immer erlaubt. Napoleon, der moderne Kaiser, zerstörte die alte Fiktion und ordnete große Teile Deutschlands neu. Ihm mißlang die erstrebte Identität, als er in den Freiheitskriegen von Preußen, Österreichern und Russen geschlagen wurde. Was Deutschland 1815 sein sollte, war unklar; als Spiegelung dieser Lage bot sich die Sage von Barbarossa im Kyffhäuser an. Niemand glaubte im Ernst, daß der alte Kaiser sechshundert Jahre nach seinem Tod leibhaftig auferstehen werde, wie die Volkssage gemeint hatte. Die Person des Kaisers diente nur als Chiffre für des Reiches Herrlichkeit, die vergangen war und wiederkehren konnte. Um die unbestimmten Erwartungen von deutscher Einheit zu personalisieren, schufen romantische Poeten die neue Sage vom Rotbart. Das geschah im »Dritten Deutschland«, vornehmlich in den zersplittertsten Landschaften des alten Reiches, in Schwaben und Thüringen, zugleich Brennpunkten der Romantik. Währenddessen konnten in Preußen und Österreich Hohenzollern und Habsburger bescheidenere, aber lebende Personifikationen anbieten.

Barbarossa im Kyffhäuser wurde anfangs lediglich in Worten, vor allem in lyrischen Gedichten beschworen, weniger als Person, eher als Stimmung; er wurde in dieser Frühzeit weder gemalt noch auf der Bühne dargestellt. Weil die sagenhafte Figur inhaltlich unbestimmt blieb, taugte sie für fast jede Tendenz: für Konservative, die die alte Ordnung wiederherstellen wollten, ebenso wie für

113

Liberale, die auf Fortschritt zu besseren Zeiten hofften; für Monarchisten, die den Glanz einer Krone nicht entbehren mochten, ebenso wie für Republikaner, die auf Repräsentanten des Volkes drangen. In ihrer Unbestimmtheit lag die integrierende Wirkung dieser Erwartungen. Sie wurden durch das Scheitern der Revolution 1849 zerschlagen, allerdings nicht ganz. Seitdem war der Rotbart die Verkörperung enttäuschter Erwartung, die von der Erfahrung nicht bestätigt wurde, der Repräsentant von Ressentiments.

Gelehrte. Der schöngeistigen Literatur stand in den ersten Jahren nach 1815 die historiographische noch nahe; auch sie scheute sich nicht, aus der sagenhaften Vergangenheit Lehren für die Zukunft zu ziehen. Nur konnte Geschichtsschreibern kein einzelner zeitlicher und räumlicher Punkt, Barbarossa im Kyffhäuser, als Muster gelten; sie suchten nach größeren Identitäten im Gewesenen. Der Berliner Geschichtsprofessor Friedrich von Raumer begann 1823 seine »Geschichte der Hohenstaufen und ihrer Zeit« mit einem romantischen Vergleich zwischen Natur und Geschichte. Der »Hohe Staufen« steige aus fast ebener Fläche schroff empor, erlaube weite Blicke ins Land und lade zur Herrschaft ein. So habe sich das Geschlecht der »Hohenstaufen« über gleichgestellte Geschlechter erhoben, »bis es, nach blendendem Sonnenglanze und unvergleichbarer Höhe, von einem furchtbar und beispiellos tragischen Geschick ergriffen ward und so plötzlich in die finsterste Nacht hinuntersank, daß keine Spur desselben übrig blieb und nur die treue Anhänglichkeit des Geschichtschreibers versuchen kann, eine Auferstehung hervorzubringen.« Raumer wies gleich zu Beginn die Kaisersage zurück, weil er die Geschichte der Staufer als Ganzes sehen wollte. In ihr bezeichnete überdies Friedrich I. nicht den Gipfelpunkt; er löste seine Aufgabe nicht, »Deutschland und Italien als einen wohlgeordneten ruhigen Staat zu beherrschen«. Dies gelang erst seinem Enkel Friedrich II., der dem Staat in Verfassung und Verwaltung eine »höchst seltene Vollkommenheit« gab und in der Kultur heiterste Menschlichkeit pflegte; »das möchten wir einzig und beispiellos in der Geschichte nennen!« Preußens Gegenwart konnte von der Stauferzeit deren Höchstes übernehmen, die aufgeklärte Ordnung von Staat und Kultur, nicht deren Tiefstes, den Drang zu sagenhaften Helden.

Raumers Panorama mochte auf Raupach wirken; die neue

114

Geschichtswissenschaft warnte nach 1849 immer entschiedener auch vor Raumers Versuch, Vergangenheit und Gegenwart romantisch zu vermengen. Raumers Berliner Kollege Leopold Ranke machte 1854 in den Vorträgen vor König Maximilian II. von Bayern »Über die Epochen der neueren Geschichte« wenig Unterschied zwischen den Staufern; sie alle wurden vom Papsttum übermächtigt. Friedrich II. »war zwar auch ein Hohenstaufe, aber keiner von der älteren Schule«. Er verdankte sogar seine Krone dem Papst und löste, als er sie verteidigen wollte. seine deutsche Macht vollkommen auf; in den italienischen Tumulten kam er selber um. Ihm gegenüber war der Großvater Friedrich I. ein »würdiger Repräsentant des Kaisertums«, jedoch kein großer Politiker. Er erreichte sein Hauptziel nicht, »die Unabhängigkeit des Kaisertums vom Papsttum zu behaupten«, weil er sich gleichzeitig noch mit deutschen Fürsten und italienischen Städten herumstritt. Wo lag da eine Analogie zur Gegenwart? Am 22. September 1854 schrieb Ranke seiner Frau von einem Ausflug mit dem Bayernkönig zum Untersberg, »in dessen Tiefe Karl der Große schlafen soll, um dereinst zu erwachen und das Reich zu seiner alten Größe zu erheben: wie in dem Kyffhäuser Friedrich der Rotbart«. Ja, wer denn? Keiner von beiden, doch der Größere war in seiner Epoche zweifellos Karl gewesen.

Rankes Verfahren ließ sich umkehren; wer von der gegenwärtigen Politik ausging, mußte vor einer Wiederholung der Stauferzeit warnen. Rankes ältester Schüler Heinrich von Sybel, Professor in Bonn, tat es 1862 in dem Buch »Die deutsche Nation und das Kaiserreich«. Barbarossa sei nur dem Namen nach ein deutscher König gewesen, »in Wahrheit aber nichts weiter als der Führer einer möglichst starken Fürstenpartei«. Das staufische Kaisertum habe »durch die päpstliche Erhebung auch in Deutschland alle prägnante Herrscherkraft eingebüßt«, schon unter dem Großvater, nicht erst unter dem Enkel. Barbarossa konnte des Reiches Herrlichkeit gar nicht in den Kyffhäuser hinab nehmen, weil er sie bereits verloren hatte. Deutsche Politik heute darf den großdeutschen, imperialistischen Staufern nicht ins Weite folgen, wenn sie nationale Einheit anstrebt.

Über diese Fehleinschätzung entsetzte sich Sybels Widersacher, der katholische Westfale Julius Ficker, Professor in Innsbruck. Sein Buch »Deutsches Königtum und Kaisertum« suchte 1862 nachzuweisen, daß das mitteleuropäische Kaisertum Barbarossas im Mittelalter machtvoll und segensreich war und für unsere Zeiten vorbildlich ist. Wer wie Ficker Habsburg und die großdeutsche Lösung der deutschen Frage unterstützte, durfte den Unterschied der Epochen gering schätzen und für einen Moment die Kaisersage als Zeugnis geschichtlicher Identität der Deutschen zitieren. Ficker verwies auf sie in einer ironischen Klage, die genau traf, was seine kleindeutschen Gegner allen Ernstes meinten: »Törichte Nation, die du noch immer auf den Kyffhäuser blickst, den Rotbart in seiner Kaiserherrlichkeit erwartest! Laß den Alten ruhen; bist du doch jetzt enttäuscht über den Wahn, in dem du seit Jahrhunderten befangen warst; was kann dir noch liegen an dem ohnmächtigen Namenkönige?«

Hatte Ficker nicht wenigstens insoweit recht, daß die Staufer zwar nicht im Streben nach Weltherrschaft, wohl aber als Schöpfer eines deutschen Nationalstaates für Preußen bewundernswert blieben? Das meinte, zwischen Sybel und Ficker vermittelnd, der Ostpreuße Ferdinand Gregorovius 1862 im vierten Band seiner »Geschichte der Stadt Rom im Mittelalter«. »Der unsterbliche Held Barbarossa, der wahre Kaiserkoloß des Mittelalters, lebt in der Geschichte Deutschlands fort als der Stolz der Nation, in der Volkssage als der Repräsentant der wiederkehrenden Herrlichkeit des Deutschen Reichs, aber in Italien sind seine Verheerungszüge und die Trümmer edler Städte ebenso viele Titel des Hasses gegen ihn, wenn auch der Charakter der Zeit ihn mildern muß.« Gewiß war die Verbindung Deutschlands und Italiens durch das Reich verhängnisvoll, doch darüber heute noch jammern wird bloß derjenige, »welcher die Weltgeschichte nur aus den beschränkten Maßen etwa vaterländischen Glücks betrachtet«. Das Einst und das Jetzt, die politische Praxis des staufischen Kaiserreichs und die des bürgerlichen Nationalstaates im 19. Jahrhundert, müssen sorgfältig voneinander unterschieden werden.

War es damit genug? Mußten die Historiker nicht auch das Selbstverständnis der Staufer säuberlich von ihrer geistigen Nachwirkung in späteren Jahrhunderten trennen, und was blieb dann von der Kyffhäusersage übrig? Johann Gustav Droysen schrieb schon 1855, damals als Professor in Jena, in der Einleitung zur »Geschichte der Preußischen Politik«: »An dem Namen der Hohenstaufen knüpfte sich unsrer Nation, solange sie das Gefühl ihrer Einheit bewahrte, und knüpft sich wieder, seit es sich ihr erneut hat, die Vorstellung höchster nationaler Machtentfaltung, das mahnende Bild dessen, was erstrebt sein will. Wieder ein Friedrich, so ward in der wüsten Hussitenzeit geglaubt, werde Deutschland retten und zu alten Ehren erhöhen; und an den alten Kaiser Rotbart, der nur des Erwachens harrt, ist in unsern Tagen wieder erinnert, nur nicht geglaubt worden.« So ehrwürdig der ghibellinische Traum war, Glaube und vollends Erinnerung allein bewirken in der tatsächlichen Geschichte wenig. Die wirkliche Keimzelle künftiger nationaler Machtentfaltung lag woanders, bei den brandenburgischen Hohenzollern, und sie war kein Hirngespinst.

Noch schonungsloser ging der Kreis um Sybel mit der Kaisersage um. Sybel selbst zog in einem Sendschreiben »Das neue Deutschland und Frankreich« vom 15. September 1866 in der Pariser »Revue des deux mondes« eine bestürzende Parallele: »Der Versuch zur Lösung der deutschen Frage im Jahre 1848 mußte scheitern, weil man in romantischer Begeisterung die Erneuerung des mittelalterlichen Kaiserreiches Friedrich Barbarossas anstrebte . . .« Wer die Zeiten nicht unterscheidet, interpretiert in die Geschichte seine Wunschbilder hinein und betrügt sich selbst. Am 19. September 1870 warnte Sybel in der »Kölnischen Zeitung« vor »gefühlsseligen Erinnerungen an unklare Ideale einer großen Zeit«. Im Grund schwärme man gar nicht für den historischen Staufer, »sondern für den Barbarossa, wie ihn sich die Jugend von 1813 eingebildet hat«.

Sybels politische These wurde wissenschaftlich untermauert von seinem Schüler Georg Voigt, dem Sohn des Deutsch-Ordens-Historikers, Professor in Leipzig. Sein Aufsatz in Sybels Historischer Zeitschrift Band 26 von 1871 stellte fest, die deutsche Kaisersage habe sich anfänglich an Friedrich II. geknüpft und sei erst durch Rückerts Gedicht nach 1813 endgültig auf Barbarossa übertragen worden. Die Verwirrung unter Gelehrten, welcher Friedrich zuerst, danach und schließlich gemeint gewesen sei, braucht uns hier nicht zu kümmern; die politische Stoßrichtung war eindeutig: Die vermeintlich seit Jahrhunderten bohrende Sehnsucht des Volkes nach Wiederkehr des Rotbarts war bloß eine moderne Fiktion der Poeten. Während früher die Sage vom Volk ausging und nur zufällig zu Papier kam, hat man sie in neuerer Zeit »erst auf literarischem Wege wieder aufgefrischt und dem Volke zugeführt«. So skeptisch wie die vergangene schätzte Voigt die künftige Lebensdauer der Kaisersage ein. Mit der Erfüllung der Sehnsucht, nach den »jüngsten Ruhmestagen«, werde sie »vielleicht zur Ruhe eingehen«. Ein neues deutsches Kaisertum müßte aus der politischen Entwicklung der letzten Jahrzehnte hervorgehen, nicht aus poetischen Erwartungen der jungen Kaisersage und nicht aus historischen Feststellungen zum Kaisertum des 12. Jahrhunderts.

Am schwersten wog das Urteil Rankes, der offizieller Historiograph des preußischen Staates war. In einer handschriftlichen Notiz über das deutsche Kaisertum hielt er nach dem Dezember 1870 die neue Würde des Preußenkönigs nicht wie andere Berliner für einen bloßen Titel ohne Zuwachs an wirklicher Macht. Er könne künftig zu Gewicht gelangen, habe aber jetzt schon große Bedeutung in bezug auf die Vergangenheit Preußens. Denn das Kaisertum sei »die Vollendung des preußisch-deutschen Gedankens«, den Friedrich der Große im Siebenjährigen Krieg grundgelegt habe, in der Abwehr der Franzosen und Russen vom deutschen Reich. Auch jetzt sei die Kaiserwürde gleichsam der Preis des Sieges über Frankreich. Wie Ranke das Kaisertum in die monarchische Tradition Preußens einband, so trennte er es in einem Brief an Wilhelm I. vom 22. März 1871 scharf von der Volkskaiseridee des Jahres 1848; auf Wirklichkeit und Idee des staufischen Kaisertums ging er überhaupt nicht ein. In der Kaiserkrone stelle sich die Verbindung Preußens mit dem größten Teile von Deutschland dar: die Kaiserkrone sei Wilhelm nicht durch Willkür (wie Napoleon 1804) oder die Wahl Unberechtigter (wie 1849) zugefallen, »sondern infolge der großen Ereignisse, durch eine unabweisliche Verflechtung der Dinge, welche der Historiker mit freudigem Glückwunsch begrüßt«. Der Historiker weder als Prophet des Wünschbaren noch als Archivar des Verfehlten, sondern als Herold des eintretenden Erfolgs.

Zusammengefaßt: Die Suche nach der deutschen Identität wurde zwischen 1849 und 1866 nicht mehr von Erwartungen, sondern von Erfahrungen bestimmt. Barbarossas Gestalt verblaßte rasch; dazu trug das meiste die aufblühende Geschichtswissenschaft bei, deren Schwerpunkte in preußischen Universitäten lagen, besonders in Berlin. Fachhistoriker zerschlugen die Verquickung von Vergangenheit und Zukunft durch das Grundaxiom des Historismus, daß die Menschen vornehmlich mit ihren eigenen Zeitgenossen zu identifizieren seien. Sie machten Barbarossa in der Geschichte seines Geschlechts und Jahrhunderts dingfest. Er hatte Niederlagen erlitten, er hatte nicht Deutschland gefestigt. Die Italienpolitik hatte

mußten im Norden aufhorchen lassen. Der Norddeutsche Bund sollte jetzt, nachdem Österreich ausgeschaltet war, ehrlich um die süddeutschen Staaten werben; wenn sie noch immer an dem Barbarossa ihrer Poeten hingen, warum ihnen nicht entgegenkommen?

Leicht fiel den Preußen die Wendung nicht; man sieht es an der politischen Posse »Der alte Barbarossa«, die der Dramaturg und Journalist Karl Biltz in Berlin 1866, kurz vor dem preußisch-österreichischen Krieg des Jahres, drucken ließ. Sie spielte 1863, zur Zeit des Frankfurter Fürstenkongresses, und ließ eine lustige Berliner Reisegesellschaft vor den Ruinen des Kyffhäuser das zornige Erwachen Barbarossas miterleben. Die Berliner nehmen den originellen Alten mit nach Hause, wo er freilich seine angeblichen Verehrer bitter enttäuscht. Ein Dichter im Stil des 1852 verstorbenen Raupach hat gerade »der Hohenstaufen-Tragödien zwölften Teil« verfaßt und fühlt sich von Barbarossa mißverstanden. Ein Historiker beleuchtet ihn »im Lichte unserer modernen kritischen Geschichtswissenschaft«, das heißt der Sybelschule, und findet Barbarossas Leben verfehlt, den deutschen Interessen zuwiderlaufend. Auch die politischen Parteien Berlins, die Konservativen wie die Fortschrittlichen, können mit dem Staufer nichts anfangen. Das wiederholt sich beim Frankfurter Fürstenkongreß, wo Barbarossas Auftreten nur Unruhe stiftet und den Streit zwischen Österreich und Preußen neu entfacht; am Ende sind sich alle Gesandten gegen den alten Kaiser einig. Nach seiner Rückkehr wird ihm in Berlin die Kaiserkrone angetragen durch Delegationen von Professoren, Studenten und Arbeitern; doch dann erscheint ein preußischer Schutzmann und weist Barbarossa aus dem Land. Er kehrt in seinen Kyffhäuser zurück, denn in das 19. Jahrhundert paßt er nicht. Zwar finden die Grundsätze von deutscher Einheit und Vaterlandsliebe, die er verkündet, beim einfachen Volk Beifall, aber auf das Volk kommt es nicht an. Bei Biltz regten sich immerhin zum ersten Mal preußische Sympathien für den alten Barbarossa.

Sie wurden mächtig entfacht durch den Ausgang des preußisch-österreichischen Krieges von 1866. Einer der ersten Norddeutschen, die sie unzweideutig bekundeten, war Julius Rodenberg. In Kriegsliedern »Für Schleswig-Holstein!« hatte der hessische Gymnasiast 1850 noch einmal, als einer der letzten, Rückerts Fassung der Kaisersage verwendet: Er habe den deutschen Kaiser im Kyffhäuser geweckt und ihn, als er weiterschlafen wollte, beschworen, »nur einmal noch« auf das Herannahen des Morgens zu vertrauen. Es war umsonst gewesen, Preußen hatte Schleswig-Holstein preisgegeben. Das war inzwischen für den Wahlberliner ferne Jugendzeit; nach der Schlacht von Königgrätz, noch 1866, modelte sein »Lied vom Kaiser« die Sage entschlossen um. »Der Kaiser«, dessen Personenname nicht erwähnt wird, ist im Kyffhäuser aufgewacht, nach Jahrhunderten ungestörter Stille, als wäre es zum allerersten Mal; der »Tritt von Marschkolonnen« hat ihn aufgeschreckt. Er schickt einen Zwerg hinaus, um zu erfahren, wer die Schlacht gewann. Der Zwerg kommt traurig zurück: »Der Aar, dess' rauschendes Gefieder Uns einst erglänzt, der ist es nicht! Ein neuer Aar ist aufgestiegen, der weithin ob den Landen kreist; Und jauchzend folgt, gewohnt zu siegen, Ein neues Volk, ein neuer Geist.« Pfizers Preußenadler hat den Kaiseradler überwältigt, zugleich jedoch die Raben nach Süden gejagt. Da erkennt der Kaiser, daß »der große Tag« da ist, daß dem neuen Adler Reichsschwert und Kaiserkrone gebühren. »Wohl ist das Neue nicht dem Alten, So wie wir einst es schauten, gleich: Doch wer vermag den Geist zu halten? Er gründet sich sein eigen Reich.«

Das Poem war schlecht und konnte den »Geist« nicht halten, aber die Idee war neu und hübsch: Der alte Barbarossa würde gar nicht wiederkehren, sondern Wilhelm von Preußen seine Kaiserkrone übergeben, so als hätte zwischen beiden Habsburg nie das Kaisertum besessen. (Nach der Übergabe mochte Barbarossa sich endlich erlöst fühlen und gen Himmel fahren: »Gern will ich mich aufwärts wenden, Daß ich bei den Sel'gen wohne«, wie sich der Bäckermeister Heinrich Wilhelm Daniel aus Bleicherode am Harz im Februar 1868 das christliche Happy-End ausmalte.) Daß die Kaisersage helfen konnte, Österreich aus der deutschen Geschichte zu vertreiben, begriff auch der bedeutende Breslauer Staatsrechtler Professor Hermann Schulze. Wenige Tage nach dem Friedensschluß vom 23. August 1866 schrieb er für die »Schlesische Zeitung« den Artikel »Die Friedensbestimmungen in ihrem Verhältnisse zur Neugestaltung Deutschlands«; da stand mit deutlicher Spitze gegen Klopp: »Ja wir ehren selbst in der Sage vom schlafenden Kaiser den tiefen volkstümlichen Sinn, aber nimmer wollen wir die blonden Locken der Hohenstaufen verwechseln mit den Perücken der Ferdinande und Franze.« Mit dem roten Bart nahm man es tunlich nicht genau.

Voll ausgebildet wurde der Gedanke von der politischen Hebelwirkung der Staufergeschichte durch Gustav Freytag. Er war inzwischen einflußreicher Redakteur in Leipzig geworden, hochangesehen beim preußischen Hof, besonders beim Kronprinzen Friedrich, der das künftige Kaisertum an das mittelalterliche anlehnen wollte. Im Oktober 1866 schrieb Freytag im Vorwort seiner »Bilder aus der deutschen Vergangenheit«: »Seit dem Staufen Friedrich I. haben neunzehn Geschlechter unserer Ahnen den Segen eines großen und machtvollen deutschen Reiches entbehrt, im zwanzigsten Menschenalter gewinnen die Deutschen durch Preußen und die Siege der Hohenzollern« ihren Staat zurück. Reich und Staat waren freilich nicht miteinander identisch, Staufer und Zollern wollten verschiedenes. Freytags Kapitel »Aus der Hohenstaufenzeit« machte den Unterschied zwischen einst und jetzt deutlich. Barbarossa jagte in verhängnisvollem Irrtum der alten Idee römischer Weltmonarchie nach; sie trieb ihn zum Kampf gegen Papsttum und Städte Italiens, während die Macht des deutschen Reiches verfiel. Die Volkssage vom schlafenden Kaiser traf die historische Wahrheit über Barbarossa bloß in einem, Droysens Punkt: »Seit ihm war die Herrlichkeit des deutschen Reiches bis in unsere Zeit Sage, Traum und Sehnsucht.« In ihrem mythischen Kern meinte die Sage nicht Friedrich persönlich. »Erst war dieser schlummernde Herr des deutschen Winters ein alter Heidengott gewesen, dann wurde es Karl, dann Kaiser Friedrich.« Erst allmählich bildete sich das Volk »die Ähnlichkeit des Hohenstaufen mit dem verdämmerten großen Kaiser der Vorzeit« aus. Das lehrten ja die Fachhistoriker: Der mythische Rotbart hatte mit dem geschichtlichen Barbarossa wenig gemein. Im Grund interessiert heute weder der eine noch der andere, sondern etwas Drittes.

»Nicht die politischen Erfolge und Niederlagen der Hohenstaufen waren das Größte, was sie den Deutschen bereiteten. Der beste Segen jedes großen Herrscherlebens ist, daß es Glanz und Wärme in Millionen Herzen sendet. Mit den Anforderungen, die es seinem Volke zumutet, erweckt es auch Begeisterung und ein edles Selbstgefühl, Steigerung der nationalen Kraft auf jedem Gebiete irdischer Interessen, größeres Urteil und eine Fülle von poetischen Empfindungen. Dieser Segen eines starken Lebens wirkt noch dann einen unendlichen Kulturfortschritt des Volkes, wenn sich als Irrtum erweist, was den Herrschenden selbst für das höchste Ziel ihrer Kämpfe galt. Auch der Gewinn, welchen die Hohenstaufenherrschaft den Deutschen brachte, ist ein immerwährender geworden, und wir alle leben und atmen darin. Der große Staufenfürst, welcher der Nation diesen Gewinn bereitete, war Friedrich der Rotbart.« Geschichte ist nicht so sehr, was einmal gewesen ist oder was man über Kommendes erzählt hat, vielmehr das, was heute wirkt; sie stiftet im Volk das Selbstgefühl geschichtlicher Identität. Es sei, wie Freytag am Schluß des Werkes schrieb, »das Recht der Lebenden, alle Vergangenheit nach dem Bedürfnis und den Forderungen ihrer eigenen Zeit zu deuten.« Das war gefährlich, aber ehrlich.

Freytag unterschätzte das Eigengewicht einer akzeptierten Vergangenheit; bald mußte er gegen Folgen einer Verbindung kämpfen, die er geknüpft hatte. Seinem Freund, dem preußischen General Albrecht von Stosch, schrieb er am 17. April 1870, die preußische Königswürde biete ein modernes Vorbild für das Volk, in der Gestalt des höchsten Staatsbeamten, der arbeitet, exerziert und Akten liest. Die Kaiserwürde sei hingegen hohler Schein und Flitterkram. »Im Volke lebt durchaus keine Sehnsucht nach einem Kaiser, auch die Kyffhäusersage wird fast nur durch unsere Altertümler gepflegt.« Eine politische Ideologie mußte sich an starke Persönlichkeiten anschließen, nicht an bombastische Insignien und Festlichkeiten; sonst gerann sie zu konservativer Tradition und behinderte die Zukunft.

Es ging indes um mehr als das Recht der Lebenden: um historische Perspektiven ging es, sobald der Deutsch-Französische Krieg 1870 heraufzog. Die preußische Geschichte der letzten Jahrhunderte ergab, für sich genommen, keinen gesamtdeutschen Sinn. Das begriff der nationalliberale Publizist und Historiker Heinrich von Treitschke rasch. Noch 1864 hatte er boshaft von den »Kyffhäuserdeutschen« gesprochen und wollte auch 1870 die Zollern nicht den Staufern ausliefern. Doch alsbald nach der Kriegserklärung, am 30. Juli 1870 veröffentlichte er in der Kölnischen Zeitung »Ein Lied vom schwarzen Adler«, den Entwurf einer preußisch-deutschen Geschichte. »Zwei Jahrhunderte hindurch« folgte das Volk dem Siegeszug des schwarzen Preußenadlers. Als das Reich blutend darniederlag und Ausländer in deutschen Landen hausten, wurde er des Reiches Mehrer, »junger Aar von Fehrbellin«. Als sich Deutschland gegen welschen Trug erhob, flog er ob dem Preußenland, »starker Aar von Waterloo«. Jetzt, wo der freche Franke unsres Königs greises Haupt verhöhnt, wird Preußen unter Wilhelms Führung den Straßburger Dom und den deutschen Rhein befreien, wie es Habsburgs Scharen schlug. »Aber dann durch Berg' und Forsten Fliege heim, du Königsaar, Zu den schwäb'schen Felsenhorsten, Wo einst deine Wiege war.« Denn längst fragt das Volk: »Wird uns neu versunk'nes Glück, Kehrt der Staufen Reich zurück?« Nach dem sicheren Sieg über Frankreich wird sich der Kreis der deutschen Geschichte schließen: »Wahrheit wird der Dichter Traum; Deinen Fittich sollst du breiten Über Deutschlands fernsten Raum. Nimm der Staufen heil'ge Krone, Schwing den Flamberg der Ottone, Unsres Reiches Zier und Wehr – Deutschland frei vom Fels zum Meer!«

Treitschkes Gedicht, sofort berühmt geworden, stellte die Zollern schon für das Mittelalter dicht neben die Staufer. Danach erbten sie, unter Umgehung des Hauses Habsburg, die Aufgabe von Kaiser und Reich, zuerst in Gestalt des Großen Kurfürsten 1675. Vollends in den Freiheitskriegen von 1813 repräsentierte der Preußenadler das ganze Deutschland, von neuem seit 1866 unter König Wilhelm, in der ewigen Frontstellung gegen Habsburg und Frankreich. Treitschke verband das kommende zweite Reich mit dem vergangenen ersten, den Preußenadler mit dem Reichsadler; zwar vermied er die unmittelbare Beschwörung Barbarossas, aber mit der heiligen Krone der Staufer übernahmen die Zollern das Unterpfand des ewigen Deutschland. So verstand es im Dezember 1870 auch Ludwig Karl Aegidi, Mitbegründer des Nationalvereins und nationalliberaler Professor in Bonn, in einem Gedicht »1870«, das in Rodenbergs »Salon« erschien. Der Kaiser im Kyffhäuser wird auferstehen, nicht Barbarossa, sondern das Erbkaisertum: »Es senkt die Deutsche Krone, Mit Lorbeer frisch umlaubt, Luisens Heldensohne Sich auf das teure Haupt«. So tönte es auch aus der konservativen »Kreuzzeitung«, in einem anonymen Gedicht »Barbarossas Erwachen« vom Januar 1871. Der greise Kaiser spricht zu König Wilhelm: »Du Held auf hohem Throne, Aus alter deutscher Art, Hier ist die Kaiserkrone, Die ich Dir aufbewahrt. Ich kehre zum Kyffhäuser Und schlafen geh' ich gleich – Heil Dir, Du deutscher Kaiser, Du heil'ges deutsches Reich!« War das wirklich bloß eine Wachablösung, nach der sich Barbarossa für immer zur Ruhe legen würde?

Freytag wehrte sich verzweifelt. In der ersten Nummer der Zeitschrift »Im neuen Reich« veröffentlichte er zu Neujahr 1871 den satirischen Dialog »Die Kaiserkrone«. Ein Preuße bemerkt, halb herablassend, halb erbost: »Kiffhäuser heißt ein Hügel in Schwarzburg-Rudolstadt, Dort haust in Spinneweben die Kaisermajestat.« Ein Schwabe weist ihn zurecht: »Sei ernsthaft. Alt Verblichnes lebt auf in schönrem Glanz, Die Krone liegt in Arbeit.« Ei, das war ja das Schlimme! Freytag insistierte im selben Blatt mit dem Artikel »Neues und altes Kaiserzeremoniell«. Zur Eröffnung des ersten deutschen Reichstags am 21. März 1871 hatte man von Goslar einen »geheimnisvollen Stuhl aus dem Urwald deutscher Geschichte« herbeigeschleppt, ehrwürdigen Trödel, der ins Museum gehörte. »Ja, wir haben eine entschiedene Abneigung, Erinnerungen an das alte Kaisertum des heiligen römischen Reiches im Hause der Hohenzollern wieder aufgefrischt zu sehen. Wir im Norden haben den Kaisertitel uns – ohne große Begeisterung – gefallen lassen, soweit er ein politisches Machtmittel ist, unserem Volke zur Einigung helfen mag und unseren Fürsten ihre schwere Arbeit erleichtert. Aber den Kaisermantel sollen unsere Hohenzollern nur tragen wie einen Offiziersüberrock ... Ihr Kaisertum und die alte Kaiserwirtschaft sollen nichts gemein haben als den – leider – römischen Cäsarnamen.« Gut und schön, aber wie konnte ein bloßer Name dem Volke zur Einigung helfen? Mußte es nicht den Mann mit dem Ornat identifizieren? Und war er dann nicht unweigerlich mit dem Mann im Kyffhäuser identisch, der den gleichen Ornat getragen hatte?

Zu den Berliner Festlichkeiten im Juni 1871 lud der preußische Kronprinz Freytag ein; er sah sich die Parade am 16. Juni an, für ihn die einzige »öffentliche Handlung, bei welcher der Kaiser vor seinem Volk in wirklicher Machtentfaltung erscheint«. Ob er am nächsten Abend mit dem Kronprinzen die Festvorstellung im Opernhaus besuchte? Er hätte sich noch mehr als Hohenlohe geärgert, wie elend die Bilder aus der deutschen Vergangenheit zusammengeflickt wurden. Ein paar Tage darauf, am 20. Juni, schrieb Freytag seinem Freund Herzog Ernst von Coburg: »Die neue Organisation des heiligen römischen Reiches ist ein so seltsam durchlöcherter Bau, daß selbst Fürst Bismarck nicht auf die Länge darin hausen kann. Und käme einmal ein Sturm, so mag das provisorische Gebäude zerworfen und zerblasen werden, als wäre es nie dagewesen.« Freytag hatte die Ideologie als politisches Machtmittel einsetzen wollen; aber nun wurde er die Geister nicht los, die er gerufen hatte; sie standen in Berlin auf der Bühne und machten Geschichte.

Zusammengefaßt: Zwischen 1866 und 1870 war die politische Identität der Deutschen kaum mehr umstritten; ihr neuer Staat würde durch den preußischen König geeint und geführt werden. Die kulturelle Identität des künftigen Deutschland blieb jedoch unentschieden; es besaß keine gemeinsamen Erinnerungen aus jüngerer Vergangenheit. Die romantische Erwartung von Rotbarts Wiederkehr war durch die Erfahrung widerlegt, der Rückgriff auf den geschichtlichen Barbarossa durch die Wissenschaft verwehrt; daran war nichts zu ändern. Von der älteren Geschichte blieben fast nur Ressentiments und Mythen übrig, insbesondere in den süddeutschen Ländern, die politisch in den Norddeutschen Bund hineinwachsen sollten. Sie waren geistig nur zu integrieren, wenn statt der nicht vorhandenen Kontinuität gewachsener Geschichte wenigstens eine punktuelle, notgedrungen ideologische Gemeinsamkeit von Erinnerungen geschaffen wurde. Zu dieser Identitätsstiftung eignete sich das mittelalterliche Kaisertum der Staufer besonders gut. Jetzt wirkte sich aus, daß die Dichter fünfzig Jahre lang von Barbarossa und Konradin gesungen hatten; sie wurden tatsächlich populär und erschienen häufiger als in esoterischer Poesie und Historie in Trivialromanen und Zeitungen. Sie erweckten allenthalben Vertrauen, der bärtige Vater, das unschuldige Kind.

Die emotionale Vorgabe ließ sich politisch nutzen. Die alte Formel Kaiser und Reich gewann den föderalistischen Süden für den neuen Einheitsstaat, nicht nur das Volk, das von seinen Kaisern vage träumte. Die monarchische Reichstradition verhinderte weitere Experimente mit einem plebiszitären Volkskaisertum. Die deutschen Fürsten brauchten um ihre Selbständigkeit nicht zu fürchten. Die Bezugnahme auf staufische Kaiser erklärte die habsburgischen Jahrhunderte zur unwichtigen Hohlperiode. Allerdings barg die Manipulation von Erinnerungen die Gefahr in sich, daß der universalistische Kaiserprunk aus dem Mittelalter die Entwicklung eines modernen Nationalstaats lähmte. Der Ausweg, den Freytag mit zahlreichen Helfern fand, war die Beschränkung auf politische Ideologie, die zwar an der Basis Erinnerungen aktivierte, sie an der Spitze aber nicht realisierte. Barbarossa als Opium fürs Volk. Der Staufer, dessen persönliches Gesicht verwischt war, sollte überdies nur als Provisorium dienen, bis das neue Kaiserreich seine Identität gefunden und selbst Geschichte gemacht hätte. In der Punktualität lag die integrierende Wirkung dieser Erinnerungen. Ihr Zweck war mit der Kaiserproklamation 1871 erreicht.

Aber sie entfalteten Eigenleben; der alte Barbarossa war plötzlich keine vage Erinnerung mehr, sondern wurde fast die Verkörperung der momentanen Praxis, ein Repräsentant der Berliner Politik von 1871.

Die Entscheidenden

Kanzler. Daß im Juni 1871 der Staufer neben den Zollern gestellt, überhaupt Geschichte auf die Bühne der Berliner Staatsoper gebracht wurde, folgte weder aus der unabweislichen Verflechtung historischer Dinge noch aus der Fülle poetischer oder publizistischer Empfindungen; es war eine politische Entscheidung zur Geschichte, eine Vorwegnahme des Erstrebten, als wäre es das längst Erreichte. Der Kanzler Graf Otto von Bismarck hatte die Entscheidung getroffen, sein Monarch Wilhelm I. hatte sie gebilligt. In der kurzen Kaiserproklamation »An das deutsche Volk«, die Bismarck auf Befehl Wilhelms am 18. Januar 1871 im Spiegelsaal des Versailler Schlosses verlas, kam Geschichte zweimal vor. Wilhelm bekundete im ersten Satz, daß »die deutschen Fürsten und freien Städte den einmütigen Ruf an Uns gerichtet haben, mit Herstellung des Deutschen Reiches die seit mehr denn 60 Jahren ruhende deutsche Kaiserwürde zu erneuern und zu übernehmen«. Wohlgemerkt, Kaiser und Reich bezogen ihre Legitimation nicht aus der Vergangenheit, sondern aus dem Ruf der Fürsten und dem Sieg über Frankreich, der Deutschland herstellte. Der Hinweis auf die 64jährige kaiserlose Zeit markierte den Bruch, nicht den Zusammenhang mit dem alten Reich der Habsburger Kaiser. Im zweiten Satz hoffte Wilhelm, »daß es der deutschen Nation gegeben sein werde, unter dem Wahrzeichen ihrer alten Herrlichkeit das Vaterland einer segensreichen Zukunft entgegenzuführen«. Eine moderne Nation schuf sich ihre Zukunft; bloß die Kaiserwürde erinnerte an die alte Herrlichkeit. Sie aber war offenkundig nicht habsburgisch, sondern »des Reiches Herrlichkeit«, die laut Rückerts Gedicht von 1817 der alte Barbarossa, der Kaiser Friederich hinab genommen hatte.

Was hier aller Welt verkündet wurde, war Bismarcks Konzept seit Ende 1869. Der neue deutsche Staat und sein Herrscher sollten anstelle der nüchternen Titel »Präsidium« und »Bund« die historisch klangvollen »Kaiser« und »Reich« erhalten, zum einen mit Rücksicht auf die deutschen Fürsten, zum andern im Hinblick auf das deutsche Volk. Dem bayerischen Unterhändler Graf Max von Berchem teilte Bismarck am 17. Oktober 1870 vertraulich mit, er lege großen Wert auf die Kaiserkrone, wenn sie spontan von den deutschen Fürsten, nicht vom Volk angeboten werde; sie solle »ein bloßes auf Geschichte gestütztes Symbol der Selbständigkeit der deutschen Fürsten« werden. Nach außen und nachträglich, 1892 in den »Gedanken und Erinnerungen«, lautete Bismarcks Begründung: »Die Annahme des Kaisertitels durch den König bei Erweiterung des Norddeutschen Bundes war ein politisches Bedürfnis, weil er in den Erinnerungen aus Zeiten, da derselbe rechtlich mehr, faktisch weniger als heute zu bedeuten hatte, ein werbendes Element für Einheit und Zentralisation bildete.« Bismarcks Äußerungen waren so ambivalent wie das auf Geschichte gestützte Symbol selbst: Es sollte die Selbständigkeit der Fürsten wahren und doch die Zentralisation des Volkes fördern; es sollte bloßes Symbol sein und doch faktisches Gewicht haben. In ihrer Vieldeutigkeit lag die integrierende Wirkung der Kaiserkrone, und die Vieldeutigkeit war geschichtlich begründet; wenn sie werbend wirkte, mußte man sie benutzen, um das politische Ziel, Herstellung des deutschen Reiches, zu verwirklichen.

Wer von Kaiser und Reich sprach, mußte mit Folgewirkungen der Geschichte rechnen, vor denen Freytag warnte. Bismarck nahm sie nicht ernst, weil er nicht wortgläubig war, und wies Freytags ersten, außenpolitischen Einwand in den »Gedanken und Erinnerungen« zurück. »Es lag heutzutage keine Gefahr vor, daß der Titel, welcher allein in der Erinnerung des Volkes lebt, dazu beitragen würde, die Kräfte Deutschlands den eigenen Interessen zu entfremden und dem transalpinen Ehrgeize bis nach Apulien hin dienstbar zu machen.« (Bis nach Apulien hin: Das zielte auf Friedrich II. und nahm Barbarossa stillschweigend von der Kritik aus.) Eine imperialistische Politik könnte demnach höchstens von Kaiserträumen im Volk ausgehen; sie wären harmlos, weil Außenpolitik von den herrschenden Realisten gemacht würde. Freytag fürchtete zweitens innenpolitische Folgen eines Kaiserkultes. Darauf antwortete Bismarck mit der ersten öffentlichen Äußerung über Barbarossa, vor dem Reichstag des Norddeutschen Bundes am 24. Februar 1870. Ein Antrag, die Bestrebungen des Großherzogtums Baden um Eingliederung in den Norddeutschen Bund anzuerkennen, kam Bismarck überraschend und ungelegen. Er erwiderte, der preußische König übe in Süddeutschland ohnedies ein Stück kaiserlicher Gewalt aus, »wie es im Besitze der deutschen Kaiser seit fünfhundert Jahren nicht gewesen ist«.

Auf Zwischenrufe reagierte er so: »Wo ist denn – seit der Zeit der *ersten* Hohenstaufen – ein unbestrittener Oberbefehl im Kriege, eine unbestrittene Sicherheit der Gemeinschaft, denselben Feind und denselben Freund im Krieg zu haben, in deutschen Landen vorhanden gewesen? Wo ist denn eine wirtschaftliche Einheit vorhanden gewesen, an deren Spitze der deutsche Kaiser gestanden hätte? Der Name macht es nicht! Aber ... das Haupt des Nordbundes hat in Süddeutschland eine Stellung, wie sie seit dem Kaiser Rotbart ein deutscher Kaiser nicht gehabt hat, und dieser doch auch nur, wenn sein Schwert gerade siegreich war, vertragsmäßig und allgemein anerkannt nicht.« Kaiserliche Gewalt bedeutete für Bismarck »Gemeinsamkeit der Tatsachen«, Oberbefehl im Krieg, Außenpolitik, Wirtschaft, gegründet auf rechtlichen Vertrag und Anerkennung der deutschen Länder. Daß Preußens deutsche Hegemonie 1870 sehr wohl von seinem siegreichen Schwert abhing, sei nebenbei vermerkt; jedenfalls vertraute Bismarck dem Schwergewicht der allgemein anerkannten Tatsachen, nicht den Imponderabilien von Name und Gepränge.

Bismarcks Geschichtsbild war von seiner Politik bestimmt; er dachte nicht im Ernst an Identifikation zwischen altem und neuem Kaisertum. Im letzten Streit mit Wilhelm I. um die Formulierung des Kaisertitels machte Bismarck im Immediatbericht vom 14. Januar 1871 neben politischen Gründen immerhin geltend, der von ihm vorgeschlagene Titel »Deutscher Kaiser« schließe sich »an die Traditionen des alten Reiches« an und entferne sich »so wenig als möglich von der Form des Titels, welchen die großen Kaiser des Mittelalters geführt haben, während der Titel ›Kaiser von Deutschland‹ *niemals* geführt worden ist«. Doch das formale Argument appellierte an das Traditionsbewußtsein des Monarchen und ließ Bismarck persönlich kalt.

Für ihn waren die Staufer tot und kamen nicht wieder. Als Bismarck am 7. Mai 1860 untätig in Berlin herumsaß, schrieb er seiner Frau: »Ich aber bin vom Rad der Zeit hier vergessen wie der Rotbart im Kyffhäuser, warte und warte auf Dinge, die nimmer kommen.« Wie seine Zukunft, so war seine Vergangenheit nicht mit den Staufern verbunden. Der märkische Edelmann kannte seine geschichtliche Identität und beschrieb sie seiner Braut am 4. März 1847 in einer Reihe Lebender Bilder: » ... wie die Bilder im

Hause und in der Kirche sie zeigen, vom eisenklirrenden Ritter auf den langgelockten zwickelbärtigen Kavalier des 30jährigen Krieges, dann die Träger der riesenhaften Allonge-Perücken, die mit ›talons rouges‹ auf diesen Dielen einherstolzierten, und den bezopften Reiter, der in Friedrichs des Großen Schlachten blieb, bis zu dem verweichlichten Sprossen, der jetzt einem schwarzhaarigen Mädchen zu Füßen liegt.«

Sogar mit den Hohenzollern identifizierte sich Bismarck erst, seitdem sie in Brandenburg saßen. Seine persönliche Treue zum angestammten Herrscherhaus erstreckte sich nicht auf dessen staufische Vorgänger, zumal er nicht an den schwäbischen Zusammenhang zwischen Staufern und Zollern glaubte, den sein Intimfeind, Preußens Oberzeremonienmeister Graf Rudolf von Stillfried-Alcantara propagierte. Am 6. Juni 1876 erzählte Bismarck der Baronin Spitzemberg »über die Urgeschichte der Hohenzollern, die eigentlich Babenberger oder Grafen von Rötsch seien, weil der Zusammenhang zwischen den Burggrafen von Nürnberg und den alten Zollern urkundlich, trotz Stillfried und Konsorten, sich nicht nachweisen lasse«. Nein, den Staufern war Bismarck nichts schuldig.

Ernst war ihm etwas anderes, der mythische Nimbus um Kaiser Wilhelm I. Diese antizipierende Monumentalität sollte dem neuen Staat vorläufigen Halt verleihen, bis er seine eigene Identität gefestigt haben würde. Wilhelm I. würde die Identifikation mit der greisen Vaterfigur der deutschen Geschichte gewiß nicht mißbrauchen; danach sollten andere weitersehen. Um dieses gemeinsamen, gegenwärtigen Zieles willen setzte Bismarck die Geschichte als Ideologie ein, wie es Publizisten vorgeschlagen hatten. Um dieses Zieles willen verhielt sich Bismarck zur Barbarossa-Ideologie nicht so abweisend, wie es seinen persönlichen Überzeugungen entsprach. So dürfte er am 17. Juni 1871 den Beginn von Heins Festspiel mit einigem Unbehagen, den Schluß mit ungeteilter Zustimmung betrachtet haben. Daß die Verbindung zwischen Anfang und Ende das Allerwirksamste werden könnte, ahnte er nicht.

Monarch. Wilhelm I. von Preußen empfand sich 1849 selbst als lederne und praktische Natur ohne Einschlag von poetischer oder professoraler Phantasie. Aber Geschichtsbewußtsein besaß er. Denn Geschichte war ihm beinahe identisch mit Repräsentation in jedem Wortsinn, mit Vergegenwärtigung des Altehrwürdigen, mit würdevollem Auftreten vor Zeitgenossen, mit Stellvertretung des Staates durch Personen. Seit 1866 wußte Wilhelm, daß er nicht mehr nur Preußen zu repräsentieren hatte. Er betonte in der Thronrede, die am 24. Februar 1867 den konstituierenden Reichstag des Norddeutschen Bundes eröffnete: »Die Geschichte unserer Zeit ist erfüllt von den Bestrebungen, Deutschland und dem deutschen Volke die Größe seiner Vergangenheit wieder zu erringen.« Anfang Juli 1867 sagte Wilhelm zum italienischen Kronprinzen Humbert, »daß er die Vollendung des Kölner Domes beschleunige, um sich dort zum Kaiser von Deutschland krönen zu lassen«. Wilhelm hatte am 4. September 1842 in Köln zugehört, als sein königlicher Bruder Friedrich Wilhelm IV. den Weiterbau des unvollendeten Domes mit den Worten einleitete: »Nie ziehe jemals wieder der Geist hier ein, der einst den Bau dieses Gotteshauses, ja – den Bau des Vaterlandes hemmte. Der Geist, der diese Tore baut, ist derselbe, der vor 29 Jahren unsere Ketten brach – es ist der Geist deutscher Einigkeit und Kraft.« An diese Worte erinnerte sich Wilhelm noch fast vierzig Jahre später. Der Kölner Dom, den 1842 ein Dichter mit dem Kyffhäuser verglich, war ein Denkmal vergangener Größe und unvollendeter Einheit Deutschlands.

Kurz darauf fuhr Wilhelm nach Süddeutschland, um am 3. Oktober 1867 die restaurierte Burg Hohenzollern einzuweihen. Auf seinen ausdrücklichen Wunsch wurde ihm dort eine Adresse des Norddeutschen Reichstags überreicht, die den künftigen Beitritt der Süddeutschen zum Norddeutschen Bund begrüßte. Wilhelm sagte in seiner Antwort: »Daß die hergestellte Stammburg der Hohenzollern am Tage ihrer Einweihung Zeuge des Ausspruches des Norddeutschen Reichstags gegen mich ist, beweist, daß die Vorsehung mit dem Geschlecht, das hier entsproß, daß sie mit Preußen war und ist.« Auch die Burg Hohenzollern war ein Denkmal, das mittelalterliche Größe und künftige Einheit Deutschlands sichtbar werden ließ. Gewiß wurden dem König damals die anonymen Verse nicht vorenthalten, die den Grafen Stillfried, den für die Restaurierung der Burg Verantwortlichen, entzückten. Die »Hohenzollerischen Blätter« druckten sie als Gruß der schwäbischen Landschaft.

»Ihre Gedanken reihen Dich an dem gewaltigen Führer,
Den in verworrener Zeit sie auch dem Volke gebar,
Der – auch ein König und Held – die vaterländischen Marken,
Groß in Wollen und Tun, hat mit dem Schwerte beschützt;

Unentwegt durch heimischen Neid und allerlei Bannung
Hielt er die Fahne des Reichs aufrecht in tapferer Hand.
Er zwar ging unter im Strom bei unvollendetem Werke,
Glücklich schon über den Strom trug Dich Dein mutiges Roß.
Was nicht dem Staufen gelang, o König, Dir woll' es gelingen,
Und Barbarossas Traum werde zur Wahrheit durch Dich!
Nicht in der Mythe nur mehr, nicht mehr in der dunkelen Berg-
    kluft
Sitzt er und träumt er am Tisch, hält ihn gefangen der Stein;
Schon im Herzen des Volks und sein nahes Erwachen empfin-
    dend
Träumt er ein einiges Reich, spricht Deinen Namen dazu.«
Diese süddeutsche Variante von Rodenbergs Idee mußte den
König bewegen, weil er schon in den 1830er Jahren oft mit Rau-
pach, dem Dichter der Barbarossa-Dramen, über Deutschlands
Einheit diskutiert hatte und weil dem Haus Hohenzollern hier
ohne Umweg über ein Denkmal die Repräsentation der staufischen
Geschichte angetragen wurde. Dreieinhalb Jahre danach zog Heins
Festspiel dieselbe Parallele zwischen Barbarossa und Wilhelm; sie
kann dem Monarchen nicht überraschend oder befremdend vorge-
kommen sein.

Allerdings war langfristige Repräsentation eine Sache, kurzfri-
stige Politik eine ganz andere. Auch wenn Wilhelm die Meinung
seines Vertrauten Stillfried teilte und sich mit den alten Staufern
verwandt fühlte, wollte er die Politik des historischen Barbarossa
nicht nachahmen. Am 14. Januar 1871 schrieb er den deutschen
Fürsten: »Ich nehme die deutsche Kaiserwürde an, nicht im Sinne
der Machtansprüche, für deren Verwirklichung in den ruhmvoll-
sten Zeiten unserer Geschichte die Macht Deutschlands zum Scha-
den seiner inneren Entwicklung eingesetzt wurde.« Und gleichgültig, welchen Titel die großen Kaiser des Mittelalters geführt hatten, seine Aufgabe hieß Deutschland, nur Deutschland, ganz
Deutschland. Wie im Juli 1867, so wollte Wilhelm noch am 17.
Januar 1871, am Tag vor der Kaiserproklamation, Kaiser von
Deutschland oder gar nicht Kaiser sein. Er war bisher König des
Landes Preußen gewesen; »Lieber Land als Leute« hieß nach Bis-
marcks Formulierung auch jetzt Wilhelms Devise. Der Streit mit
Bismarck machte dem König klar, daß die künftige Politik
Deutschlands nicht mit der preußischen Tradition identisch sein
würde.

Bismarck wandte an diesem 17. Januar 1871 ein, »daß der Titel Kaiser von Deutschland einen landesherrlichen Anspruch auf die nichtpreußischen Gebiete involviere, den die Fürsten zu bewilligen nicht gemeint wären«; es müsse bei dem Titel Deutscher Kaiser bleiben. Ihn aber betrachtete Wilhelm als Scheinkaisertum; er müsse sich, so gab Kronprinz Friedrich die Worte des Vaters wieder, »mit einem Major vergleichen, dem der Charakter als Oberstleutnant verliehen worden sei«. Es war wohl bei derselben Auseinandersetzung, daß dem König die preußische Geschichte in den Sinn kam; nach Bismarcks Angabe sah er nun die Kaiserkrone »im Lichte eines übertragenen modernen Amts, dessen Autorität von Friedrich dem Großen bekämpft war, den Großen Kurfürsten bedrückt hatte«. Amtsnachfolger der Habsburger wollte er denn doch nicht werden. Durfte er die angestammte preußische Krone, die Herrschaft Hohenzollerns über das Land Preußen, dagegen eintauschen? Wilhelm dachte an Abdankung; gegen Bismarck und den Kronprinzen wehrte er sich schluchzend mit den von seinem Sohn notierten Worten, er müsse morgen bei der Kaiserproklamation »von dem alten Preußen, an welchem er allein festhielte und fernerhin auch festhalten wollte, Abschied nehmen«. So einfach, wie die Herren an den Schreibtischen meinten, konnte der Monarch den Wechsel der geschichtlichen Identität nicht vollziehen.

Er dürfte noch am 17. Juni 1871 die Mittelszenen von Heins Festspiel mit gemischten Gefühlen aufgenommen haben. Da traten seine Vorfahren und Vorgänger auf, der Große Kurfürst und der Alte Fritz; beide waren keine Verehrer des Kaisertums gewesen. Da kam Germania herein; bereits ihr antikisch verfremdeter Name mußte ihn daran erinnern, daß er eben nicht Kaiser von Deutschland war. Wie erleichtert der Hofdichter zur Personifizierung griff! Dasselbe Mittel hatte der badische Großherzog Friedrich benutzt, am 18. Januar im Versailler Spiegelsaal; um weder vom Deutschen Kaiser noch vom Kaiser von Deutschland reden zu müssen, hatte er ein Hoch auf »den Kaiser Wilhelm« ausgebracht. Die Reiterstatue am Ende sagte ihm nichts Neues; alle erwarteten von ihm, daß er schon zu Lebzeiten ein Denkmal würde. Das hätte dem 74jährigen Soldaten nichts ausgemacht, wenn es bloß darum gegangen wäre, daß ein Kaiser in der größten Hitze Haltung bewahrt und nicht zerfließt. Aber es ging für ihn darum, etwas zu repräsentieren, dessen Identität und Inhalt, dessen Geschichte noch nicht feststand. Indem er die ihm zugedachte Rolle seufzend übernahm, haftete er schon für das unbestimmte Ganze, das »deutsche Geschichte« heißen sollte. Er tat nichts statt dessen, er ist es gewesen. Doch am 31. Dezember 1871 schrieb er in seinem Jahresrückblick, es sei »Gottes unerforschlicher Ratschluß« gewesen, daß so rasch und noch durch ihn, nicht erst durch seinen Sohn die Neueinigung Deutschlands vollzogen wurde. Man kann ihm das Kopfschütteln nachfühlen.

Abgeordnete. Hingen Politik und Geschichte nicht noch enger zusammen als Kanzler und Kaiser bemerkten? Mußte die Identifikation des neuen Reiches mit bestimmten historischen Vorbildern nicht geradezu seine künftige Politik festlegen? Dies war in den Monaten um die Jahreswende 1870/71, zwischen dem Sieg von Sedan und der Feier von Berlin, die Sorge der großen Parteien und ihrer parlamentarischen Wortführer. Nicht in den Parlamenten der Bundesländer; die Debatten in Karlsruhe und Stuttgart ließen die Staufer beiseite. Weil demnächst deutsche Politik von Berlin aus gemacht werden mußte, deshalb kam es mehrfach zur Erörterung staufischer Kaisergeschichte in den Berliner Parlamenten, mit höchst unterschiedlichen Akzenten.

Die Konservative Partei der altpreußischen Landräte und Gutsbesitzer bekämpfte ansonsten Bismarcks Politik, doch in der Kaiserfrage fügte sie sich, nicht ohne den preußischen Machtanspruch demonstrativ hervorzukehren. Im Reichstag des Norddeutschen Bundes meldete sich am 6. Dezember 1870, bei der Beratung der süddeutschen Beitrittsverträge, der westpreußische Landrat und Gutsherr von Brauchitsch zu Wort und stellte sich als Repräsentant der preußischen Stammlande vor. Er meinte, die Annahme der Verträge enthalte kein Risiko. »Selbst der alte Barbarossa, den wir wiedererwecken wollen, er hat niemals über solche Macht geboten, wie der neue deutsche Kaiser sie haben wird ... Und es wird bei letzterem nicht nötig sein, daß er zu knien haben wird vor einem derjenigen, die ihm jetzt die Kaiserkrone angeboten haben, um ihn zur Heeresfolge zu bewegen.« Das hieß, Preußen konnte süddeutsche Wünsche nach Barbarossas Wiedererweckung hinnehmen, weil im entscheidenden Punkt militärischer Macht der alte Kaiser nicht wiedererweckt werden sollte. Mit den deutschen Fürsten würde der neue Kaiser besser fertig werden als Barbarossa mit Heinrich dem Löwen in Chiavenna. Dann bedeutete die Erinnerung an den alten Kaiser bloß ein Zugeständnis an süddeutsche Träumer.

Wesentlich weiter ging in der Identifikation die Adresse des preußischen Herrenhauses an Wilhelm I. vom 21. Dezember 1870; der pommersche Landrat Hans von Kleist-Retzow hatte sie entworfen, sie wurde einstimmig angenommen. In der Debatte nahm Kleist Barbarossa ohne Einschränkung als Repräsentanten deutscher Weltgeltung in Anspruch: »Deutschland war bis in das Mittelalter hinein die entscheidende Macht in Europa, und schon sehen wir diese Zeit wiederkehren.« Er rühmte die »Herrlichkeit der christlichen Kaiser Deutscher Nation«, die durch das künftige, jetzt noch unvollkommene Kaisertum erneut heraufgeführt werden könne. So geschickt er das »Römische« am mittelalterlichen Kaisertum durch das »Christliche« ersetzte, der konservative Kleist rückte damit bedenklich nahe an jenen Imperialismus heran, den Freytag fürchtete und den auch Kaiser und Kanzler von sich wiesen. Die Basis der deutschen Macht wurde auch hier nicht vergessen; die Adresse betonte, über dem Kaisertitel im Reich dürfe »das Königliche Preußen den durch eine Geschichte ohne Gleichen und eine Reihe großer Fürsten ihm teuer gewordenen Königsnamen« nicht einbüßen. Was den Königsnamen betraf, so bestand wenig Gefahr; aber wie sollte man das preußische Geschichtsbild von der mittelalterlichen Kaiserherrlichkeit abheben?

Ergaben sich schon bei den Konservativen in Preußen Divergenzen, so erst recht zwischen den beiden stärksten Parteien des ersten gesamtdeutschen Reichstages, der am 3. März 1871 gewählt worden war. Die erste Thronrede des Kaisers hatte ihn am 21. März eröffnet. Daß dabei im Weißen Saal des Berliner Schlosses der salische Kaiserthron aus Goslar aufgestellt war, weckte nicht nur bei Freytag Besorgnis, nicht nur bei Baronin Spitzemberg Beifall. Als der Reichstag am 30. März 1871 auf die Thronrede antworten sollte, wollte die nationalliberale Mehrheit ausdrücklich auf das mittelalterliche Kaisertum zurückkommen und die Distanzierung, die der Monarch im Schreiben an die deutschen Fürsten vom 14. Januar vorgenommen hatte, kräftig unterstreichen. Ein Passus des von Bennigsen formulierten Mehrheitsentwurfs hieß: »Auch Deutschland hat einst, indem die Herrscher den Überlieferungen eines fremdländischen Ursprunges folgten, durch Einmischung in das Leben anderer Nationen die Keime des Verfalles empfangen. Das neue Reich ist dem selbsteigenen Geiste des Volkes entsprungen, welches nur zur Abwehr gerüstet, unwandelbar den Werken des Friedens ergeben ist.«

Bennigsen begründete seinen Entwurf in der Debatte: »Meine Herren, wir können es ja begreiflich finden, daß die Wiederauferstehung eines so mächtigen Deutschlands mit dem Namen von Kaiser und Reich alte Erinnerungen wachruft bei anderen Völkern und in unserem eigenen Volke.« Man möchte denken, Bennigsen meinte die gleichen Erinnerungen, die Bismarck als werbendes Element für innere Einheit wertete, Kleist als Herrlichkeit europäischer Geltung empfahl. Mitnichten! Bennigsen fuhr fort, daß »die Deutschen in der Zeit der Kraft des mittelalterlichen deutschen Kaisertums der Schrecken Europas gewesen sind«. Nicht nur fremden Völkern bekam die imperialistische Politik schlecht; sie zwang auch »eine ungemessene Folge blühender Geschlechter deutscher Jugend . . ., ihr Leben zu lassen in den italienischen Gefilden«. Barbarossa freilich wurde wie von Bismarck, so von Bennigsen stillschweigend ausgeklammert. So viel Bennigsen sonst von Sybel gelernt haben mochte, in der Verurteilung des ersten Friedrich folgte er ihm nicht. Um so härter fuhr er fort: »Selbst die glänzendsten Erscheinungen unserer Kaiser, darunter Figuren, die der Zauber des Genies und der Romantik bekleidet, wie der zweite Friedrich aus dem Hause der Hohenstaufen, waren zuletzt durch diese Kämpfe, die sie mehr und mehr von den Aufgaben abzogen, die Deutschland gegeben waren, dem deutschen Vaterlande so entfremdet, daß sie fern in Palermo Hof hielten . . . und ihren Nachfolgern Deutschland durch Bürgerkrieg und ewige Fehden verwüstet und zerrissen hinterließen.«

Allenfalls mit der Gestalt des schlafenden Rotbarts konnte sich der friedfertige Geist des Volkes identifizieren. Ich vermute, daß Bennigsen mit den Festspielen vom 17. Juni 1871 nicht nur aus ästhetischen Gründen unzufrieden war, wie er zu Hohenlohe sagte. Barbarossas Aufbruch zum Kreuzzug mußte ihn vergrämen. Der Kreuzzug im Dienst der römischen Kirche entsprang nicht dem selbsteigenen Geiste des Volkes, ein Werk des Friedens war er auch nicht. Bei den folgenden Bildern aus der preußisch-deutschen Geschichte durfte Bennigsen voraussetzen, daß sie gerechte Abwehrkriege schilderten; aber auch sie erschienen als Taten der Herrscher, nicht des Volkes. Ganz unbegründet war die Besorgnis der gewählten Volksvertreter nicht, daß sich andere als selbsteigene Geister auf die alten Überlieferungen beriefen.

Die Abgeordneten des Zentrums widersetzten sich dem Abschnitt von der Einmischung leidenschaftlich, aus politischen Gründen; sie wollten eine deutsche Unterstützung des Vatikans gegen den neuen italienischen Nationalstaat nicht ausschließen. Für ihr politisches Anliegen mochten sie keine historischen Argumente einsetzen, die im Fall des mittelalterlichen Verhältnisses zwischen Kaisertum und Papsttum höchst zweischneidig waren. Deshalb antwortete Anton Reichensperger auf Bennigsens Rede zunächst: »Wir befinden uns in einer politischen Versammlung und nicht in einer Akademie der Wissenschaften... Meine Ansicht, um es ganz kurz zu sagen, ist die, daß wir allesamt in unsern Vätern gesündigt haben.« Schließlich nahm sein Parteifreund Ludwig Windthorst doch die Herausforderung an, ohne Namen zu nennen; aber wahrscheinlich schwebte ihm wie Sybels Widersacher Ficker als Symbolfigur des Volkes Barbarossa vor. »... bin ich aber der Meinung, daß, wenn die Herstellung von ›Kaiser und Reich‹ in der deutschen Bevölkerung einen Anklang fand, die Erinnerungen an jene Zeit, Erinnerungen, die im Volke nicht untergehen, es waren, welche das bewirkten, denn aus dem modernen Staate – er entsteht ja erst heute – konnte der Enthusiasmus noch nicht entstehen, besonders dann nicht, wenn er sich so nüchtern ankündigt, wie es in den Verfassungen des deutschen Reiches der Fall ist.« Der katholische Westfale legte den Finger in die offene Wunde des neuen Reiches: Es war mit preußischer Nüchternheit »hergestellt« worden, besaß keine gemeinsamen Erinnerungen und erweckte keinen Enthusiasmus.

Aus diesem Befund zog Windthorst allerdings keine andere Folgerung als seine Gegner; auch er berief sich auf einen eng begrenzten Ausschnitt der Vergangenheit, den katholischen und vorwiegend süddeutschen, nicht einmal auf ihn ganz. Ob die Unterwerfung Barbarossas unter Papst Alexander III. beim Frieden von Venedig 1177 irgendwo im Volk Enthusiasmus erregte? Windthorst konnte damit zufrieden sein, daß am 17. Juni nur Barbarossas Aufbruch zum Kreuzzug gezeigt wurde, um so mehr, als im Anschluß daran nicht der fast unvermeidliche Protest Luthers in Worms 1521 erschien, den Grabbes Dichtung als Hauptereignis herausgestellt hatte. Die beiden Parteien konnten sich am 30. März 1871 nicht einmal über das staufische Mittelalter, geschweige denn die deutsche Geschichte einigen. An dem Einmischungspassus scheiterte der Plan einer gemeinsamen Adresse des Reichstags, weil die Fraktionen aus der Geschichte verschiedene Aspekte polemisch hervorhoben, im Grund, weil sie mit historischen Argumenten verschiedene Politik durchsetzen wollten.

Zusammengefaßt: Nachdem die Publizistik Barbarossa zur Figur der politischen Ideologie zurechtgestutzt hatte, eignete er sich für die politische Praxis der Staatsmänner, allerdings nur 1870/71, in den Monaten vor und nach der Kaiserproklamation. Den Politikern diente der Staufer zur Identifikation von aktuellen Situationen, ad hoc. Sie benutzten ihn, weil er populär war, als klangvollen Namen, würdigen Repräsentanten oder tagespolitisches Argument; sie sahen ihn weder als Person in seinem Jahrhundert noch als Vorbild für ihr Handeln. Sie griffen aus seiner Geschichte bloß die gerade passende Situation heraus; die Polarisierung tagespolitischer Absichten zersplitterte auch das Bild Barbarossas. Da er allein nicht genug Beispiele hergab, wurde das ganze Staufergeschlecht, wenn nicht das Mittelalter insgesamt mit herangezogen. Der Kanzler wollte aus innenpolitischen Gründen den mittelalterlichen Kaisertitel aufgreifen, im übrigen aber situationsbezogene Realpolitik treiben. Der Monarch nahm die staufische Herrscherfamilie als Denkmal ehrwürdiger Vergangenheit und gedachte sie für die Repräsentation der neuen Kaiserdynastie Hohenzollern zu verwenden. Den Parlamentariern dienten die Taten einzelner Staufer als positive oder negative Experimente einer Außenpolitik, über deren Fortsetzung oder Umkehrung das neue Reich künftig entscheiden mußte.

Die Verantwortlichen beriefen sich mit Vorliebe nicht auf den populären Rotbart und dessen poetische Propheten, sondern auf den geschichtlichen Barbarossa und das Urteil der Fachhistoriker. Weil sie ihn für die Schaffung politischer Tatsachen brauchten, stellten sie ihn auf den Boden der Tatsachen. Daß ihn führende Berliner Staatsmänner in den entscheidenden Monaten öffentlich zitierten, machte ihn zu einer konkreten Gestalt im allgemeinen Bewußtsein. Die Zuhörer achteten freilich weniger als die Redner darauf, ob sich Barbarossa in einer bestimmten Situation richtig oder falsch verhalten habe; sie begriffen ihn als Verkörperung einer Tradition, die umstritten, aber vorhanden war und, wenn man nur wollte, jederzeit realisiert werden könnte. Solange das neue Reich noch nicht endgültig gegründet war, konnte es durch den alten Kaiser gestützt werden, denn nun wurde er ein Repräsentant von Autorität, ein Bürge für Zukunft.

Hofdichter. Zwischen März und September 1871 wurden überall in Deutschland so wie in Berlin Friedensfeste für die heimkehrenden Truppen begangen, in den Residenzstädten so wie in Berlin mit Siegesparaden und Festspielen vor den Landesfürsten und ihren Höfen. Da die Festspieltexte der Hofdichter nicht aufeinander abgestimmt waren, lassen sie das literarische und politische Selbstbewußtsein des einzelnen Bundeslandes plastisch hervortreten. Alle Festspiele suchten wie das in Berlin dem Heimatland und seiner Fürstendynastie einen besonderen Rang im gemeinsamen Reich zuzuschreiben, aber nicht alle beschworen zu diesem Zweck die Geschichte oder gar Barbarossa. Diesen populären Kunstgriff verschmähten die beiden traditionsbewußtesten Staaten Bayern und Sachsen, die sich mit ihren Friedensfesten am längsten, bis nach den Berliner Festlichkeiten, Zeit ließen. Sie wiesen bloß beiläufig auf ihre mittelalterliche Geschichte hin, obwohl König Ludwig II. von Bayern Prunkschlösser in neuromanischem Stil baute und König Johann von Sachsen das Hauptwerk Dantes übersetzte. Beide Königreiche betonten ihren kulturellen Rang lieber durch höfisch-allegorische Festspiele in goethischer Manier.

König Ludwig II. hatte im Juli 1870 die bayerischen Truppen spontan mit den Preußen zusammen in den Krieg ziehen lassen. Der Würzburger Professor Felix Dahn hatte ihm daraufhin bescheinigt: »Dich aber nennt die Weltgeschichte Ludwig den Deutschen immerdar« und so daran erinnert, daß Bayern bereits unter dem Karolinger Ludwig ein deutsches Königreich gewesen war. In der Weltgeschichte war Bayern früher als Brandenburg hervorgetreten. Wittelsbach hatte vor Hohenzollern die Kaiserkrone getragen und unter Kaiser Ludwig dem Bayern sogar die Mark Brandenburg regiert. Mit diesem historischen Argument schmeichelte Bismarck im November 1870 dem Bayernkönig und überredete ihn zu dem Angebot an den Preußenkönig, daß seine künftigen Präsidialrechte »durch Wiederherstellung eines deutschen Reiches und der deutschen Kaiserwürde als Rechte bezeichnet werden, welche Ew. Majestät im Namen des gesamten deutschen Vaterlandes auf Grund der Einigung seiner Fürsten ausüben«. Diesen politischen Entschluß des Königs zu feiern und Bayerns geistige Autonomie zu bekunden, war die Absicht der Münchner Friedensfeier am 16. Juli 1871, einen Monat nach dem Berliner Fest.

Für die Galavorstellung des Hof- und Nationaltheaters an diesem Abend gewann Generalintendant Baron Karl von Perfall, der selbst die Musik komponierte, den berühmtesten deutschen Dichter Paul Heyse, den König des Münchner Dichterkreises. Der Titel seines Festspiels lautete programmatisch »Der Friede«. Die Hauptperson, die Friedensgöttin, wird hereingetragen von Kriegern, umringt von vier Herolden »in den Farben und mit den Fahnen des Norddeutschen Bundes, Bayerns, Württembergs und Badens«. Wo blieben die martialischen Preußen, wo blieb der preußische Kronprinz, der am selben Morgen an der Spitze der bayerischen Truppen in München eingeritten war und abends neben Ludwig in der großen Königsloge saß? Ein paar knappe Verbeugungen vor Wilhelm, »dem Helden, dessen weißes Haar Vorleuchtet' in der Stunde der Gefahr« und der kein mythischer Weißbart war, vor den kriegserprobten Fürstensöhnen, vor dem Strategen Moltke, vor dem Politiker Bismarck. Dann stimmte die Friedensgöttin die lange Schlußapotheose an für jenen Fürsten, der zu Beginn des Krieges »frei in die Schale warf das Bayernschwert« und am Ende »selbstlos voranging auf des Friedens Bahn«.

»So lang der Bau des Reichs die Zinnen trägt,
Sei dem gedankt, der treu den Grund gelegt,
Der mit der Krone Zier geschmückt das Dach
Und sprach: dem Kaiser huldigt Wittelsbach.
Heil dem Erlauchten, heil ihm tausendtönig,
Ludwig dem Deutschen, Bayerns edlem König!«

Nein, das Königreich Bayern brauchte keine andere Symbolfigur, weder den Weißbart Wilhelm noch den Rotbart Friedrich; es ließ sich vom Berliner Barbarossa-Festspiel nicht einmal zu historischen Rechtfertigungen verleiten.

Ähnlich selbstbewußt gab sich das Königreich Sachsen, das seine Sondertradition hartnäckig weiter pflegte, auch nachdem es sich 1866 politisch Preußen hatte fügen müssen. Ein wettinischer Vorfahre des Königs, Markgraf Friedrich der Freidige von Meißen, war als Sohn einer staufischen Kaisertochter geboren. Doch so weitläufige Verbindungen wurden nicht beschworen, als die sächsischen Regimenter am 12. Juli 1871 in Dresden empfangen werden sollten. König Johann hatte sich als Festspieldichter niemanden anders als den Berliner Julius Rodenberg ausgebeten, aber im Dresdner Hoftheater verzichtete Rodenberg auf alle wilhelminischen Töne. Sein Festspiel »Vom Rhein zur Elbe« bezog Deutschlands Geschichte zunächst auf den Vater Rhein, der sich durch den Klang der »Wacht am Rhein« aus der Tiefe nach droben locken und die deutschen Siege melden ließ. Zusammen mit ihm tauchte aus den Fluten der Nibelungenhort empor, die deutsche Kaiserkrone. Von ihrem alten Hüter Barbarossa und ihrem neuen Träger Wilhelm kein Wort. Nach der Allegorie die Historie: Am Elbestrand, auf dem Dresdner Altmarkt, erwartete das sächsische Volk die heimkehrenden Sieger, mit allerlei Rückblicken auf die ausgestandenen Kriegsleiden und mit vielen Verbeugungen vor der sächsischen Königsfamilie. Auch hier wurde nur nebenbei auf die alte Geschichte der Dynastie angespielt, die albertinische Linie im 15. Jahrhundert, Albrecht den Beherzten und seine fromme Frau Sidonie; ihre Tugenden lebten im gegenwärtigen Königspaar und im tapferen Kronprinzen Albert ungeschwächt fort.

Stärker wirkte die preußische Irritation auf andere deutsche Staaten, deren Dynastien zwar alteingesessen, deren Zustände aber ungefestigt waren. Die Unsicherheit ihrer Zukunft zwang sie zu rückblickender Legitimation, zu Deutungen der ganzen deutschen Geschichte, die der Sonderstellung des einzelnen Landes breiten Raum gewährten. In den Tendenzen gingen die Festspiele ihrer Hofdichter weit auseinander, aber in sämtlichen Stücken, die vor der Berliner Friedensfeier aufgeführt wurden, stand ein und dieselbe Gestalt auf der Bühne, Barbarossa. Am schnellsten zeigten ihn jene Staaten vor, deren Landesgeschichte tatsächlich staufische Requisiten aufwies, zuerst das Großherzogtum Sachsen-Weimar.

Großherzog Carl Alexander, der Bruder von Wilhelms I. Gemahlin, nahm an der Berliner Feier im Juni persönlich teil. Als Enkel von Goethes Landesherrn pflegte er die deutsche Kultur, als Restaurator der Wartburg ihre mittelalterliche Geschichte. Der Kyffhäuser lag dem Wettiner ebenfalls am Herzen, denn die Thüringer Burg war wettinisch gewesen und 1776 von seinem Großvater zusammen mit Goethe bestiegen worden. In Weimar wirkte als Hofdichter Julius Grosse, gebürtiger Thüringer, ein anerkannter Dichter aus dem Münchner Kreis um Geibel und Heyse, soeben als Generalsekretär der Schillerstiftung nach Weimar berufen. Er liebte den Staufer von Jugend auf, allerdings den republikanischen; als Zwanzigjähriger hatte Grosse 1848 in Magdeburg ein Gedicht »Erwachen Barbarossas« zur bürgerlichen Revolution beigesteuert. Seither hatte er sich in die veränderten Umstände gefügt, doch jetzt kamen sie ihm entgegen. Am 29. Januar 1871 wurde im Weimarer Hoftheater ein »Prolog« Grosses gesprochen. Er verkündete den Fall der Stadt Paris und des Lügenreiches, den Aufstieg des deutschen Reiches und der Wahrheit. Ähnlich schlicht verwob er Vergangenheit mit Gegenwart. »Was Sagen singen und verschollne Lieder, Es ward zur Wahrheit. Unsrer großen Kaiser Verklärte Geister grüßen segnend nieder. Erlöst ist Barbarossa im Kyffhäuser, Die Hohenzollern will der Himmel weihn, Das Szepter schwingt ein milder Fürst, ein weiser – Doch nicht zum Krieg; ein Mehrer will er sein Des Friedens, der Kultur und Menschensitte Und so die Zeit, die goldene, erneu'n.«

Grosse häufte christliche Kernbegriffe. Zum Himmel aufgefahren, segnet der erlöste Barbarossa die Hohenzollern als künftige Heilbringer und gibt ihnen einen kulturellen Auftrag mit, die Pflege höfischer, klassischer Dichtung. Grosse plante, darauf zurückzukommen, wenn am 30. September 1871 zu Ehren des Weimarischen Regiments im Hoftheater eine Festvorstellung stattfinden würde. Sein Festspiel »Das Kaisermärchen« wollte dem im Berg schlummernden Barbarossa als Wächter die toten Dichter, »Vom Süden Uhland und vom Rheine Moritz Arndt, Mein Jacob Grimm der dritte«, zur Seite stellen. Der erwachte Kaiser würde als Programm verkünden: »Ein Reich der freien Künste will ich auferbaun, Ein Reich des Glaubens und der Sitten – Was Männer ziert und was gefällt den schönen Fraun, Das sei gepflegt, gepriesen und gelitten.« Ein verjüngter Barbarossa, »zwar vom rauhen Norden«, sollte es verwirklichen. Kein Zweifel, daß man in Berlin von Grosses Absicht früh erfuhr und sie zu überbieten suchte. Weil es gelang, wurde danach Grosses »Kaisermärchen« in Weimar nicht aufgeführt und erst fünf Jahre später für den Gebrauch anderer Bühnen gedruckt.

Weit gefährlicher war die Provokation aus dem Stammland der Staufer. Am 7. März 1871 fand in Stuttgart die früheste Friedensfeier statt, mit dem Geburtstag des regierenden Königs Karl von Württemberg verbunden. Den Höhepunkt der Festvorstellung im Hoftheater bildete das Festspiel »Kaiser Rotbarts Erwachen« von Feodor Wehl, dem neuen Intendanten. Als Jungdeutscher hatte der Schlesier 1846 in preußischer Festungshaft gesessen und sich dann an Geibel angeschlossen; dem Berliner Generalintendanten war er spinnefeind und würde auch mit Hülsens Kaiser wenig Federlesens machen. Dem schwankenden, meist preußenfeindlichen König Karl paßte das ins Konzept. Mit dem gekrönten Kaiser im Kyffhäuser schläft sein Sänger Heinrich von Ofterdingen, Repräsentant schwäbischer Kultur. Was droben seit 1813 vorgeht, melden drunten die Dichter, Körner zuerst, dann Arndt, am Ende der Schwabe Uhland, der Barbarossa mit nach draußen nimmt. Dort erfährt er von deutschem Sieg und deutscher Einigkeit, doch vom Preußenkönig hört er nichts. Statt dessen mahnt der Friede:

»Nachgiebigkeit in milder Gunst
Mach' unter meines Ölbaums Zweigen
Die edle Wissenschaft und Kunst
Wetteifernd auf zur Höhe steigen.«

Dieses Programm ist staufisch, wie der Rotbart majestätisch bestätigt (mit Versen aus »Des Epimenides Erwachen« von Goethe):

»So waren wir und sind es auch
Das edelste Geschlecht,
Von biedrem Sinn und reinem Hauch
Und in der Taten Recht.«

Auf Realpolitik und Säbelrasseln mochte man sich in Berlin verstehen, doch deutsche Kultur war an der Spree noch nicht zu Hause.

Es klang beschwichtigend, was zum gleichen Tag der Stuttgarter Oberhofprediger Karl Gerok unter dem Titel »Zur Friedensfeier« reimte. Der bekannteste religiöse Lyriker der Zeit verwies leise, aber unüberhörbar auf den deutschen und protestantischen Zuschnitt des neuen Reiches, dem Württemberg ebenso vertrauen durfte wie der ehrwürdigen Gestalt des Weißbarts Wilhelm.

»Nun, alter Barbarosse
Leg friedevoll dein müdes Haupt zur Ruh,
Ottonen ihr, du Kaiser Karl der Große,
Nun schlaft in Ehren in der Marmortruh:
Im Silberbart ein würdiger Genosse
Gesellt sich eurem hohen Reigen zu.
Kein ›römisch Reich‹, ein *deutsches* ist erstanden,
Nicht Krieg bedeutets, Friede bringts den Landen.«

Wie auch immer, an Barbarossa kam keine württembergische Geschichtsdeutung vorbei, denn die Schwaben empfanden sich als letzten deutschen Kaiserstamm. Dieses Geschichtsbewußtsein klang auch in den Berliner Notizen der Baronin Spitzemberg mit. In Berlin tat man gut daran, diese besondere Vergangenheit zu respektieren und in die gemeinsame Zukunft einzufügen.

144

Wie das am geschicktesten zu machen wäre, demonstrierte das Großherzogtum Baden. Großherzog Friedrich, mit Wilhelms I. Tochter vermählt, saß beim Berliner Friedensfest mit in der Kaiserloge; er hatte unter allen deutschen Fürsten am entschiedensten die Einigung Deutschlands unter preußischer Führung vorangetrieben, allerdings nicht um den Preis der Selbstverleugnung. Als die badischen Soldaten im Mai 1871 nach Hause kamen, wurde im Karlsruher Hoftheater auch ein historisches Festspiel gegeben, »Kaiser Rotbart« von Otto Devrient, dem dortigen Spielleiter. Sein Stück begann mit der Rezitation von Rückerts Barbarossa-Gedicht wie mit einem Leitmotiv. Kaiser Rotbart saß träumend im Kyffhäuser, mit großem Gefolge, drunten ungebrochen, droben unvergessen. Sein Lebenswerk war allerdings zerstört, durch den inneren Krieg mit den Welfen, den äußeren mit den Franzosen. »Dein gold'ner Enkel, Konradin der Held, Durch Frankreichs Mordgesellen hingefällt, Friedrich, sein treuer Badner mitgeschlachtet.« Die großherzogliche Dynastie der Zähringer hatte schon vor Jahrhunderten ihre Kaisertreue mit Blut besiegelt. Ähnlich deutsch und staufisch empfanden die Hohenzollern; Barbarossa sagte von ihnen: »Ich war es, ich erhöhte euch Für echte Treu' zu meinem Reich, Und echte Treue deutscher Art Habt ihr dem deutschen Reich bewahrt.«

Damit waren die positiven Konstanten deutscher Geschichte bezeichnet. Die negativen trugen wie bei Treitschke die Namen Habsburg und Frankreich und wurden in Lebenden Bildern vorgestellt. Als Retter traten zwar nicht der Große Kurfürst, aber der Alte Fritz und Blücher auf, endlich 1866 König Wilhelm. Nun durfte sich 1870 Barbarossa die Kaiserkrone aufsetzen, über die Stunde der Erlösung jubeln und in den Lüften gegen Frankreich mitfechten. Auf der Erde kämpften am tapfersten die Preußen und die Badener vom Korps Werder; bei der Kaiserproklamation in Versailles brachte »Herr Friedrich der freie und getreue von Baden« das Kaiserhoch aus. Am Ende kehren die Truppen heim und werden auf offener Bühne begrüßt. Gesang nach der Melodie des Rückertliedes: »Vom alten Barbarosse, Ihr kennt die alte Mähr; Im unterird'schen Schlosse Der Kaiser schläft nicht mehr.« Das Schlußbild: »Indem sich mitten auf dem Platze die Riesenbüste Kaiser Wilhelms im Lorbeerkranze hebt, die Truppen präsentierend Gassen bilden, erscheint im Triumphbogen noch einmal grüßend Barbarossa mit seinem Hofstaat, er nimmt seine Krone vom Haupt und hebt sie über des neuen deutschen Kaisers Haupt.« Man sieht es: die staufische Kaisermacht ist lange untergegangen, doch ihre legitimen Erben waren und sind Hohenzollern und Zähringer; deren deutsche Treue schafft das neue Kaiserreich. Nicht Preußen allein gewann Krieg und Krone; seine Geschichte war wie die aller anderen Stämme bloß Vorgeschichte. Erst der Tag der deutschen Einigkeit macht deutsche Geschichte möglich und verbindet alle Fürsten und Stämme. Wer von deutscher Geschichte redet, darf nicht mit dem Regionalen und Dynastischen beginnen und schließen, er muß von allen drei Phasen sprechen, vom Rotbart Friedrich, vom langen Weg der deutschen Treue, vom Weißbart Wilhelm.

Zusammengefaßt: Die Siegesfeiern vom Frühjahr 1871 stellten das geistige Selbstverständnis des militärisch-politisch hergestellten Reiches grundsätzlich zur Diskussion und suchten nach Legitimation. Die Hofbühnen der Fürstenhöfe, noch immer die wichtigsten Kulturzentren Deutschlands, gaben ziemlich einhellig die Losung aus, daß das neue Kaiserreich durch die fortwährende Tradition seiner Fürstenhäuser zu identifizieren sei. Als umfassende Symbolfigur ihrer dynastischen Gemeinschaft bot sich Barbarossa an, dem die Vorfahren der meisten Landesfürsten nahegestanden hatten. Einige Hofbühnen verquickten geschickt dynastische Historie mit populärem Mythos, die politisch-genealogischen Nachwirkungen Barbarossas mit dem literarisch-gemütvollen Erwachen des Rotbarts. Sie verwoben weiter die lyrische Stimmung eines zeitlos festlichen Präsens mit der dramatischen Schilderung von rasch aufeinanderfolgenden historischen Episoden. Der theatralische Rückgriff stützte die Tradition fürstlicher Herrschaft und höfischer Kultur und verhinderte den von Bürgerlichen geforderten geistigen, erst recht den politischen Neubeginn.

Bürgerliche Sänger. Die deutschen Siege in Frankreich, die Kaiserproklamation in Versailles, die Heimkehr des greisen Kaisers und der Truppen setzten auch außerhalb der Hofkreise viele Federn in Bewegung. Die Bürger durften jubeln und mußten feiern. Man hätte erwarten sollen, daß die alten Barden von 1848 voll in die Saiten griffen. Aber so laut sie sangen, sie wagten kaum zu verkünden, daß sich ihr Jugendtraum von Rotbarts Erwachen erfüllt habe. Der jetzt kommen sollte, war nicht der Volkskaiser von 1848, es war ein Fürstenkaiser, dem die Einheit mehr als die Freiheit am Herzen lag. Aber glich er nicht gerade darin dem alten Staufer aufs Haar? Am unverblümtesten wagte das im März 1871 der beliebte Dialektdichter Friedrich Stoltze in Frankfurt am Main zu sagen und zu drucken, ein eingefleischter Demokrat von 1848, seither von den neuen preußischen Herren seiner Heimatstadt verfolgt und noch immer nicht ihr Freund.

Stoltzes dramatischer Scherz »Hampelmann auf Wilhelmshöhe und im Kyffhäuser« war bei allem Humor bitter ernst gemeint, schon in der Respektlosigkeit, mit der die Kaisersage behandelt wurde. Im Kyffhäuser sitzt Barbarossa »schlafend und laut schnarchend im vollen Kaiserornat an einem steinernen Tisch«. Beim Erwachen wird ihm gemeldet, daß wie gewöhnlich hundert Jahre vergangen seien, »eine kleine Unterbrechung abgerechnet«, anno 1849, die Kaiserwahl in Frankfurt, die ihm in einer Moritat als schreckliche Begebenheit vorgetragen wird. Sie langweilt den hochkaiserlichen Herrn. Doch dann verkündet ihm die »Wacht am Rhein«, daß er endlich, nach schier tausend Jahren, ans Sonnenlicht zurückkehren und Deutschland »die alte Herrlichkeit« wiederbringen darf. Hampelmann, Sprecher des Frankfurter Volkes, redet ihn an:

»Die Macht und Größe sind höchst wünschenswerte Dinge,
Doch, kaiserlicher Herr, vergönn mir eine Bitt:
Zur vollen Herrlichkeit des deutschen Reiches bringe,
Wenn's allerhöchst beliebt, uns auch die Freiheit mit!«

Barbarossa zuckt die Achseln.

Eine zweite Bitte trägt ihm Hampelmann noch vor. Der Franzosenkaiser Napoleon III. sucht nach der Gefangenschaft in Schloß Wilhelmshöhe eine ruhige Unterkunft; Hampelmann will sie ihm im Kyffhäuser besorgen. Barbarossa findet sich bereit, wenn der Untermieter pünktlich zahlt, das Logis für die nächsten tausend Jahre zu vermieten. Er überhört Hampelmanns Einwand: »In dausend Jahr, verzeihe se mers gnädig, Da sin, will's Gott, die Ferschte net mehr netig.« Jetzt sind die Fürsten unentbehrlich; Barbarossa wendet sich zum Gehen mit den Worten: »Doch muß ich jetzt ins alte neue Reich! Der Herr kann einziehn morgen, heut, sogleich.« Der neue Kaiser, dessen Namen Stoltze nicht erwähnte, war im Grund der alte, sein Reich so unfrei wie das mittelalterliche, keine Republik. Dergleichen durfte man bloß in einer widerspenstigen alten Reichsstadt ungestraft verkünden.

Gefügigere Städte erwarteten nach der nationalen auch eine

soziale Einigung der Deutschen, wußten aber mit dem alten Barbarossa erst recht wenig anzufangen Der zwischen Wiesbaden und Hannover lebende, noch nicht dreißigjährige Journalist Gustav Gerstel verfaßte für die Friedensfeiern in Bremen, Hamburg, Leipzig, Breslau, Danzig ein Festgedicht »Und also ward's!«, das sich leicht aufführen ließ, weil es nur eine Darstellerin benötigte, Germania. Die Mutter der Deutschen klagt zu Beginn, nächtens in einer Felsengrotte angekettet, über den blutigen Streit ihrer beiden Söhne in Nord und Süd, den Bruderkrieg von 1866. Plötzlich wird es Licht, im Hintergrund zeigt sich ein Lebendes Bild: Barbarossas Erwachen. Begeistert schildert Germania, wie im gemeinsamen Kampf von Nord und Süd gegen die frechen Franzosen das deutsche Reich ersteht. »Der Felsen sprang – der Rotbart stürmt voraus.« Dann ist es doch Germania selbst, die im vollen Tageslicht mit Schwert und Schild den Sieg erringt. Am Schluß trägt sie das Gebet des Volkes vor: »Wie Nord und Süd ein einend Band umschließt, So laß auch Thron und Volk sich innig einen!« Wie um das Gebet zu erfüllen, erscheint das zweite Lebende Bild, »die verschiedenen Stände in passender Gruppierung um die lorbeerbekränzte Büste des Kaisers Wilhelm I.« Der Rotbart freilich kam abhanden, wohl weil er lediglich den Süden und den Thron, nicht auch den Norden und das Volk, nicht das ganze Deutschland verkörperte.

Und die Lyriker? Geibel, der vor Jahrzehnten den Rotbart herbeigesungen hatte, begann, durch Wilhelm I. persönlich unterstützt, von neuem zu jubilieren. Doch selbst er schien den Kyffhäuser vergessen zu wollen. Sein Gedicht zur Kaiserproklamation »An Deutschland« betonte im Januar 1871, daß die kaiserlosen 64 Jahre vorüber seien und des Reiches Herrlichkeit wiederkehre; bloß vom Kaiserthron heß es, daß um ihn »Barbarossas Adler« kreise. Barbarossas Reichsadler, nicht mehr Rotbart im Kyffhäuser? Offenbar suchte Geibel nach neuen Symbolen, die über deutsches Land und deutsche Geschichte weiter verteilt wären. Ein Poem aus den »Spätherbstblättern«, im März 1871 verfaßt, nannte mehrere mittelalterliche Denkmäler deutscher Einheit, das Straßburger Münster, den Königsstuhl zu Rhens am Rhein. Um diesen von Karl IV. erbauten Steinthron rauschen Flügel: »Glückauf, das ist der Flügelschlag Des Adlers vom Kyffhäuser, Das ist der Donnerhall des Siegs, Erstanden ist der Kaiser.« Wenn es noch eines Beweises bedurft hätte, daß der Barbarossa von 1871 nicht mit dem Rotbart von 1837 identisch war, hätte ihn Geibel geliefert. Der Adler, der am Kyffhäuser die Raben verjagte und den alten Kaiser weckte, war der preußische Adler Rodenbergs von 1866; von Preußens Gegenwart her mußte die deutsche Geschichte neu konstruiert werden. Der eine Kyffhäuser, der eine Barbarossa genügten nicht mehr.

So dachten Jüngere erst recht, zum Beispiel Wilhelm Jensen, ein Holsteiner, der in München Geibels Schüler, dann in Stuttgart Redakteur gewesen war und nun in Flensburg saß. Was sollte ihm 1871 die lokale Sage, wenn er deutsche Geschichte suchte? Sein Sedangedicht »Der 2. September 1870« erblickte die weltgeschichtliche Perspektive der Deutschen in der Erbfeindschaft Frankreichs; sie verband Staufer und Zollern. Konradins goldflatternde Locken bleichten jahrhundertelang, »seit Frankreichs Hand Tief unten am welschen, am treulosen Strand Sie vom Schafott ließ fallen«. Der Sieg von Sedan bedeutete, »Daß ein Zollern an Frankreich die Rache vollstreckt, Das Gericht für den letzten der Staufen«. Für die glorreiche Entsprechung zwischen alten und neuen Kaisern war das Symbol vom Preußenadler am Kyffhäuser zu blaß; Jensen wagte den direkten Vergleich der Stammburgen, den Treitschke scheute. »Zwei Gipfel ragen im Schwabenland, Sie künden empor mit deutender Hand Des deutschen Reiches Geschichte: Der öde Staufen im Abendglanz, Der Hohenzollern im Zinnenkranz Vergoldet vom Morgenlichte! Das ist der wahre Kyffhäuserberg, Dort hielt die geheime Wacht der Zwerg, Dort krächzten die fränkischen Raben. Aufspringt sein Tor – im Purpurkleid Die versunkene deutsche Herrlichkeit Steigt auf, die nimmer begraben.« Man sieht, die Restaurierung des Zinnenkranzes auf dem Hohenzollern lohnte sich. Sogar die Raben waren nun Franzosen, Barbarossa wie weggeblasen.

War es nicht das Klügste, ihn sachte zu ersetzen? Schließlich hatte nicht er den jüngsten Krieg gewonnen; wenn das Volk für seine Erinnerungen eine Symbolgestalt brauchte, stand Wilhelm bereit. Sogar der nüchterne Märker Theodor Fontane benutzte die Gelegenheit, zuerst in dem Gedicht »Neujahr 1871«, das am 1. Januar in der »Vossischen Zeitung« erschien: »Ein Kaiser ging verloren, Ein andrer: Kaiser Weißbart, ward geboren.« Wer da außer dem Franzosenkaiser verlorenging, ließ sich leicht erraten; Fontane hat den Beinamen »Weißbart« als Gegenstück zu »Rotbart« wenn nicht erfunden, so publik gemacht. Er variierte ihn, wohl um der direkten Assoziation mit Barbarossa auszuweichen, am Tag des festlichen Einzugs, am 16. Juni, in dem Gedicht »Kaiser Blanchebart« und sprach offen aus, wozu der Beiname dienen sollte. Wenn Wilhelm einst gestorben sei, »Dann wie aus Märchentagen Werden wir singen und sagen Vom Kaiser Blanchebart«. Noch unverblümter ungefähr zur selben Zeit in einer Besprechung von Scheffels »Ekkehard«: »Kaiser Wilhelm, der nach 500 Jahren wie ein Barbarossa sagenhaft fortleben wird.« Bald darauf, im Mai 1872, wurde Fontane skeptisch, als er Rodenbergs Festspiele besprach und dort las, daß Wilhelm zum Siegfried ernannt war. Da hatte wieder einer »(wie so viele andre; auch der Schreiber dieser Zeilen ist nicht schuldlos)« versucht, »anknüpfend an die deutsche Vorgeschichte, dem Kaiser Wilhelm einen Beinamen zu geben«.

Fontane dachte dabei auch an Felix Dahn, einen Dichterschüler Geibels. Dahn hatte noch 1866 großdeutsch empfunden, dem Rotbart nachgetrauert und im »Nachruf an Friedrich Rückert« gerühmt: »Wie rief er laut nach Rotbart in dem Berge!« Inzwischen hatte er die Schlacht bei Sedan miterlebt; nun sah er die Weltgeschichte anders aus. Das lateinisch-deutsche Poem, das Dahn am 9. Februar 1871, seinem 37. Geburtstag, verfaßte, zündete sofort in akademischen Kreisen; es wurde alsbald von Franz Lachner vertont und ließ sich in studentischer Corona singen. »Macte senex Imperator, Barbablanca, triumphato , Qui vicisti Galliam Et coronae Germanorum Post viduvium saeculorum Reddidisti gloriam. Heil dir greiser Imperator, Barbablanca, Triumphator, Der du Frankreich niederzwangst Und der Krone der Germanen, Witwe längst des Ruhms der Ahnen, Glanz und Schimmer neu errangst!« Das war die Idee Fontanes, lärmender vorgetragen und ins Universalhistorische überhöht. »Barbablanca« überbot »Barbarossa«, ohne ihn zu nennen. Das Mittelalter wurde insgesamt übergangen; der Imperator der Germanen, der Gallien bezwang, repräsentierte die Germanen der Völkerwanderungszeit ebenso wie die Römer der Spätantike; sein Kampf um das neue Reich war ein »Kampf um Rom«.

Aber wozu wieder jemanden statt dessen vorschieben; Wilhelm war es gewesen, Wilhelm sollte es sein. Barsch schnitt der Leipziger Redakteur Eduard Kauffer alle Ausflüge in die Vorgeschichte ab, in seinem Geburtstagsgedicht »Dem Kaiser Wilhelm« zum 22. März 1871. »Nicht der alte Barbarosse, Der, verzaubert, bergentrückt, Dort im unterird'schen Schlosse Moder mit dem Purpur schmückt – Dessen roter Bart umschlungen Dreimal (!) hält den Tisch von Stein, Seit sein Schwert nicht mehr erklungen Und am Berg die Raben schrein: – Anders ist der Deutsche Kaiser, Der, urkräftgen Lebens Bild, Um die Schläfe grüne Reiser Trägt, und Blüten um den Schild. Nicht der Kaiser düstrer Sagen, Nicht der Herrscher einer Welt, Die, zu Grabe längst getragen, In sich selbst zusammenfällt – Nicht der Fürst, von dem nur Kunde Gibt der Märchenblume Duft, Die zur rechten Zeit und Stunde Öffnet die verborgne Kluft: – Aus dem Leben, für das Leben, Deutscher Fürsten Edelstein Soll, den auf den Schild wir heben, Soll der Deutsche Kaiser sein.« Wer ist »Wir«? Das Heer in Waffen vielleicht; vom Volk der Deutschen ist die Rede nicht.

Zusammengefaßt: Bürgerliche Sänger hatten nach 1813 als erste den Rotbart auf den Schild gehoben; bürgerliche Sänger standen 1871 als erste bereit, ihn zu Grabe zu tragen. Sie gaben einen historischen Repräsentanten des deutschen Volkes und seiner undeutlichen Träume preis. Am Beginn einer neuen Epoche wollten sie nicht auf Symbolfiguren überhaupt verzichten, sie schufen sich lediglich eine andere, die mythisierte Gestalt Wilhelms des Weißbarts. Der Hohenzoller nahm immer mehr kaiserliche Züge des Staufers an, verkörperte indes eindeutig die monarchische Herrschaft und deren gegenwärtige Wirklichkeit. Die Entrückung des lebenden Monarchen in das Reich der Träume mußte die Identität des deutschen Volkes insgesamt verändern, aber das bekümmerte fast niemanden, solange das Volk um den Kaiserthron geschart stand. Schwerer wog 1871 eine andere Sorge: Wenn der Kaisermythos des neuen Reiches allein auf die Person Wilhelms I. gegründet wurde, fehlte ihm, wonach viele suchten, geschichtliche Tiefe, Verheißung der Dauer, Verankerung sowohl in der preußischen Tradition wie in der Historie der Fürstentümer. Über die politischen Folgen solcher Kurzatmigkeit mochten draußen im Reich die bürgerlichen Dichter hinwegsehen; beamtete Schriftsteller in der Reichshauptstadt mußten die drohende Geschichtslosigkeit ähnlich zu überwinden suchen, wie es die entscheidenden Staatsmänner taten.

Reichspropagandisten. Während der ersten Hälfte des Jahres 1871 bemühten sich in Berlin zahlreiche einheimische oder zugereiste Literaten um ein politisch zusammenhängendes, literarisch begeisterndes Geschichtsbild, das die momentane Gemeinsamkeit der

Tatsachen ausweitete. Diese Entwürfe spiegelten zwar in preußischer Brechung, aber in voller Breite das historische Folgeproblem der Reichsgründung. Keiner wich völlig in die höfische Allegorie aus, die doch zur geistigen Grundlegung unentbehrlich zu sein schien; keiner ging ganz im Jubel des Augenblicks auf, der doch den politischen Ausgangspunkt bilden mußte. Die Tragweite der Aussagen war allen Beteiligten bewußt, sonst hätten sich unter die Berliner Festspieldichter nicht Angehörige des Großen Generalstabs und des Reichskanzleramtes gemischt.

Vom Volk der Deutschen kamen in allen Berliner Stücken viele Vertreter zu Wort, insbesondere siegreiche Soldaten. Doch sie sprachen wenig von ihren persönlichen Erfahrungen, viel vom Ruhm ihrer Fürsten, die auf der Bühne vornehmlich als Statuen erschienen. Am volkstümlichsten ging es bei Hans Hopfen zu, dem Münchner in Berlin. Sein Stück »Der Einzug in die Unterwelt, Festspiel in einem Akt« war für die Feier in der Berliner Staatsoper gedacht, wurde aber von Hülsen abgelehnt. Franz Wallners Volksbühne wollte es schließlich aufführen, doch untersagte der Berliner Polizeipräsident die Vorstellung, weil darin ein Ahnherr des regierenden Hauses umgehe. Die Berufung auf die Kabinettsordre von 1844 war ein formaler Vorwand; schockierender wirkte der Inhalt, den Hopfen erst 1875 in den Berliner »Neuen Monatsheften für Dichtkunst und Kritik« zu veröffentlichen wagte. Das Spiel begann mit einem Streit in der Unterwelt, ob Straßburg deutsch oder französisch sei. Ausgetragen wurde er zwischen dem Humanisten Sebastian Brant aus dem 16. und dem Jakobiner Eulogius Schneider aus dem 18. Jahrhundert. Dabei nannte sogar der Deutsche Brant die Preußen »ein kleines Völkchen, fern im Osten, Halb ausgerottet von den Ordensrittern«. Als er die Worte Kaiser und Reich in den Mund nahm, beschimpfte ihn Schneider: »Stockfinstren Mittelalters Bruchstück du, Jawohl, du feodaler Mammutknochen!« Reichlich grobe Späße dies, weder der Tradition Preußens noch der Zukunft des Reiches angemessen.

Friedrich der Große suchte den Zank zu schlichten, mußte jedoch gestehen, daß auch er den Kampf um Straßburg nicht habe entscheiden können. (Als hätte er historisch nichts anderes geleistet!) Niemand in der Unterwelt weiß, was inzwischen droben vorgefallen ist. Plötzlich ziehen zu Tausenden die Gefallenen des jüngsten Krieges ein, unter Absingen der »Wacht am Rhein« und hinter der schwarz-weiß-roten Fahne. Sie verkünden die Einnahme

Straßburgs und die Einigung Deutschlands; Hand in Hand marschieren Männer aus Schleswig und Bayern. Der hochbeglückte Alte Fritz rühmt des Vaterlandes neuerstandne Größe und erhascht einen Blick in die Oberwelt, auf die festlich geschmückte Straße Unter den Linden in Berlin, wo heute die Lebenden einmarschieren. Der Anblick reißt den König zu dem Schlußruf hin, den alle Toten ringsum aufnehmen: »Heil dir, Berlin, du junge Kaiserstadt! . . . Der Heimat Heil und ihren Heldensöhnen!« Obwohl Wilhelm I. bei der Anordnung des Friedensfestes eigens der Gefallenen und Hinterbliebenen gedacht hatte, wollte Berlin die Lebenden feiern und nicht an die Tausende von Toten erinnert werden. Es wollte auch nicht so viel Pöbel auf der Bühne sehen; die Siegesfeier des Reiches durfte nicht zum Berliner Volksfest oder zur bayerischen Burleske entarten, schon gar nicht mit einem Hohenzollern als Hauptgespenst. Wenn Friedrich der Große in der Unterwelt an die Stelle Barbarossas im Kyffhäuser trat, fiel außerdem die gesamtdeutsche Geschichte seit dem Mittelalter weg; selbst die Heldentaten preußischer Vergangenheit wurden herabgemindert, wenn bloß der vergebliche Kampf um Straßburg vorkam. Das Allerschlimmste: Den Helden der preußisch-deutschen Gegenwart, den Kaiser Wilhelm, vergaß Hopfen zu erwähnen. Derlei Unfug durfte auf Berliner Bühnen nicht gezeigt werden.

Das entgegengesetzte Extrem fehlte nicht, die Verherrlichung des Fürsten als Feldherrn durch ein Volk von Soldaten. Diesen militärischen und preußischen Aspekt betonte auf recht rabiate Weise das Festspiel »Zur Heimkehr, Ein preußisches Festspiel«, gedichtet von dem Militärhistoriker Max Jähns, Hauptmann im Generalstab, einem wissenschaftlichen Mitarbeiter des Feldmarschalls Moltke, dessen Biographie er später verfaßte. Jähns hatte schon zum Sieg von 1866 »Ein preußisches Festspiel« geschrieben und erweiterte es jetzt. Es wandte sich bereits auf dem Titelblatt gegen alle anderen Deutungen: »Was man zu diesem Fest auch bild' und dichte, Es zieht die Summe preußischer Geschichte«. Demgemäß gliederte Jähns sein Stück straff am chronologischen Leitfaden, und zwar an Treitschkes Hauptepochen, jedoch ohne Rückgriff auf staufische Zeiten. Am Anfang war der Weckruf des Großen Kurfürsten über das schlafende Land: »Es werde Licht!« Wie der Schöpfergott gestaltete er das kommende Deutschland aus dem Nichts. Den preußischen Vorschriften folgend, ließ Jähns keinen Hohenzollern persönlich, keine wirklichen Soldaten in moderner Uniform auftreten und verzichtete auf wirklichkeitsnahe Fiktionen, auf Lebende Bilder und Bühnendekoration. Als erster rühmt ein brandenburgischer Reiter des Großen Kurfürsten die Siege seines Kriegsherrn gegen Franzosen, Polen, Schweden, zumal bei Fehrbellin. Dann kommt ein Bayreuther Dragoner Friedrichs des Großen und berichtet von den Siegen bei Roßbach, Leuthen, Zorndorf gegen eine Welt von Feinden, besonders gegen das undeutsche Habsburg. Es folgt ein Landwehrmann Blüchers von 1813, der die Befreiungskriege bis Waterloo beschreibt. Schließlich tritt ein »Soldat von heut« mit einem Lorbeerkranz in der Hand auf und erzählt von den drei Kriegen Wilhelms I. gegen Dänemark 1864, Österreich 1866, Frankreich 1870/71.

Wilhelm I. ruft jetzt jedem Feind dasselbe wie der Große Kurfürst einst entgegen: »Fort! Deutschland hier in Ewigkeit, Dem sich zu Schirmherrn eingeweiht Der Hohenzollern Herrlichkeit!« Das war nicht Barbarossas Herrlichkeit, die Rückert besungen hatte; auch die staufische Kaiserkrone wurde nicht benötigt. Die vier Krieger wenden sich zur Büste Wilhelms I., die »an erhabener Stelle« im Bühnenhintergrund steht, preisen vereint den neuen Kaiser und setzen ihm den Lorbeerkranz des Siegers auf. Das unpathetische Spiel fand in Preußen viel Anklang und wurde, wie Jähns 1896 stolz vermerkte, »jahrelang von Truppenteilen, Schulen und anderen Körperschaften in allen Landesteilen außerordentlich oft aufgeführt«. Aber für die zentrale Friedensfeier des deutschen Reiches war es zu militaristisch, zu borussisch borniert und historisch zu flach.

Mehr Rücksicht auf politische Erfordernisse nahm das Stück »Am Tage der Heimkehr, Festspiel in einem Akte zur Friedens- und Siegesfeier nach dem Kriege mit Frankreich«. Sein Verfasser Carl von Salviati entstammte einer Berliner Offiziersfamilie und hegte konservative Gesinnungen. Sie kamen vor allem im ersten Teil zum Vorschein; er schilderte die Gegenwart einer preußischen Landstadt beim Einzug der heimkehrenden Truppen. Invaliden, Verwundete, Landwehrmänner nehmen kein Blatt vor den Mund und beschreiben die Schrecken des Krieges; die junge Braut eines Gefallenen kann sich der Tränen nicht erwehren. Dann erzählt der heimkehrende Sohn, ein gläubiger Preuße, seinen Eltern von der überstandenen Mühsal. Die Alten erinnern an die Kaiserproklamation in Versailles und an die Not der Befreiungskriege. Bei alledem taucht der große Held nur einmal auf: »König Wilhelm, Der siegesreiche, überall voran!« Bald schläft der erschöpfte Sohn im Haus der Eltern ein. Bis hierher ein glanzloses, aber glaubhaftes Spiel zwischen einfachen Menschen, voll preußischer Nüchternheit und ohne hohen Geistesflug. Der aber kommt nun hinterdrein.

Im zweiten Teil erscheint dem träumenden Sohn Borussia, der Genius Preußens, und feiert die Vollendung preußischer und deutscher Geschichte. »Der alte Rotbart im Kyffhäuser auch, Der oft getäuschte, hat's vernommen, findet Erlösung«, sagt Borussia und zeigt dem Träumer (wie bei Gerstel) das Innere des Kyffhäuser. Dort verkündet gerade ein Herold jubelnden staufischen Rittern die neuesten Siege und den Ruhm des Königs, »hoch bejahrt, Lorbeer umlaubt Das Silberhaupt«. Ihm hat soeben der junge Wittelsbacher König »in rechter Kurfürst Art« das erlösende Wort zugerufen: »Heil Wilhelm, Deutschlands Kaiser!« und die Ritter wiederholen den Ruf. Einer freilich bemerkt à la Freytag zurückhaltend: »Der Norden hört es still sich an, Der Preußen-König lang ihm gilt Viel mehr als jeder Kaiser.« Doch stimmt Barbarossa selbst in das Lob des neuen Kaisers ein, der nicht die Welt erobern, sondern Deutschland nur in Deutschland weiter wachsen lassen möchte. Im Hintergrund erscheinen die Stammburgen beider Kaisergeschlechter, Barbarossa vergleicht sie in Jensens Manier, den Hohenstaufen in Trümmern mit dem Hohenzollern im Flaggenschmuck. Dennoch vereinen beide Süd und Nord miteinander; nie mehr wird »von Deutschland in die Ferne Abgelenkt die deutsche Kraft«. Denn der neue Kaiser verdankt seine Krone nicht den Fürsten; Landrat von Brauchitsch hätte zugestimmt: »Drum auf Preußens Ruhm und Kraft, Der geschlossnen Adlermacht, Zollerns Burg vom Fels zum Meer, Ruht das neue Kaisertum.« Am Ende treten Germania, Borussia, Bavaria, Saxonia und all die anderen herzu und geleiten den alten Barbarossa zur Regensburger Walhalla. Dort legt er die Kaiserkrone zu Füßen der Germania nieder: »Hier meine Kron' – erneut In Kaiser Wilhelms Macht.« Der träumende Krieger ist vergessen; in die Walhalla der preußischen Kaisertheorie ist er offenbar nicht eingegangen.

Beim Druck des Stückes, 1871 in Berlin, merkte Salviati selbst an, daß die »Familienszenen aus der Menschenwelt« wenig mit den »Szenen aus der Geisterwelt« gemein hatten, auch daß bei der Aufführung auf nichtpreußischen Bühnen einige Stellen ausfallen müßten. In der Berliner Staatsoper hätte Salviatis Werk am 17.

Juni 1871 allenfalls bei Wilhelm I. Zustimmung geweckt, weil es ihn als Deutschlands Kaiser ausgab; aber gebildete Preußen hätten es literarisch als Gelegenheitsgedicht, empfindliche Süddeutsche politisch als Überheblichkeit verurteilt, und die historische Brücke zwischen Literatur und Politik, zwischen Barbarossa und Wilhelm, wäre allen schleierhaft geblieben. Höheren Ansprüchen genügte in diesen Punkten das Schauspiel eines Herrn namens Ludwig Helfenstein. Hinter dem Pseudonym verbarg sich Ludwig Karl Aegidi, der aus Bonn zugezogene Professor, den Bismarck im Mai 1871 zum Leiter der Presseabteilung im Berliner Auswärtigen Amt berief. »Der Rotbart, Trauerspiel in fünf Aufzügen« war, nach einem Vermerk auf dem Titelblatt, schon 1844 entworfen, 1871 neu bearbeitet worden und wurde im selben Jahr in Bonn gedruckt.

Daß die Tragödie auf eine Siegesfeier zugeschnitten war, zeigt die erste Szene. Ein Herold spricht die »frohe deutsche Volksversammlung«, das Theaterpublikum, an und stellt sich als Thüringer vor, in dessen Heimat man von Friedrich Rotbart im Kyffhäuser raune, von seinem Traum, von den Raben, von dem Bannfluch über unsres Namens Ehre, unsrer Krone Ruhm. Jetzt durchzucke den Berg ein eignes Leben: »Die Raben bergen sich, Beim Sonnenaufgang sah ich einen Adler Über dem Horst sich wiegen – Sei fröhlich, deutsche Volksversammlung, Du hast ihn wieder! Wie sich die hohe Zeit erneuern will, So steigt aus sagenhafter Tiefe Das Bild des Unvergeßlichen. Mit unsres Reiches werdender Herrlichkeit Erscheint der Alte wieder. Drommeten, schmettert einen Jubelgruß! Durch die Wälder rauscht es, In den Wolken braust es, Er ist uns nahe, Der Kaiser unser Herr!« Die mittelalterlichen Raben werden erst vom preußischen Adler verjagt, trotz aller Analogie klafft ein Abgrund der Zeiten zwischen dem Triumphzug des neuen und der Tragödie des alten Kaisers.

Worin das Trauerspiel Barbarossas bestand? Sybel und schon Ranke hatten es festgestellt: im sinnlosen Kampf gegen Deutschlands Fürsten und Italiens Städte. Der Staufer vertrat in Italien »das deutsche Reich in seiner Herrlichkeit«; was er dort erstrebte, war ein nationales Programm. Nicht die junge Freiheit Italiens unter deutsches Joch zu beugen plante er, sondern die Kraft des Volkes »im Süden wie im Norden, wo Deutsch gesprochen wird«, im Einvernehmen mit allen deutschen Fürsten zum erblichen Kaisertum zusammenzufassen. Es mißlang, weil Friedrichs Jugendfreund Heinrich der Löwe »dieses Kampfes auf welschem Boden, Der nimmer endet« müde war. Der Welfe wollte ein norddeutsches Reich errichten und dem Staufer ein süddeutsches überlassen. Ganz wie es der Nationalliberale Bennigsen sah: der kaiserliche Zug nach Italien besiegelte den Zwiespalt der deutschen Fürsten. Die Weigerung des Welfen in Chiavenna zwang den Staufer zu der Klage, der deutsche Kaiser, »der das Volk Vertreten soll«, sei nichts weiter als »ein Spielball in der Hand des winzigsten Vasallen«. Nur im Bund mit anderen Fürsten konnte der Rotbart die Großmacht des Löwen brechen, eben damit zerstörte er die Idee des deutschen Reiches. Am Ende durfte er bloß hoffen, daß spätere Jahrhunderte dem Vaterland andere Fürsten schenken, »groß und gewaltig wie der Löwe war«, aber selbstlos und reichstreu dazu.

Aegidis Predigt war deutlich. Sie verlangte von den Preußen politische Kompromisse anstelle militärischer Triumphe; sie legte den Süddeutschen nahe, auf regionalen Eigensinn zu verzichten; sie forderte den Bund zwischen Kaiser und Fürsten als Grundlage eines deutschen Nationalstaats. So genau diese Forderungen der in Berlin herrschenden Ansicht entsprachen, Aegidis Schauspiel eignete sich nicht für Aufführung bei der Friedensfeier. Dafür war eine Tragödie zu ernst, ein Stück mit fünf Akten zu lang. Darzustellen war nicht der mittelalterliche Kampf um Italien, sondern der gegenwärtige Sieg über Frankreich, nicht die bedrohliche Spannung zwischen Kaiser und Fürsten, sondern die gelungene Einigung Deutschlands. Auch durfte die preußische Geschichte nicht ganz beiseite bleiben, der preußische König nicht bloß zwischen den Zeilen als Antipode des staufischen Kaisers erscheinen. Endlich befand man sich am 17. Juni in einer schaulustigen Volksversammlung und nicht in einer Akademie der Wissenschaften.

Zusammengefaßt: Nach dem Sieg über Frankreich verkörperte Wilhelm I. als Oberster Kriegsherr das Selbstbewußtsein der Preußen im Reich definitiv, aber sein Platz im Geschichtsbewußtsein der Deutschen stand noch Mitte 1871 nicht fest. Vor allem in Berlin waren die Meinungen sehr geteilt, ob wünschenswert sei, was dann am 31. Dezember 1872 der Basler Historiker Jacob Burckhardt beklagenswert fand, daß »die ganze Weltgeschichte von Adam an siegesdeutsch angestrichen und auf 1870 bis 1871 orientiert« werde. Das Kaisertum Wilhelms I. hätte keiner zusätzlichen Legitimation bedurft; in Preußen besaß er die historische Rechtfertigung durch seine königlichen Vorfahren, in Deutschland die politische durch die Unterstützung der Fürsten und den Sieg über Frankreich. Dabei wollten es die verschiedensten Gruppen bewenden lassen, preußische Konservative, die ihre Tradition nicht preisgeben mochten, ebenso wie bürgerliche Liberale, die einen nationalen Neubeginn fast beim Punkt Null wünschten. Der Beschränkung auf gegenwärtige Tatsachen standen jedoch mächtige Bestrebungen entgegen, wieder von unterschiedlichsten Kräften gefördert. Preußischen Nationalliberalen lag daran, die kulturellen Überlieferungen der süddeutschen Stämme für das neue Kaiserreich fruchtbar zu machen; einige Fürstenhöfe wollten die dynastische Gemeinsamkeit deutscher Herrschaften historisch untermauern.

Geistige und geschichtliche Weite verlieh dem wilhelminischen Deutschland, wie es schien, am einfachsten der alte Barbarossa. Wenn Berlin derartigen Wünschen nachgab, mußten Wilhelms preußische Siege mit der gesamtdeutschen, durch Barbarossa vertretenen Geschichte in Einklang gebracht werden. Die Kluft zwischen beiden war nicht leicht zu überbrücken, wie die Berliner Festspielentwürfe lehren. Um so verlockender war die Aufgabe. Wenn der Hohenzoller zusätzlich mit der Autorität des geschichtlichen und des sagenhaften Staufers umkleidet wurde, war es allerdings um die nüchterne Selbstdarstellung des Reiches geschehen. Indes fungierte dann der Gründerkaiser Wilhelm nicht mehr nur als persönliche Integrationsfigur für eine vorläufige Identität der Deutschen, sondern als charismatischer Repräsentant eines vergangenen, gegenwärtigen und künftigen, eines »tausendjährigen Reiches«. Diese Formulierung stammt von Geibel, aus dem Gedicht »Zur Friedensfeier« am 18. Juni 1871 . . .

Die Ausführenden

Intendant. Die Berliner Friedensfeier vom 16. bis 18. Juni 1871 mußte sorgfältiger als die vorangehenden und nachfolgenden Festlichkeiten in Stuttgart, Karlsruhe, München, Dresden und Weimar vorbereitet werden. Sie würde Maßstäbe für das Selbstverständnis des neuen Reiches setzen; in diesen Tagen sollte die neue Hauptstadt zum ersten Mal ganz Deutschland repräsentieren. Zahlreiche Künstler aus dem Reichsgebiet bemühten sich um Aufträge für die

Berliner Feier, auch wenn sie nicht wie Richard Wagner den Kaiser und den Reichskanzler selbst angingen. Verantwortlich für die Festvorstellung war Generalintendant Baron Botho von Hülsen. Wir wissen es genau, denn Hans Hopfen erzählte hinterher, daß er 1871 auf eigene Faust einen Festspielentwurf machte. »Ich meldete mich damit bei dem Generalintendanten der königlichen Schauspiele, der vor etlichen Monaten ein Drama von mir auf die Bühne gebracht hatte und mich und meinen Antrag sehr freundlich empfing. Aber! ›Aber wie schade! Wenn Sie nur noch gestern gekommen wären! Heute ist es leider zu spät!‹«

Ob Hülsen wirklich im Büro saß und auf Poeten wartete? Der frühere Gardeoffizier, stockkonservativ und korrekt, mußte in diesem wichtigen Fall selbst aktiv werden, auch frühzeitig mit anderen Behörden beraten, mit dem königlichen Hausministerium, das für höfische Feste zuständig war; mit dem Großen Generalstab, der die Truppenparade organisierte; mit dem Reichskanzleramt, das politische Rückwirkungen zu bedenken hatte; mit der achtköpfigen Kommission, die von der Stadtverwaltung zur Ausschmückung der Berliner Straßen, Plätze und Gebäude eingesetzt war und die bekanntesten Maler und Bildhauer Berlins heranzog. Wie dort sollten wohl auch in der Staatsoper grundsätzlich die in Berlin ansässigen Dichter und Musiker eine Chance erhalten, um sogleich den kulturellen Führungsanspruch der Reichshauptstadt anzumelden. Das bedeutete Einschränkung der Qualität, keineswegs der Quantität.

Für ein Festspiel zum Einzug lagen zahlreiche Manuskripte vor, zumeist von Berlinern. Abgesehen von Hopfen dachten die Autoren der abgelehnten Stücke nicht daran, sich hinterdrein zu ihren ehrgeizigen Plänen zu bekennen; immerhin ist es höchstwahrscheinlich, daß auch die Stücke von Jähns, Salviati und Helfenstein-Aegidi für die Feier in der Staatsoper geschrieben und dem Generalintendanten eingereicht wurden. Hülsen selbst war klug genug, diskret über seine Entscheidungen zu schweigen, bei denen er leicht mit dem Großen Generalstab oder dem Reichskanzleramt in Konflikt geraten konnte; sicherste Rückendeckung fand er bei Kaiser Wilhelm persönlich. Hülsen muß schnell bemerkt haben, daß die frei verfaßten Festspiele allesamt einseitig urteilten und die beiden Hauptaspekte, gesamtdeutsche Kulturgeschichte und preußische Militärpolitik, nicht zusammenbrachten. So mag er früh seine Aufträge an Vertraute vergeben haben, um beiden Gesichtspunkten in zwei getrennten Stücken gerecht zu werden. Das brachte auch Abwechslung in den Festabend; neben der pathetischen Allegorie und Theorie, die Gebildeten zukam, sollte schlichten Gemütern handfeste soldatische Praxis vorgeführt werden.

Für den historisch-hochtrabenden Teil des Abends gab Barbarossa die Hauptfigur ab, das stand für Hülsen früh fest. Die Vorgeschichte des Barbarossa-Festspiels begann, wenn ich richtig kombiniere, nicht beim Text, sondern bei der Musik. Bernhard Hopffer hatte als Opus 11 fünf Märsche zum Thema »1870« komponiert, vermutlich noch nicht für die Berliner Siegesfeier. Anders sein Opus 12, »Friedrich Rotbart« betitelt, Anfang 1871 für vierstimmigen Männerchor und großes Orchester geschrieben und sofort in Berlin gedruckt. Der beträchtliche Aufwand verlangte Aufführung in festlichem Rahmen. Als Text wählte Hopffer Geibels Barbarossa-Gedicht von 1837, was zwar eine Huldigung für den Barden der Einigung, politisch aber ein Griff in die Mottenkiste war. Bei den Vorbereitungen für die Uraufführung von Hopffers Opus 14, der großen Oper »Frithjof«, muß der Generalintendant mit dem Komponisten übereingekommen sein, ihm einen neuen Text schreiben zu lassen, und zwar von Hülsens Regisseur Hein. Julius Hein schrieb ihn etwa im März 1871, schon unter dem Eindruck der ersten süddeutschen Festspiele, von Wehl in Stuttgart und von Devrient in Karlsruhe. Wenn Hopffer seine Musikstücke korrekt numerierte, lag Opus 13, die umfrisierte und zu Heins Textbuch passende Festspielmusik »Barbarossa«, fertig vor, als am 11. April 1871 in der Berliner Staatsoper das Opus 14, »Frithjof«, erstmals über die Bühne ging. Zwischen April und Juni 1871 wurde an dem Barbarossa-Festspiel manches verändert; wir werden es sehen. Immerhin entschied der Generalintendant spätestens im April, lange bevor ihn Hopfen aufsuchte, über den Schwerpunkt des anspruchsvollen Teils; der Kaiser stimmte spätestens im Mai zu.

Für den volkstümlichen Teil wurden die Weichen etwas später gestellt; vielleicht kam Hopfen wirklich bloß um einen Tag zu spät. Hülsen hatte inzwischen wohl den Begründer der Berliner Parodie, Emil Hildebrand (Pseudonym für Fritz Volger), zur Abfassung eines militärischen Schwankes ermutigt. Er hieß »Im Lager vor Paris oder Füsilier Kutschke«, wurde nachher an Wallners Volksbühne aufgeführt und 1873 gedruckt. Das einaktige Stück mit Gesang spielte im deutschen Lager vor Paris zwischen Ende September 1870 und Ende Januar 1871; es spiegelte das

Leben der Mannschaften aus allen deutschen Stämmen, freilich mehr das gemütliche im Biwak als das gefährliche am Feind. Man sah den Sachsen Krempel, den Bayern Hysl und den Württemberger Spätzle und hörte sie in ihren Dialekten derb miteinander reden. Gemeinsam mit den drei Berlinern Schultze, Müller und Kutschke sangen sie: »Ja, wir Deutschen sind alle brave Soldaten, und nichts soll uns mehr trennen! Kein Preußen und kein Baiern mehr, Kein Sachsen und kein Schwaben – Wir wollen sieben Quart auf's Maß Für's ganze Deutschland haben.« Das tönte herzhafter als der Wortschwall der Damen Germania, Borussia, Bavaria und meinte doch dasselbe. Geschichte wurde hier nicht doziert, sondern gemacht und einfach lief sie ab, im Kampf zwischen dem Feigling Napolium und »gottverdammten Rothosen« dort und dem Helden Wilhelm und gutmütigen Landsern hier. Hülsen, der alte Offizier, dürfte auf dieses Stück nicht wenig stolz gewesen sein.

Die beiden Teile der Festvorstellung mußten noch miteinander verklammert werden; das war für Hülsen nicht mehr schwer. Der aktuelle militärische Schwank erforderte einen preußischer akzentuierten, zugleich historisch ambitiöseren Vorspann; dafür lag seit einem Jahr der »Prolog« von Freund Adami bereit, der dem Preußenkönig der Befreiungskriege huldigte. Nach dem Lager vor Paris empfahl sich als Überleitung zu »Barbarossa« ein süddeutscher Klassiker des Kriegstheaters, etwas aus »Wallensteins Lager«, nicht nur des bunten Treibens wegen. Denn Baronin Spitzemberg hatte schon 1859 beim Schillerjubiläum gemeint, Schiller sei ein schönes Aushängeschild für eine deutsche Nationalfeier. Sie konnte dann mit Barbarossa im Kyffhäuser gipfeln. Aber nun griff der Kaiser in Hülsens Planung ein, Anfang Juni 1871, wenige Tage vor der Friedensfeier, fast in letzter Minute.

»An den Generalintendanten und Kammerherrn, Ritter höchster Orden von Hülsen! Den Prolog finde ich unaussprechlich schön, nur muß es vielleicht nicht heißen: ›Heute enthüllt!‹ – da es am 16. Juni enthüllt, und erst am 17. das Festspiel stattfindet. Dagegen wird nach diesem ergreifenden, sehr ernsten Prolog das Festspiel und auch ›Wallensteins Lager‹ scharf kontrastieren. – Wäre es nicht vielleicht besser, nur den ›Kyffhäuser‹ folgen zu lassen?? – Und das ›Lager vor Paris‹ an einem andern Tage, vielleicht Sonntag, zu geben etc. und darauf nochmals den ›Kyffhäuser‹?? – Dadurch würde auch am 17. die Aufführung verkürzt! – Wenn nicht die trivialen Gesänge der Husaren, Grenadiere und Artillerie im ›Feldlager‹ vorkämen, könnte der, um so viel verkürzte 2. Akt dieser Oper wieder, statt der Szenen vor ›Paris‹, eingelegt werden, womit dann drei große Geschichtsepochen dargestellt würden: Siebenjähriger Krieg, Befreiungskrieg (Prolog) und die ›neue Zeit‹ Kyffhäuser.

verte!   Wilhelm.

Um noch eine Meinung, ein Urteil über meine hierin ausgesprochene Ansicht zu hören, wollen Sie die drei Piecen dem Minister von Schleinitz vorlegen, den ich um sein Urteil gebeten habe.«

Es war also Wilhelm I. selbst, der dem Festprogramm eine durchgehend historische Ausrichtung gab und den militärischen Schwank ausschied. Der Kaiser rühmte besonders Adamis Prolog, der zur Denkmalsenthüllung am 16. Juni paßte und den königlichen Vater auch beim Festabend am 17. Juni zitierte. (Selbstverständlich würde die deklamierende Schauspielerin dem Befehl folgen und das Reiterstandbild Friedrich Wilhelms III. nicht als »heut«, sondern als »froh enthüllt« bezeichnen.) Anscheinend hatte Wilhelm schon vorher den Text Heins gutgeheißen, er bezog ihn jedoch weder auf den staufischen Titelhelden noch auf die Frühgeschichte der Hohenzollern, sondern auf die neue Zeit nach 1848, in der er die deutschen Einigungskriege geführt hatte. Damit der bei Hein kurz abgemachte Siebenjährige Krieg gebührend vertreten sei, wünschte sich der Kaiser noch einmal einen Akt aus Meyerbeers Oper. Vermutlich überzeugte ihn Hausminister Schleinitz oder Generalintendant Hülsen, daß dieses Musikstück schon oft bei Berliner Feiern erklungen war, recht martialisch tönte und sich von einem militärischen Schwank nicht würdevoller abhob als Schillers Text. Um dem Kaiser trotzdem den Gefallen zu erweisen, würde das Orchester zu Beginn die Ouvertüre Meyerbeers spielen und auf diese Weise diskret den Alten Fritz zitieren.

Nun fehlte freilich ein Ersatz für den verworfenen militärischen Schwank, ein Stück, das ähnlich gegenwartsbezogen die deutschen Soldaten rühmte und ihren Friedenswillen unterstrich. Wenn es ergreifend und sehr ernst geraten sollte, mußte es die Tonlage der höfischen Allegorie wählen und über den Soldaten die Friedensgöttin in Person schweben lassen. War bis nach Berlin durchgesickert, daß die Friedensgöttin einen Monat später auch in München auftreten würde, wie sie ein Vierteljahr zuvor in Stuttgart aufgetreten war? Hülsen brauchte nicht lange zu grübeln, wer ihm schnell noch ein Festspiel dichten könnte; er kannte Julius Rodenberg, der am Sedanstag 1870 der Dresdner Hofbühne binnen weniger Stunden einen Sedanprolog verfertigt hatte. So kam Rodenbergs Festspiel »Zur Heimkehr« kurz vor Torschluß ins Festprogramm, als allegorisches Gegenstück zu Heins historischem »Barbarossa«. Ganz am Ende fiel dem Generalintendanten der krönende Abschluß ein, Wilhelms Reiterstatue, die sich der Kaiser erst am Tag der Festvorstellung abringen ließ.

Zusammengefaßt: Bei der Vorbereitung der Berliner Siegesfeier mußte der Generalintendant zwischen März und Juni 1871 vielerlei planen und anregen, verwerfen und verändern, bis zum letzten Tag; es ging turbulent hinter den Kulissen zu. Nur eines stand von Anfang an fest, daß Barbarossa in der Staatsoper das neue deutsche Geschichtsbild verkünden sollte. Weder persönliche Vorliebe noch allgemeine Verlegenheit der Kulturbeamten führte zu diesem Beschluß, sondern eine Serie von Beratungen, Auswahlverfahren und Änderungsbefehlen. Es war eine theatralische Haupt- und Staatsaktion, wenn es je eine gab; über sie wurde Allerhöchsten Orts verfügt.

Textdichter. In der gedruckten Fassung, die wahrscheinlich vor dem 11. April 1871 abgeschlossen war, hieß Heins Stück noch nicht Festspiel, sondern »Barbarossa, Dichtung in einem Aufzuge von Julius Hein, Musik von Bernhard Hopfer, op. 13« (Klavierauszug mit Text, Verlag Bote, Berlin, ohne Jahr, vermutlich Mitte 1871 erschienen). Diese ursprüngliche Dichtung Heins lautet:

(Der Vorhang geht auf. Düstere Felsengrotte. Barbarossa sitzt an einem Steintisch. Er schläft, bewacht von einem Zwerg, der zu seinen Füßen kauert.)

CHOR DER RABEN (hinter der Szene, von oben herab):

Umkreiset die Berge, umfliehet die Höh'n,
Durchforschet die Lande so weit,
Um endlich die Stunde des Heils zu erspäh'n,
Die uns und den Kaiser befreit.

CHOR DER UNTERIRDISCHEN GEISTER:

Was kreischt ihr da oben in heiserem Chor,
Hier unten da brodelt's und gärt's;
Aus Tiefen nur steigt's zu der Höhe empor,
Die nächste der Stunden gebärt's.

DER ZWERG (hinter der Szene):

Was naht sich von ferne in lautem Gewühl,
Kommt näher und näher herzu,
Mit krieg'rischem Klange, mit klingendem Spiel,
Und stört meinem Kaiser die Ruh?

CHOR:

Begieb dich zur Erde in eiligem Lauf,
Laß schlafen in Frieden den Herrn;
Bald wecket ein glücklicher Morgen ihn auf,
Die Stunde des Heils ist nicht fern.

DER ZWERG:

Ich muß dir gehorchen, du lärmender Chor,
Verlassen die düstere Gruft;
Es zieht mich mit höh'ren Gewalten empor,
Empor in die freiere Luft.

(Ab.)

CHOR:

Schlaf', Kaiser, ruhig weiter! Schlaf'!
Der Morgen ist nicht weit;
Und sieh' im Traum, was dich betraf,
Im langen Lauf der Zeit!

DER KAISER (im Traume):

Ich sehe mich wieder in rosigen Tagen,
Das Haupt noch von goldenen Locken umwallt.
Es schmückt mich die Krone, die einst ich getragen,
Die Hand hält das Szepter der höchsten Gewalt.
Frisch blüht noch das Leben, hell leuchtet die Lust,
Und mächtiges Streben durchglühet die Brust.
Da schwellt noch die Liebe in Wonne und Schmerz
Mit seligem Triebe das bebende Herz.
Mein Arm führt die Heere in's blut'ge Gefecht,
Für Gott und die Ehre, für Deutschland und Recht.
Und neu sich beleben in leuchtender Pracht,
Seh' Deutschland ich streben nach Größe und Macht.

(Bild: Friedrich Barbarossa.)

Als so ich gegründet mein Reich hier auf Erden,
Da lenkt' ich zum Himmel den Sinn.
Ich wandte zu dem, der mit Müh' und Beschwerden
Die Menschheit entsündigt, mich hin.
Ich sah in der Ungläub'gen ruchlosen Händen
Das Grab, da der Heiland geruht.
Das Los dieser heiligsten Stätte zu wenden,
Entflammt' ich der Christenheit Mut;
Das Kreuz auf der Brust, auf dem heil'gen Paniere,
Der Segen des Herrn als Geleit,
Gewiß, daß die Scharen zum Siege ich führe,
Die neu Christi Grab uns befreit.
      (Bild: Barbarossa an der Spitze des Kreuzzuges.)
Was half es, daß sichtbar im Schlachtengetümmel
Ein Engel des Herrn bei mir stand!
Noch eh' ich am Ziel war, rief mir der Himmel,
Das Schwert, es entglitt meiner Hand.
Mich zogen zaub'rische Gestalten
Zur kühlen Wasserflut hinab;
Doch mächtigere Allgewalten
Verschlossen mir das feuchte Grab.

CHOR:

Wir rangen an den Flußgestaden
Dich aus dem Arm des Todes los,
Und führten dich auf Zauberpfaden
in dieses Berges sich'ren Schoß.

DER KAISER:

Und eine Stimme hört' ich klingen:
»Hier bleibst du schlafend festgebannt,
Bis dir Erlösung kommt zu bringen
Ein Ritter, der von Gott gesandt.
Wenn einst zu neuem Glanz und Ruhme
Das ein'ge deutsche Reich ersteht,
Dann naht er mit der Wunderblume,
Vor der des Zaubers Bann vergeht.«

CHOR:

Doch ist der Zauber nur geendet,
Wenn er, ein Fürst von Gott geweiht,
Den Bau des deutschen Reichs vollendet
Als Kaiser einer neuen Zeit.

DER KAISER:

So weil' ich viele hundert Jahre
Im Schlaf und harre sehnsuchtsvoll,
Daß jene Kunde ich erfahre,
Die mir Erlösung bringen soll.

CHOR:

Nicht lange hast du mehr zu tragen,
Verfolge deiner Träume Bild!
Bald wird die Rettungsstunde schlagen,
Die deines Herzens Sehnen stillt.

DER KAISER:

In kleiner Burg vom Zollernstamme,
Der Burggraf war's von Nüremberg,
Der facht den Funken an zur Flamme,
Und ihre Glut gebiert das Werk.
Zum Kurhut wird die Grafenkrone,
Es bahnt durch seiner Taten Ruhm
Der große Kurfürst kühn dem Sohne
Die Wege für das Königtum.
        (Bild: Landung des großen Kurfürsten auf Rügen.)
Doch seiner Taten reiche Macht
löst nicht des Schlafes tiefe Nacht.

CHOR:

Der Winter läßt nicht leicht das Land
Aus Schlafes Banden frei,
Und doch ist er ein sich'res Pfand,
Daß einstmals Frühling sei.

DER KAISER:

Des großen Friedrich Heldensiege,
Sie schlugen an dies Felsentor.
Da stand des jungen Deutschland Wiege,
Doch drang kein Weckruf an mein Ohr.

CHOR:

> Doch schwebt in unverwelktem Glanz
> Auf Preußens Siegesbahn
> Aus seines Ruhmes ew'gem Kranz
> Ein Lorbeerreis voran.
> > (Bild: Friedrich der Große.)

DER KAISER:

> Ich sah das Vaterland zertreten
> Von fremder Herrschaft Tyrannei;
> Ich hört' in seinen höchsten Nöten
> Des Schmerzes wildes Wehgeschrei.
> Da schallt ein Ruf durch Preußens Lande,
> Schallt an sein Volk des Königs Ruf.
> Der sprengt der fremden Herrschaft Bande
> Durch die Begeist'rung, die er schuf.
> Ich sah ein ganzes Volk in Waffen,
> Von tapfern Helden ein Geschlecht
> Die Freiheit Deutschlands neu erschaffen
> Und siegen für sein heilig Recht.
> > (Bild: 1813.)
> Wie stand bereit zum heil'gen Kriege
> Ganz Deutschland stark und einig da!
> Schon wähnt' ich, daß nach solchem Siege
> Mir der Erlösung Stunde nah.
> O Einheit, Traum auf ros'gen Schwingen,
> Wie warst du selbst als Traum so schön!
> Ich sah die Völker dich erringen,
> Was mußtest du, ein Traum, vergehn?
> Auf's neue trennt, was kaum verbunden,
> Bald Eifersucht, bald eitler Wahn;
> Die Hoffnung war auch mir entschwunden,
> Daß je mir Rettung könnte nahn.
> Und trüber ward ihr Schein und trüber,
> Und ganz erlosch ihr Morgenrot.
> Des Aufruhrs Sturmflut braust vorüber
> Und bringt Verwirrung, Angst und Not.
> Und kaum, daß heil'ger Ordnung Walten
> Den Strom ins alte Bette weist,

Seh' ich mein Reich noch tiefer spalten
Der alten Zwietracht finstern Geist.
Ein Heldenkönig greift zum Schwerte
Für Ehr' und Recht – er steht allein.
Kein Deutschland wird sein Kampfgefährte,
Kein Deutschland tritt für Preußen ein.
Doch kämpft mit ihm und seinen Scharen
Des Himmels unsichtbare Macht;
Was sonst der Krieg in langen Jahren,
In Tagen hat's sein Schwert vollbracht.
(Bild: 1866.)

CHOR:

Was Preußens Beispiel nicht gelungen
Im Kampfe für sein höchstes Gut,
Hat wider Willen uns errungen
Des fremden Volkes Übermut.

DER KAISER:

Der Franken Adler seh' ich schweben,
Sie rücken gegen Preußen an;
Ich seh' die Deutschen sich erheben,
Stark, fest und einig wie ein Mann.
Sie einen sich um Preußens Fahnen,
Und seines Königs Heldenarm
Führt sie zu neuen Siegesbahnen,
Jagt vor sich her der Feinde Schwarm.
(Bild: 1870.)

CHOR:

Und Friede! Friede! tönt's im Land,
Ertönt's von Berg und Auen,
Und sich'rer Eintracht festes Band
Umschlingt die deutschen Gauen.

DER ZWERG:

Herr, Herr, erwacht aus Eurem Schlummer,
Geendet ist nun Eure Bahn!
Geendet sind nun Gram und Kummer,
Denn deutsche Siegesheere nahn!

Der Ruf von König Wilhelms Ruhme,
Er dringt vom Tal zur Höh' empor;
Der Ritter mit der Wunderblume,
Er naht des Bergs verschloss'nem Tor.
In neuer Einheit frischem Glanze
Strahlt Deutschland, die beglückte Braut;
Schon harrt der Stunde sie im Kranze,
Da sie den Bräutigam erschaut.

(Der Kaiser erwacht.)

DER KAISER (mit ganzer Kraft):

Die Stunde ist da! Die Fesseln fallen!
Erlösung wird auch mir zuteil!
In lautem Jubel hör' ich's schallen:
Heil! Heil! Dem deutschen Kaiser Heil!
So ist der Bann von mir genommen,
Der Ritter löst den langen Schmerz,
Er ist in König Wilhelm kommen,
Die Wunderblume ist sein Herz.
Das trübe Leid ist nun entschwunden,
Die Krone, die der Welt geraubt,
Sie hat die rechte Statt gefunden
Auf König Wilhelms würd'gem Haupt.
Das deutsche Reich erschuf auf's neue,
Ein großes Reich der Einigkeit,
Der Hohenzollern deutsche Treue
Und König Wilhelms Tapferkeit.
    (Bild: Germania krönt Borussia mit der deutschen Krone.)

DER KAISER:

Drum, deutsche Lande, jauchzt in froher Lust:
Hoch Kaiser Wilhelm, Hoch aus voller Brust!

CHOR:

Drum, deutsche Lande, jauchzt in froher Lust:
Hoch Kaiser Wilhelm, Hoch aus voller Brust!

(Der Vorhang fällt)

Man kann es dem Fürsten Hohenlohe nachsehen, daß er diesen Text als höchst unbedeutend abtat; die literarische Form der aufgeblähten Verse ist nicht der Rede wert. Aber schon ihr literarischer Inhalt verdient Beachtung, denn hier ist fast die gesamte deutsche Barbarossa-Tradition von 1813 bis 1871 gesammelt, die poetische, die historische, die publizistische. Sie ist überdies zu einem umfassenden Geschichtsbild geordnet, das seine Richtpunkte aus der amtlichen Berliner Politik bezogen hat. Baronin Spitzemberg erkannte die politische Bedeutung des Stückes sofort; aber die Forschung ging bis heute an dieser denkwürdigen Quelle des wilhelminischen Geschichtsbildes achtlos vorbei. Wie wichtig sie 1871 genommen wurde, zeigt sich daran, daß das Barbarossa-Festspiel am 17. Juni nicht in Heins gedruckter Fassung aufgeführt wurde, sondern mit Veränderungen, die nicht vom Textdichter stammen.

Aufführung. Ausführlicher als Baronin Spitzemberg berichtete der Deutsche Reichsanzeiger vom 18. Juni 1871 über die Festvorstellung des Vorabends. Während die schwäbische Diplomatengattin das Barbarossaspiel am interessantesten fand, legte der Reichsanzeiger, wie Kaiser Wilhelm, den größten Wert auf Adamis Prolog und druckte ihn wörtlich ab. Immerhin besprach das amtliche Blatt Heins »Barbarossa« weit eingehender als Rodenbergs »Heimkehr« und teilte neben Kostproben des Textes die ganze Reihe der Lebenden Bilder mit. Es waren weder die acht bei Hein angegebenen noch die fünf im Theaterzettel angekündigten.

Hein hatte dem Staufer zu Anfang das gleiche Gewicht wie dem Zollern zum Schluß verleihen wollen und deshalb zwei Bilder Barbarossas vorgesehen. Das erste der Reihe sollte ihn mit jugendlich goldenen Locken an der Spitze des siegreichen Reichsheeres darstellen, vermutlich beim Einzug in Mailand 1162. Hein betonte, ähnlich wie Helfenstein-Aegidi, daß Barbarossa auch in der (nicht genauer lokalisierten) Fremde für Deutschland und Recht kämpfte, doch wurde daneben Deutschlands Größe und Macht erwähnt. Bild und Verse hätten deutsches Kaisertum nicht nur als Siegespreis des Abwehrkampfes, sondern als Stachel zu imperialistischer Eroberung beschrieben. Aus diesem Grund lehnten Freytag und Bennigsen, Kaiser Wilhelm und Kanzler Bismarck die staufische Italienpolitik als schädlich für die innere deutsche Entwicklung ab. Deshalb verschwand Heins erstes Bild, vielleicht auch ein Teil seines Kontextes. So begann die Bilderreihe der deutschen Geschichte nicht mit einem siegreichen Heerkaiser, sondern mit einem aufbrechenden Kreuzfahrer. Im entscheidenden Punkt militärischer Macht glich der Staufer dem Zollern ebenfalls nicht; Bismarck hatte es im Reichstag gesagt.

Die nächste Änderung betraf Heins Bild zum Jahr 1866, das allem Anschein nach auf Königgrätz gemünzt war. Bei der Festvorstellung wurde dieser Triumph Preußens über die Süddeutschen nicht ausgekostet; man sah kein Lebendes Bild, sondern das Kriegerdenkmal Drakes, einen siegreichen, aber sterbenden Preußen, unnötiges Blutvergießen im deutschen Bruderkrieg. Das folgende Lebende Bild mußte nach Heins Text zum Jahr 1870 eine weitere Siegesszene bringen, wohl die von Sedan. Statt dessen erschien Germania, von Soldaten aller deutschen Länder auf dem Schild getragen. Also nicht auf Rache an Frankreich war es wie bei Treitschke abgesehen, sondern auf den gesamtdeutschen Beitrag zum Siegfrieden und auf die sichere Eintracht der deutschen Gaue.

Im nächsten und letzten Bild hätte nach Heins Regieanweisung Borussia durch Germania mit der deutschen Krone gekrönt werden sollen; das Kaisertum wäre demnach an Preußen gefallen, wegen der deutschen Treue Hohenzollerns und König Wilhelms Tapferkeit. Devrient hatte sich den Vorgang ähnlich gedacht und eine leibhaftige Kaiserkrone gezeigt. Was am 17. Juni wirklich aufgeführt wurde, erfahren wir nicht von Baronin Spitzemberg, aber aus dem Reichsanzeiger: »Das letzte Bild dieses Festspiels vereinigte die allegorischen Figuren der Germania und aller deutschen Staaten mit ihren Wappen zu einem glänzenden Gesamtgemälde.« Da versammelten sich die Damen Germania, Borussia, Bavaria, Saxonia und die anderen wie bei Salviati, um ihr Kaiserhoch auszubringen. Anstelle der Krone verband nur der Titel, wie Freytag gefordert hatte, das neue mit dem alten Kaisertum; es würde jedoch kein preußisch-soldatisches, sondern ein gesamtdeutsch-friedliches sein. Unschwer erkennt man hinter diesen Änderungen innenpolitische Rücksichtnahme auf die Süddeutschen, mehr oder weniger in Bismarcks Sinne; Hülsen und Hein hatten sich die deutsche Geschichte draufgängerischer gedacht. Baronin Spitzemberg fand wohl gerade die veränderten Bilder sehr schön.

Auf den von Niemann gesungenen Text Heins achtete sie nicht sonderlich; er klang noch preußisch genug, wenigstens für die neueren Epochen. Für die älteren hatte Hein von sich aus Zugeständnisse gemacht, bereits mit dem Titel des Stücks. Wehl in Stuttgart und Devrient in Karlsruhe hatten ihre Festspiele nach »Kaiser Rotbart« genannt und damit den Sagenhelden im Kyffhäuser als Hüter des deutschen Kaisertums ausgegeben. Ihre Szenen setzten denn auch lange vor 1871 ein und ließen den Rotbart die fortschreitende Geschichte durch Jahrhunderte kommentieren. Hein begann in der Gegenwart der Reichsgründung und erlaubte dem alten Kaiser nur Rückblicke auf Vergangenheit; doch wählte er mit Bedacht den Namen des historischen Staufers und begann den Bildersaal deutscher Frühgeschichte mit Barbarossas geschichtlichen Taten. Er verkörperte Deutschland in der Fremde machtvoller, als Sybel meinte; der heimische Kampf mit Heinrich dem Löwen hemmte ihn weniger, als Helfenstein-Aegidi glaubte. Das Zeichen der Tapferkeit, das Kreuz auf der Brust, wies ihn gleichfalls als Wilhelms Vorläufer aus, obwohl ihm der Kreuzzug in die Ferne weder Ruhm noch Sieg einbrachte. Damit konnten Stillfried wie Windthorst einverstanden sein: staufisches Mittelalter als erster Anlauf zu Größe und Macht, nicht völlig verfehlt. Dann riskierte Hein einen kühnen Brückenschlag zwischen Geschichte und Sage: Barbarossa war nahe daran, 1190 im Saleph zu ertrinken; vor dem Tod bewahrten ihn unterirdische Geister, freilich aus unerfindlichen Gründen. Zunächst sieht es so aus, als hätte ihn sein Christenglaube am Leben erhalten und als gliche die Gruft im Kyffhäuser dem Grab des Heilands. Aber schnell zeigt sich seine völlige Entmachtung.

Bei der Darstellung der Kyffhäusersage griff Hein drastisch in deren seit Rückert und Geibel entfaltete Substanz ein. Der in der Felsengrotte Sitzende hat des Reiches Herrlichkeit und die Kaiserkrone nicht mit hinab genommen wie bei Wehl und Devrient. Seine Paladine haben ihn verlassen, er ist bloß Kaiser der Zwerge, Geister und Raben, ein armer Gefangener, der sehnsüchtig auf Erlösung wartet. Die Raben, die seinen Berg umkreisen, sind so unerlöst wie er, keine gehässigen Feinde, vermutlich wie bei Devrient die deutschen Stämme. Das Regiment in der Tiefe führen Geister, die Dunkles raunen und in die Zukunft blicken. Sie entsenden den Zwerg, der den Schlafenden bewacht und wie bei Rodenberg Nachricht von droben bringen soll; mit den Raben zusammen vertreten die Geister das deutsche Volk und seine Geschichte. Dieses Volk ist so handlungsunfähig wie sein Kaiser.

Daß die Erlösung durch eine Wunderblume vollzogen werden muß, geht auf eine Kyffhäusersage zurück, die soeben von Kauffer kritisiert wurde und mit Staufern gar nichts zu tun hatte. Der Ritter, der bei Hein die Wunderblume bringen wird, ähnelt dem Prinzen, der das verwunschene Dornröschen befreit; Deutschland als Dornröschen war ein geläufiges, auch von Rodenberg benutztes Bild. So dienen alle märchenhaften Züge bei Hein dem Zweck, den deutschen Kaiser und sein Volk für viele hundert Jahre in regloser Passivität zu zeigen und aus der wirklichen Geschichte fernzuhalten.

Dieser Kunstgriff gestattet es, die heikelsten Epochen deutscher Geschichte zu überspringen. Barbarossa, der eigentlich alle hundert Jahre aufgeweckt werden müßte, verschläft bei Hein den Untergang des Staufergeschlechts, die Reformation Luthers und den Dreißigjährigen Krieg, Ereignisse, die viele andere Autoren zwischen Grabbe und Devrient als Marksteine empfanden. Hein braucht weder die habsburgischen Kaiser zu zitieren noch die Fürstenhäuser der Welfen, Wittelsbacher, Zähringer, Wettiner. Sogar die Frühgeschichte der Hohenzollern wird vorsichtig eingefädelt, ohne Rückbindung an Schwaben, ohne Jensens Vergleich mit der Nachbarburg Hohenstaufen, ohne Stillfrieds Verweis auf Blutsverwandtschaft mit den Staufern. Vielmehr beginnen die Hohenzollern bei Hein so, wie es sich Bismarck zusammenreimte, als Burggrafen von Nürnberg; nicht einmal chronologisch werden die Anfänge mit der Barbarossazeit verknüpft. Wie bei Devrient hätten sich die Hohenzollern leicht als treue Paladine der alten Kaiser rühmen lassen; doch Hein deutete bloß verschämt an, daß sie (von einem Kaiser) 1417 die Mark Brandenburg und den Kurhut empfingen. Preußens Adel und Volk blieben ganz außer Betracht; Preußens geschichtlicher Zusammenhang gründete sich allein auf die Dynastie, deren Geschichte schien in sich selbst zu ruhen. Ein halbes Jahrtausend deutscher Geschichte als Winterschlaf!

Ziemlich kurz und kühl, sehr anders als Jähns, behandelt Hein den Großen Kurfürsten und den Alten Fritz; sie gelten vor allem als ruhmreiche Feldherrn. Bei Friedrich dem Großen tauchen indes nebeneinander die Namen Preußen und Deutschland auf und es heißt fast wie bei Ranke, daß die Schlesischen Kriege gegen Österreich an der Wiege Deutschlands standen. Doch ist auch dies noch Vorspiel. Eindringlich wird der Monolog des träumenden Kaisers, der längste im Spiel, erst mit dem beginnenden 19. Jahrhundert; Kaiser Wilhelm hatte recht, wenn er in dieser Neuzeit den Schwerpunkt des Stückes sah. Hein unterstrich so kräftig wie Jähns den Aufruf Friedrich Wilhelms III. »An Mein Volk« vom 17. März 1813; die Schilderung des napoleonischen Elends lehnte sich an den Wortlaut dieses Aufrufs an. Das Lebende Bild aus den Freiheitskriegen, nach Heins Konzept vermutlich von der Leipziger Völkerschlacht, auf die er wenig später anspielte, verlor die Assoziation des Volkssturms, wenn es Preußens König war, der die Begeisterung für Deutschlands Einigkeit und Recht und Freiheit weckte. Freiheit meinte ohnedies bloß Befreiung von der Tyrannei Napoleons, Volk meinte ausschließlich das Volk in Waffen, die Armee. Das Leben der einfachen Soldaten im Krieg, das Devrient und Hildebrand hervorgekehrt hatten, blieb beiseite, ebenso das Alltagsleben der Bauern, Bürger und Kulturschaffenden im Frieden, des Grosse und Salviati betont hatten.

Demgemäß erscheint die Geschichte des Vormärz als Verkettung böser Mächte, der territorialen Eifersüchteleien und sozialen Wahnideen. Des Aufruhrs Sturmflut, so kurz und vernichtend wird die Revolution von 1848 gekennzeichnet, wieder im Anschluß an einen Aufruf des Preußenkönigs, Friedrich Wilhelm IV., vom 18./19. März 1848. Hein hatte es miterlebt und mußte es wissen, was Stoltze soeben noch einmal behauptete, daß sich das Volkskaisertum der Nationalversammlung 1849 auf Barbarossa berief. Aber in der Ablehnung dieser Politik waren sich 1871 alle Maßgebenden einig, von Ranke bis Hülsen. Barbarossa selbst, den 1848 viele wie Grosse beschworen hatten, verkündete jetzt von der Berliner Bühne, daß er damals am tiefsten enttäuscht, von seiner Erlösung am weitesten entfernt war! Helfen konnte ihm nur heil'ger Ordnung Walten, das den Strom ins alte Bette wies, die konservative Politik Wilhelms I. seit 1858. Hein betrachtet sie vom Standpunkt der Außenpolitik und Kriegführung; die Innenpolitik der Neuen Ära und der Konfliktzeit ist ihm keinen Deut wert.

Die folgenden Verse sind bewußt undeutlich gehalten: Gegen wen kämpfte denn der Heldenkönig so einsam? Baronin Spitzemberg dürfte genau hingehört haben, wie die heikle Angelegenheit des Krieges von 1866 bewältigt würde. Hein deutet das Negative lediglich durch Negationen an: »Kein Deutschland«, das sind die anderen Deutschen, die zum heiligen Krieg an Preußens Seite nicht bereit waren oder gar auf der falschen Seite standen, die Ehrengäste der Friedensfeier 1871. Just hier kommt in Heins

Verse ein Orgelton: Der Himmel, der seine Engel zum letzten Mal bei Barbarossas Heidenkrieg 1190 entsandt hatte, tut sich 1866 für Preußens König von neuem auf, und diesmal bringt der Kreuzzug Sieg, in wenigen Tagen. Ein erstes Wunder ist geschehen. Daß die übrigen Deutschen noch danach zögern, dem preußischen Beispiel zu folgen, ist ein letztes Aufbegehren satanischer Geister, das sich dem luziferischen Hochmut Frankreichs zur Seite stellt.

Der Deutsch-Französische Krieg von 1870 wird zum reinen Verteidigungskrieg stilisiert. Anders als bei Treitschke vertreibt nicht der preußische Adler die bösen Raben; nur die Franzosen werden durch Adler geleitet, Preußen hat seine Regimentsfahnen und seinen Heldenkönig. Anders als bei Hopfen fehlt jede Anspielung auf die Rückeroberung von Elsaß und Lothringen, insbesondere auf die alte Reichsstadt Straßburg, die an das staufische Mittelalter gemahnen könnte. So wird Held Wilhelm fast unmerklich aus jeglicher Tradition herausgehoben, der kaiserlich-mittelalterlichen ebenso wie der königlich-preußischen; nachdem seine Heiligkeit festgestellt ist, kann die Darstellung aus der Geschichte hinausgreifen, in den Mythos des Anfangs einlenken. Wilhelm war längst vorausgesagt als Ritter mit der Wunderblume, der den schlimmen Zauber bricht, als der von Gott gesandte, von Gott geweihte Fürst, als Kaiser einer neuen Zeit, der den Bau des deutschen Reiches vollendet. Jetzt offenbart er sich im heiligen Krieg, er bringt nach langem Harren die Erlösung, nach hartem Winter den rosigen Frühling, nach finsterer Nacht den Glanz des Morgens. Er kommt wie der christliche Heiland und wie der Märchenprinz, der Dornröschen befreit. Er ist der Bräutigam, auf den die Braut Deutschland gewartet hat, ganz so, wie es Geibels Gedicht »An Deutschland« im Januar 1871 formulierte.

Wilhelm bringt eine neue Zeit, die Stunde des Heils ist da, auch für den alten Barbarossa. Noch einmal biegt Hein die Sage um: Barbarossa kommt, wenn seine Zeit im Berg abgelaufen ist, nicht wie bei Geibel mit des Reiches Herrlichkeit nach oben und greift nicht wie bei Devrient in den Schlußkampf ein. Er wird erlöst und geht zur Ruhe ein – wohin, das ist Heins Sorge nicht. Denn er wendet sich zu den Deutschen seiner Gegenwart, die ebenfalls erlöst sind, durch die deutsche Treue der Hohenzollern (ein Zitat aus Devrient), vor allem durch König Wilhelms Tapferkeit. Sie bringt nicht allein den Deutschen ein einiges Reich wieder, sie schenkt der Welt die geraubte Krone, die heiligste der Christenheit. Der Heilruf Barbarossas drückt keinen Wunsch mehr aus, das Heil der Welt ist da, in der Berliner Staatsoper am 17. Juni 1871. Wilhelm, der die Träume Barbarossas verwirklicht, erscheint in der doppelten Gloriole von Mythos und Geschichte; er versinnlicht ein ewiges Reich, das sich durch Wiederauferstehung dem geschichtlichen Wandel entzieht, und er verkörpert in dem anschließenden Schlußbild zugleich den geschichtlichen Höhepunkt der Gegenwart: Kaiser Wilhelms Reiterstatue, Paris im Hintergrunde. Hoch Kaiser Wilhelm, lauter Jubel, denn Er ist mitten unter uns.

Wozu die Überhöhung? Bei aller Loyalität war dem militärischen Zeremoniell des preußischen Hofes byzantinische Schmeichelei fremd gewesen; noch die nüchternen Festspiele der Altpreußen Jähns und Salviati bezeugen es. Kritiker Preußens hatten noch im März 1871 in Berlin den Enthusiasmus vermißt, Baronin Spitzemberg, der Abgeordnete Windthorst. Diesen Enthusiasmus zu wecken, war die Absicht der Berliner Friedensfeier allgemein, des Festabends in der Staatsoper besonders. Die Begeisterung der Zuschauer galt nicht dem Schlußbild allein, sondern der Erfüllung von siebenhundert Jahren deutscher Träume, der Erlösung von uralten deutschen Ängsten. Der nächste Sturm würde nicht, wie Freytag in diesen Tagen fürchtete, ein provisorisches Gebäude zerblasen, als wäre es nie dagewesen. Der Erlöser Barbarossas und Sieger über Frankreich verbürgte die Dauer eines unzerstörbaren, tausendjährigen Reiches. Daß Heins Festspiel so verstanden wurde und nachwirkte, ließe sich an vielen Lebensläufen der wilhelminischen Zeit belegen; hier genügt es, einem einzigen Zuschauer der Festvorstellung das Wort zu geben.

Der Enkel des Kaisers, Prinz Wilhelm, saß am 17. Juni 1871 mit in der Kaiserloge, damals zwölfjährig. In einem Lebenslauf vom Oktober 1876 bekundete der junge Hohenzoller schwärmerische Begeisterung für die deutschen Kaiser des Mittelalters. »Vor allem Barbarossa war für mich das Ideal eines deutschen Ritters, und ich konnte nicht aufhören zu bewundern seine Tapferkeit, Ausdauer und Beharrlichkeit im Kampf mit dem Papst und den italienischen Städten.« Der historische Barbarossa, nicht der Rotbart im Kyffhäuser war Sinnbild kaiserlicher Aktivität. Als Wilhelm II. Kaiser wurde, schien er dieses Vorbild verdrängen und durch seinen Großvater Wilhelm »den Großen« ersetzen zu wollen. Aber der Abgedankte schrieb 1929, fast sechzig Jahre nach der Reichsgründung, von dem wieder verlorenen Kaisertum mit mythi-

176

schem Pathos: »Der Deutsche Kaiser war wieder da, das Deutsche Kaiserreich aus Schutt und Asche neu verjüngt emporgestiegen, Barbarossa wiedererwacht, die Raben vom Kyffhäuser verschwunden und aus des Vaters Rhein grünen Fluten der Nibelungenschatz, die deutsche Kaiserkrone, wieder ans Licht der Sonne emporgehoben . . .« Wilhelm II. hatte die Festspiele von Hein und Rodenberg längst vergessen, doch ihre Bilder lebten in ihm, Bilder einer deutschen Geschichte, nicht wie sie gewesen ist, sondern wie sie hätte werden sollen.

Zusammengefaßt: Nach Ansicht der Baronin Spitzemberg war Barbarossa 1871 lediglich der alte, nun zur Ruhe gelangte Rotbart. Aber gerade das Festspiel, dem sie zusah, machte ihn zum zeitgenössischen Repräsentanten des wilhelminischen Als Ob.

Epilog

Die Stuttgarter Stauferausstellung im Sommer 1977 überraschte auch jene Eingeweihten, die sie vier Jahre lang vorbereitet hatten und sich in der Ausstellungsgeschichte des letzten Menschenalters gut auskannten. Es ist nützlich, die Vorüberlegungen nachträglich noch einmal zu bedenken, denn sie zeigen, womit zu rechnen war und was Unerwartetes geschah. Verschiedene Gruppen erwarteten recht Unterschiedliches.

Gelehrte, Experten für Vergangenheit, erinnerten an frühere Mittelalterausstellungen, von »Ars sacra« in München 1950 bis »Rhein und Maas, Kunst und Kultur 800–1400« in Köln und Brüssel 1972. Wahrscheinlich würde sich auch jetzt das allgemeine Interesse auf unschätzbare Kunstwerke aus Gold und Silber konzentrieren, auf die Magie der unersetzlichen Originale. Nicht umsonst wählte man den goldenen Barbarossakopf aus Cappenberg zum Bildsymbol der Stuttgarter Ausstellung; er würde ihr den Nimbus des Exquisiten und Exklusiven verleihen. Gegen diese Neigung, vorwiegend von Kunsthistorikern, wandten die meisten Historiker ein, man dürfe bei solcher Personalisierung nicht stehen bleiben, man müsse die Staufer als Repräsentanten ihrer Zeit begreifen, man solle das Leben der durchschnittlichen Menschen mit einfangen. Weil beim Mittelalter unsere eigene europäische Vorgeschichte zur Sprache komme, könne man freilich nicht mit dem Reiz des Archaischen und Exotischen rechnen, der die jüngsten Ausstellungen über Etrusker, Kelten und Ägypter so attraktiv gemacht habe. Gingen die Ansichten schon hier auseinander, so erhob sich ziemlich allgemeines Unbehagen unter den Gelehrten, als eine Gruppe von Historikern und Volkskundlern empfahl, neben der Vergangenheit auch die Gegenwart, neben dem Cappenberger Barbarossakopf auch den Rotbart auf Bierdeckeln auszustellen. Das Erlesene sollte, wenn schon nicht vor dem Normalen, dann wenigstens vor dem Vulgären geschützt bleiben. Die Ausstellung mochte die Forschung zu weiterführenden Spezialstudien über die Staufer, über Geschichte, Kunst, Kultur des Hochmittelalters anregen und im übrigen vornehmlich Ästheten anziehen, im Genuß des Allerfremdesten Wohlbewanderte. Während sie im Grund nur einem kleinen Kreis von Kennern dienen könnte, müßte sie den vielen Laien mit didaktischem Geschick die ersten Informationen liefern, sie aber damit vermutlich überfordern.

Ungefähr das Gegenteil dachten sich Politiker, Experten für Gegenwart. Auch sie konnten sich auf frühere Ausstellungen berufen, von der 1956 in Essen »Werdendes Abendland an Rhein und Ruhr« bis zu der 1973 in Augsburg »Suevia sacra«, die den Besuchern einzelne historische Landschaften erschlossen hatten. Wer sie nachahmte, setzte auf das, was ein Philosoph kürzlich mit einem Wortungetüm die Identitätspräsentationsfunktion der Geschichte genannt hat. Eine 1977 in Stuttgart erschienene Bildzeitung des Staatsministeriums drückte denselben Gedanken schlichter aus: »Unser Land – Stauferland«. Dieser Richtung war es willkommen, daß eine Verbindungslinie zwischen Stauferzeit und Gegenwart gezogen wurde. Zurückhaltender äußerten sich andere Landesbehörden, zumal in Veröffentlichungen für Schulen; sie ließen die Gegenwart gern aus dem Spiel und dachten an Heldenverehrung der deutschen Kaiserherrlichkeit, wenigstens an Geschichte als Heilmittel gegen Mutlosigkeit. Noch besorgter warnten andere Politiker vor betriebsamer Zurschaustellung von Jahrhunderte zurückliegender Staufer-Tradition, als hätte die Vergangenheit mit der Gegenwart gar nichts zu tun. Bald zeichnete sich ab, daß die Verquickung breite Zustimmung fand. Da würden also heimatstolze Schwaben, überdies Schulklassen aus dem ganzen Land anrücken und erfahren, was sie schon wußten, daß Baden-Württemberg eine große Vergangenheit hinter sich hatte und, so jung es als Bundesland war, bereits in der Einheit des staufischen Herzogtums Schwaben grundgelegt war. Zur einfachen Gleichsetzung kam es trotzdem nicht, auch weil Presse und Rundfunk frühzeitig Lärm schlugen und die kommende Stauferausstellung mindestens als imperialen Entwurf der Landesgeschichte, wenn nicht gar als allerletztes Unternehmen Barbarossa denunzierten. Bei der Eröffnung betonte dann der Ministerpräsident des Landes, es gehe weder um Identifizierung einer zeitlosen Heimat noch um Heroisierung von Herrschergestalten, sondern um Lebensäußerungen und Lebensbedingungen von Menschen in einer ganz anders gearteten Zeit.

Natürlich sollte sich die Ausstellung an alle Bürger des Landes wenden und sie in möglichst großer Zahl nach Stuttgart locken; aber was sie beim Gang durch das Alte Schloß lernen und auf ihre Gegenwart beziehen sollten, war nicht so eindeutig vorprogrammiert, wie viele argwöhnten.

Um die Offenheit (oder, wer das lieber liest, Unbestimmtheit) der Entwürfe noch zu erhöhen, widmeten sich weitere Vorüberlegungen der schwankenden Brücke zwischen Vergangenheit und Gegenwart, zwischen Geschichte und Politik. In früheren Ausstellungen war sie meist nicht beachtet, bei der Aachener Ausstellung »Karl der Große, Werk und Wirkung« 1965 nur zaghaft gezeigt worden. Modernstes Ausstellungsstück waren dort die Karlsfresken im Rathaussaal von etwa 1850 gewesen. Erst die Ausstellung »Tausend Jahre Babenberger in Österreich« ließ sich 1976 vom Lokalkolorit des Stiftes Lilienfeld ermutigen, die Nachwirkungen der Babenberger bis in unser Jahrhundert einzubeziehen. Nun waren die Babenberger Landesfürsten gewesen; ein ähnliches Unterfangen für die Staufer war ungleich riskanter. Gewiß hatten sie das Gesicht der südwestdeutschen Kulturlandschaft bis heute geprägt; aber ihre Spuren waren an Burgen, Städten und Klöstern draußen im Land zu beobachten, in Stuttgart selbst gerade nicht. Und wer ihre Wirkungen in ganzer Breite betrachten wollte, mußte nach Hagenau im Elsaß und nach Palermo in Sizilien reisen. Gewiß hatten die Staufer für eine Weile das deutsche Hochmittelalter bestimmt; aber schon im deutschen Südwesten traten Nebenbuhler auf, die Welfen und die Zähringer. Und die Grundlage für das spätere Deutschland wurde wie von Fürsten auch von Rittern und Bürgern gelegt; ihre schönsten Kirchen stehen in Marburg und Köln. Gewiß war der deutsche Südwesten in staufischer Zeit politisch weithin vereint; aber die siebenhundert Jahre danach brachten nicht nur die Zertrennung Deutschlands, sondern auch die Festigung von Ländern wie Baden, wie Württemberg. Weder räumlich noch zeitlich durfte sich also die Ausstellung beschränken, sei es auf Schwaben, die Staufer oder das Hochmittelalter. Die historische Vergangenheit war in sich vielschichtig und wirkte auf die politische Gegenwart diffus ein. Bei anderen Themen wäre diese Komplikation weniger kraß aufgetreten; wer das weitläufige Werk der Staufer besichtigen wollte, mußte ihre verwirrende Wirkung mitbetrachten. Davon ließen sich Politiker leichter als Ästheten überzeugen; doch niemand wußte, wie die Besucher reagieren würden.

Man darf es heute eingestehen: Der eine Leitfaden, den Sachverständige bei der Vorbereitung der Ausstellung nicht fanden, wurde dem Publikum auch nach ihrer Eröffnung von Kritikern nicht angeboten, weder von den peniblen noch von den agilen. Der vierbändige Katalog, ein gelungenes Teamwork zahlreicher Spezialisten, hatte es nicht auf einen gedrängten Überblick abgesehen, das ist wahr. Aber auch anderswo erschien kein Buch, das eine ebenso fundierte wie umfassende Neubewertung der staufischen Epoche vorgeschlagen hätte. Die wichtigste gelehrte Neuerscheinung des Stauferjahres war eine Geschichte der Burg Hohenstaufen, eine landesgeschichtliche Spezialstudie, die nur im ersten Drittel von Staufern sprach. In zahlreichen Zeitungen und Zeitschriften las man ja großzügige Übersichten über »das von hehrer Legende umwitterte schwäbische Herrschergeschlecht, wie es wirklich war«, aber die meisten klangen, als hätten ergraute Akademiker eine Vorlesungsnachschrift von 1927 hervorgekramt. Erst während der Ausstellung zeichnete sich eine deutlichere Leitlinie ab (die der Ministerpräsident zu Beginn angedeutet hatte): »Sozialgeschichte der Stauferzeit«, wie ein hervorragendes Arbeitsheft baden-württembergischer Lehrer betitelt war. Auch einige Fernsehsendungen zielten in diese Richtung, und von der Anschlußausstellung in Schaffhausen meinte ein Journalist, sie verschiebe die Akzente vom Kaiser fort zum Alltag hin. Trotzdem blieb es dem Besucher in Stuttgart weithin selbst überlassen, was er für bedeutsam halten würde. Darüber wurde viel geklagt; ich kann es so bedauerlich nicht finden. Eine historisch akzentuierte oder politisch manipulierte Ausstellung wäre viel einfacher und viel schrecklicher gewesen, nämlich eine schreckliche Vereinfachung geworden. Daß der Brei nicht verdorben wurde, lag wohl an der Vielzahl der Köche.

Warum es gut ist, daran zu erinnern? Nun, die Offenheit der Entwürfe setzte sich in der Beurteilung der Erfolge fort. Als statt der optimistisch geschätzten dreihunderttausend an die siebenhunderttausend Besucher kamen, suchten die Experten ziemlich ratlos nach der Ursache. Offenbar waren nicht bloß Intellektuelle und nicht bloß Regionalpatrioten aufgebrochen, denn so viele gibt es von beiden Gattungen nicht. So mußte, vor allem zu Anfang, die Pathologie herhalten. Berichterstatter aus Hamburg mokierten sich über die schwäbische Nostalgiegrippe, die im deutschen Südwesten derzeit epidemisch wütende Stauferitis. Als auch Norddeutsche zuhauf kamen, verglich eine Frankfurter Zeitung den Besucherstrom mit Pilgern zu einer mittelalterlichen Reliquienwallfahrt, von denen man nicht genau wissen könne, ob sie irgendeine Beziehung zu dem Gezeigten mitgebracht oder mitgenommen hätten. Sicher drängten sich viele vor den Vitrinen, weil sie dabeigewesen sein und mitreden wollten. Die öffentlichen Kontroversen vor der Eröffnung hatten für Publizität gesorgt; nachher half, wie ein (schwäbischer) Historiker bissig bemerkte, bei der Bildung des neuen Geschichtsbewußtseins die Bewußtseinsindustrie kräftig nach. Dennoch glaube ich nicht, daß das Interesse nur oberflächliche Gründe hatte, so viel kurzatmige Aktualisierung auch im Spiel war. Hinterher führen mich zahlreiche Beobachtungen, Gespräche und Briefe zu einem Erklärungsversuch, der sicher subjektiv gefärbt, immerhin intersubjektiv abgestützt ist: Es war jedenfalls nicht Selbstbestätigung, was die nachdenklichen unter den Besuchern nach Hause tragen wollten.

Soweit sie nicht in Massen durch die engen Räume geschoben wurden, unternahmen sie eine Art Reise ins Ausland, als wüßten sie noch nicht, was sie an der nächsten Ecke erwartet, und wollten es lernen. Der Hunger nach historischen Informationen war groß; größer war aber die Neugier, mit eigenen Augen etwas zu entdecken, was weder dem lieben alten Schwaben noch dem vertrauten Fortschrittsglauben gleichsah. Den tiefsten Eindruck machten anschauliche Bilder von mittelalterlichen Menschen, meist in Lebensgröße dargestellt, die das Leben liebten und gleichwohl an ihm litten. Von solchen Bildern gingen nervöse Spannung und Sensibilität aus, die betroffen machten und herausforderten. Ein Arzt aus Kaiserslautern schrieb mir, das Begreifen und Ergriffenwerden ziele nicht auf ästhetischen Genuß, sondern auf das Lebendigwerden der am meisten unterdrückten und verdrängten Klasse, der Toten. Dieser leise Satz, dem sich verwandte anfügen ließen, scheint die Anziehungskraft der Stauferausstellung genauer zu beschreiben als die Mutmaßungen der Lautsprecher: Suche nach verschütteten Bereichen der Menschlichkeit.

Für diese These spricht, daß viele Besucher kein bestimmtes Land, keine bestimmte Zeit besichtigen wollten. Die Laien kümmerten sich wenig um den Streit der Fachleute, ob ausgestellte Kopien wirklich nur ein Ersatzerlebnis böten; sie empfanden, daß diese Gesichter sie ansahen, auf sie herab, durch sie hindurch, über sie hinweg blickten. Sie suchten keine Erlebnisse des Wiedererkennens, überhaupt kein bestimmtes Bild von der Vergangenheit, von der Gegenwart, von der Brücke zwischen beiden. Was sie betrachteten, waren auch keineswegs die »bunten Steine«, wie man ihnen flugs unterschob. Fast jeder zweite Besucher sah sich den anderen Teil der Ausstellung an, der in der Presse gern übersehen oder als Horrorschau und Selbstironie abgetan wurde. Diese Antworten der Nachwelt auf die staufische Herausforderung zeigten vom Spätmittelalter bis zur Gegenwart alles andere als gesicherte Kontinuität. Trotzdem schimpften oder lachten nach meinen Beobachtungen die wenigsten über den Rotbart auf dem Bierdeckel. Die meisten standen hier wie drüben vor dem Cappenberger Kopf eher nachdenklich: als begegneten sie einem Menschen wieder, den sie genau zu kennen meinten und der ihnen ein fremdes Gesicht zeigte; als erschräken sie darüber, was aus einem Menschen alles werden kann; als ginge sie dies höchstpersönlich an. Nur aus solcher Beunruhigung kann ich mir die ungeheuerliche Auflage des Katalogs erklären. Fast jeder vierte Besucher bestellte ihn, doch wohl nicht, um ihn zu Schwarzmarktpreisen weiterzuverkaufen, sondern um gründlich nachzulesen, was er flüchtig gesehen hatte. Und wenn ihm, wie zu erwarten steht, der Katalog die Antwort vorenthält, wird er ihn, denke ich, nicht wütend in die Ecke werfen, sondern die nächste Ausstellung aufsuchen, vielleicht die über Kaiser Karl IV. in Köln und Nürnberg 1978. Und wieder werden die Meinungsmacher von einem Zug der Lemminge oder von einer Stauferausstellung in Permanenz reden und nichts begreifen.

Wenn ich mich nicht täusche, hat das heutige Verhältnis der Deutschen zur Geschichte nichts mehr gemein mit der romantischen Hinwendung zum Mittelalter vor hundertfünfzig Jahren. Jener romantische Protest wandte sich gegen die revolutionäre Welt der Gegenwart und setzte ihr die vermeintlich gute alte Zeit entgegen. Der Widerstand gegen Massenhaftigkeit und Seelenlosigkeit von Politik, Wirtschaft, Industrie und Gesellschaft provozierte damals gerade im siegreichen Bürgertum eine Flucht in gemütvolle, ideale, private Lebensgestaltung. Eine derartige Abwehr der modernen Welt ist heute selbst bei den Resten des Bildungsbürgertums kaum mehr aktuell; vielmehr geht es um Anreicherung der Gegenwart durch vorenthaltene Möglichkeiten. Diese Möglichkeiten wurden erst durch die moderne Technik geschaffen, und ich lasse mir nicht einreden, der Normalmensch wüßte das nicht. Er weiß genau, daß er nur dank moderner Verkehrsmittel die Stauferausstellung sehen konnte, denn sie hatten ihm zuvor auf

Urlaubsreisen die geschichtliche Dimension nahegebracht. Zu diesem Historismus des Touristen wurde der Normalmensch durch moderne Kommunikationsmedien angeregt, und auch wenn er nicht alle farbigen Fernsehfilme des Stauferjahres gesehen hat, ist ihm klar, daß es ohne technische Raffinesse keine intensive Vergegenwärtigung von Geschichte gäbe. Diese Geschichte, nach der er verlangt, soll ihn nicht ins Mittelalter entrücken, sondern ihm seine Gegenwart vertiefen und erweitern.

Liegt darin eine Stabilisierung nach rückwärts? Vermutlich nicht, wenn damit Sehnsucht nach Stabilität und Kontinuität gemeint ist. Zu deutlich steht modernen Betrachtern vor Augen, daß die Gleichförmigkeit früherer Zeiten von den Durchschnittsmenschen teuer bezahlt werden mußte. Wir Historiker reden leichthin von einer Aufbruchsgesellschaft des Hochmittelalters, in der das Leben für alle schöner und reicher geworden sei, und haben beim Vergleich mit dem Frühmittelalter gute Gründe, so zu reden. Aber der Laie sieht in der Vitrine das ärmliche Schuhwerk der Stauferzeit, denkt an Schusters Rappen und vergleicht mit unserer Gegenwart. Er will hinter unsere Mobilität nicht zurück und auch in keiner staufischen Kaiserpfalz wohnen. Was ihn fasziniert, ist etwas ganz anderes: eine Solidarität der Zeitgenossen, die das Zusammenleben erträglich machte, so dürftig es auch war (oder weil es so dürftig war). Wer die Stauferausstellung gesehen hat, glaubt nicht mehr, daß die Menschen damals naive Gläubige waren, die den Himmel offen sahen und verzückt darauf warteten, daß absolute Ansprüche Wirklichkeit würden. Aber er begreift, daß in Gemeinschaft die Folgen der Erbsünde halbwegs überwunden werden konnten. Wieder bewegen den Laien weniger die Feinheiten der Theorie als die Folgerungen für den Alltag. Er vergleicht die »höfliche«, »ritterliche« Haltung Mitmenschen gegenüber mit dem, was er täglich erlebt, mit Kollektivierung und Isolierung, mit Ideologien, die auf den Menschen totale Ansprüche erheben und das Gelingen seines Lebens vorwegnehmen, ihn aber unter den Sachzwängen einer geplanten Zukunft zerbrechen. Er vergleicht Arroganz und Resignation unseres Verhältnisses zur Zukunft mit früher verwirklichten Alternativen menschlichen Zusammenlebens und wünscht sich etwas von ihren offeneren Horizonten auch für die Heutigen, auch für sich selbst. Er wünscht, wenn ich nicht irre, keine andere Stabilisierung als die der Menschlichkeit.

Vielfach wurde behauptet, in der Sehnsucht nach Geschichte bekunde sich das Phänomen eines deutschen Selbstempfindens, ein neues deutsches Geschichtsbewußtsein. Ein anderes als das traditionelle gewiß. Den Deutschen erschien ihre Geschichte in der Regel unter extremen Blickwinkeln, entweder als goldene Verzierung für festliche Tage oder als Alptraum von überholten Bedrängnissen, als Glück oder als Unglück. Wir konnten dieses Jahr ein Gegenbeispiel studieren. Das 25jährige Krönungsjubiläum der englischen Königin wurde 1977 nicht weniger festlich gefeiert als das 25jährige Bestehen des Landes Baden-Württemberg. Aber eine große historische Ausstellung fand in London nicht statt, denn Geschichte ist dort etwas Alltägliches, überall Gegenwärtiges. Jedermann kann jederzeit, nicht nur für ein paar Festwochen, im Tower die Königskrone, in Westminster Abbey den Krönungsstuhl besichtigen, und die Besucher drängen sich dort jahraus jahrein. Was sie zu sehen bekommen, ist nicht eine Schau der bunten Steine hüben, eine Horrorschau drüben, sondern beides in einem und etwas mehr. Sie sehen, daß Englands Geschichte kein Honigschlecken von Göttersöhnen, keine Verschwörung von Untermenschen war. Die englische Monarchie ist um ein Vielfaches älter als die Demokratie in Baden-Württemberg, aber Elisabeths Königskrone ist modern und enthält aus dem alten Staatsschatz nur noch wenige Edelsteine. Die anderen wurden gestohlen oder verkauft. Niemand vertuscht es. Der Krönungsstuhl von 1299 wurde während der englischen Revolution im 17. Jahrhundert schwer verstümmelt und seiner goldenen Verzierungen beraubt; rebellische Bürger schnitzten in die Rückenlehne ihre Namen. Man kann sie heute noch da lesen, obwohl inzwischen auf dem Stuhl wieder Könige gekrönt werden. Niemand restauriert dieses Denkmal, denn so verwundet und gebrechlich, wie es heute aussieht, verkörpert es die Geschichte Englands, durchgehalten in täglicher Bedrängnis.

Die deutsche Geschichte hat zwischen Stauferzeit und Gegenwart weniger revolutionäre Brüche erlebt als die englische zwischen normannischer Eroberung und Verlust des Empire. Dennoch gehörte es (noch zu Beginn der Stauferausstellung) zu den deutschen Spezialitäten, vom wenig glückhaften und erhebenden Verlauf unserer Geschichte zu reden; dazu gehörte die deutsche Gewohnheit, die eigene Geschichte alle paar Jahrzehnte entweder zu vergolden oder zu verstümmeln. Zu Überwindung dieser deutschen Misere hat die Stauferausstellung viel beigetragen. Denn sie hat kein »ungebrochenes« Geschichtsbild präsentiert, keine kollektive Identität nahegelegt, keinen Enthusiasmus erweckt. Sie hat Geschichte als offenes Feld dargestellt, als Versuch von Menschen, die unter anderen Umständen dasselbe wie wir wollten: in einer stets verwirrenden Umwelt das Zusammenleben so gestalten, daß es einer stets bedrohlichen Zukunft standhalten könnte. Weil sie dieses Ziel nicht für immer und nicht auf einmal erreichen können, brauchen sie Gelassenheit und Hartnäckigkeit, Gemeinschaft nicht nur zwischen Zeitgenossen, auch mit Vorfahren und Nachkommen. Für das, was bei der Stuttgarter Stauferausstellung sichtbar wurde, finde ich keinen Ausdruck, der im deutschen Lexikon der gegenwärtigen politisch-sozialen Sprache stünde, nur zwei Fremdwörter, die beide aus dem mittelalterlichen Europa stammen: Common Sense und Repräsentation. Common Sense bedeutet nicht bloß den gesunden Menschenverstand des Mannes auf der Straße, sondern auch den Sinn für Gemeinsamkeit in menschlichen Verbänden. Repräsentation bedeutet nicht bloß Stellvertretung der vielen durch wenige, sondern auch Vergegenwärtigung der Toten und der Ungeborenen durch Handlungsfähige. Wenn wir alle diese Bedeutungen zusammensehen könnten, bräuchten wir uns um ein haltbares Geschichtsbewußtsein nicht mehr so aufgeregt zu bemühen, wir hätten es: Geschichte und kein Ende.

Anhang

NACHWEIS DER ERSTVERÖFFENTLICHUNGEN

Die Staufer und Europa (S. 9–26)
Festvortrag zur Eröffnung der Ausstellung »Die Zeit der Staufer« im Großen Haus der Württembergischen Staatstheater Stuttgart am 25. 3. 1977. Wiederholt in den Volkshochschulen Ravensburg am 25. 4., Konstanz am 26. 4., Überlingen am 28. 4., Biberach-Winterstettenstadt am 21. 5., im Deutschen Historischen Institut Rom am 17. 10. 1977.
Gekürzter Druck in: Frankfurter Allgemeine Zeitung, Nr. 78 vom 2. 4. 1977, Beilage »Bilder und Zeiten«. Veränderte Übersetzung in: La Cultura, Rivista di filosofia letteratura e storia (im Druck).

Staufische Herrschaft in Südwestdeutschland, vor allem am Bodensee (S. 27–36)
Vortrag in der Mitgliederversammlung des Landkreistages Baden-Württemberg in Konstanz am 20. 6. 1977.
Druck in: Landkreisnachrichten aus Baden-Württemberg, Jahrgang 16 Nr. 3 vom August 1977, S. 80–84.

Abt Diethelm von Reichenau und Kaiser Friedrich Barbarossa (S. 37–57)
Vortrag in der politischen Gemeinde und der Katholischen Kirchengemeinde Reichenau am 6. 6. 1977.
Veränderter Druck in: A. Borst, Mönche am Bodensee (7. bis 16. Jahrhundert), Verlag Thorbecke, Sigmaringen 1978 (im Satz).

Nachwirkung der Staufer (S. 59–66)
Referat in der vorbereitenden Besprechung zur Ausstellung »Die Zeit der Staufer« im Württembergischen Landesmuseum Stuttgart am 2. 6. 1975. Wiederholt im Süddeutschen Rundfunk, Zweites Programm, am 9. 8. 1975 und 4. 6. 1977.
Druck in: dabei, Zeitschrift der Kulturgemeinschaft des Deutschen Gewerkschaftsbundes Stuttgart, Jahrgang 19 Nr. 3 vom Juli 1977, S. 2–7.

Die Staufer in der Geschichtsschreibung (S. 67–90)
Zusammenfassung der Seminare »Die Staufer in der Geschichtschreibung von Salimbene bis Voltaire« und »Staufermythos und Geschichtswissenschaft« in der Universität Konstanz am 24. und 25. 6. 1976.
Druck in: Die Zeit der Staufer, Geschichte Kunst Kultur, hg. Württembergisches Landesmuseum, Bd. 3, Stuttgart 1977, S. 263–274.

Barbarossa 1871 (S. 91–177)

Teil der Vorlage für das Kolloquium »Konstitutionsformen der Identität« der Forschungsgruppe Poetik und Hermeneutik in Bad Homburg am 11. 9. 1976.

In dieser Fassung ungedruckt. Druck eines anderen Teils in: Identität, hg. Odo Marquard und Karlheinz Stierle (Poetik und Hermeneutik 8), München 1978 (im Satz).

Die Staufer und kein Ende? (S. 179–187)

Vorträge im Rotary-Club Konstanz am 10. 6. 1975 und 24. 5. 1977.

Gekürzter Druck in: Evangelische Kommentare, Monatsschrift zum Zeitgeschehen in Kirche und Gesellschaft, Jahrgang 10 Nr. 12 vom Dezember 1977, S. 719–722.

Seit langem fehlt eine halbwegs umfassende Übersicht zur modernen
Stauferforschung, wie sie hier vorgelegt wird. Die letzte entstand vor
einem halben Jahrhundert: Dahlmann-Waitz, Quellenkunde der deutschen Geschichte, 9. Aufl., hg. Hermann Haering, Leipzig 1931, S. 410
bis 429, Nr. 6501–6871. Damals ließen sich die vorwiegend deutsch-
sprachigen Arbeiten zwanglos nach übergreifenden Sachgebieten und
einzelnen Herrschergestalten gliedern. Seither hat sich die Forschung
sowohl internationalisiert wie regionalisiert; ihre Arbeiten sind von
unterschiedlichster Reichweite und Trennschärfe und begreifen sich
kaum mehr als Mosaiksteinchen für ein künftiges Gesamtbild. Um keine
systematische Ordnung der Forschungen vorzutäuschen, halte ich mich an
das Alphabet der Verfassernamen, bei Arbeiten desselben Autors an die
Chronologie der Erscheinungsjahre.

Das Verzeichnis, von einem Einzelgänger an einer Provinzuniversität
angelegt, kann nur wenig vollständiger sein als die Bibliographien der
beiden Fachinstitute, auf die es sich stützt: Für die behandelten Themen
sind es die seit 1937 fortlaufenden Besprechungen in der Zeitschrift der
Monumenta Germaniae Historica »Deutsches Archiv für Erforschung
des Mittelalters«, für die aufgeführten Gelehrten sind es die drei Aus-
gaben des »Répertoire international des médiévistes«, die seit 1960 vom
Centre d'Études Supérieures de Civilisation Médiévale herausgebracht
wurden. Aufgenommen wurden nur Veröffentlichungen, die sich selbständig mit mittelalterlichen Quellen auseinandersetzen und seit dem
Buch von Kantorowicz 1927 erschienen sind; weggelassen wurden alle
Darstellungen aus zweiter Hand und sehr knappe, spezielle oder abge-
legene Publikationen.

Abgekürzt sind folgende Buchreihen und Zeitschriften zitiert:

AKG	Archiv für Kulturgeschichte
ASP	Archivio Storico Pugliese
BIME	Bullettino dell'Istituto Storico Italiano per il Medio Evo e Archivio Muratoriano
DA	Deutsches Archiv für Erforschung des Mittelalters
EHR	The English Historical Review
HZ	Historische Zeitschrift
JKGV	Jahrbuch des Kölnischen Geschichtsvereins
MGH	Monumenta Germaniae Historica
MIÖG	Mitteilungen des Instituts für österreichische Geschichtsfor- schung
QFIAB	Quellen und Forschungen aus italienischen Archiven und Bibliotheken
RSI	Rivista Storica Italiana

SBAW	Sitzungsberichte der Akademie der Wissenschaften in ....., Philosophisch-Historische Klasse
VuF	Vorträge und Forschungen
WdF	Wege der Forschung
ZBLG	Zeitschrift für bayerische Landesgeschichte
ZGO	Zeitschrift für die Geschichte des Oberrheins
ZKG	Zeitschrift für Kirchengeschichte
ZRG	Zeitschrift der Savigny-Stiftung für Rechtsgeschichte, (G) Germanistische, (K) Kanonistische Abteilung
ZWLG	Zeitschrift für württembergische Landesgeschichte

Acht, Peter: Die Gesandtschaft König Konrads III. an Papst Eugen III. in Dijon, in: Historisches Jahrbuch 74 (1955) S. 668–673. – Die Kanzlei der Mainzer Erzbischöfe des 12. Jahrhunderts, Ihre Beziehungen zur Kanzlei der Salier und Staufer, in: Sborník prací filosofické fakulty brněnské university 19 (1970) S. 21–34. – Unbekannte Fragmente Prüfeninger Traditionen des 12. Jahrhunderts, Eine Traditionsnotiz Kaiser Friedrichs I., in: MIÖG 78 (1970) S. 236–249.

Agnello, Giuseppe: L'architettura militare, civile e religiosa nell'età sveva, in: ASP 13 (1960) S. 146–176. – L'architettura civile e religiosa in Sicilia nell' età sveva, Rom 1961.

Ancona repubblica marinara, Federico Barbarossa e le Marche, hg. Deputazione di Storia Patria per le Marche, Città di Castello 1972.

Angermeier, Heinz: Landfriedenspolitik und Landfriedensgesetzgebung unter den Staufern, in: Fleckenstein (siehe dort) 1974, S. 167–186.

Apelt, Hans-Peter: Rahewins Gesta Friderici I imperatoris, Ein Beitrag zur Geschichtsschreibung des 12. Jahrhunderts, Diss., München 1971.

Appelt, Heinrich: Die Erhebung Österreichs zum Herzogtum, in: Blätter für deutsche Landesgeschichte 95 (1959) S. 25–66. – Friedrich Barbarossa und die Landesherrschaft der Traungauer, in: Festschrift für Karl Eder, Innsbruck 1959, S. 305–320. – Das Diplom Friedrich Barbarossas für Seckau, in: MIÖG 67 (1959) S. 92–100. – Der Vorbehalt kaiserlicher Rechte in den Diplomen Friedrich Barbarossas, in: MIÖG 68 (1960) S. 81–97; auch in: Wolf 1975, S. 33–57. – Friedrich Barbarossa und das römische Recht, in: Römische Historische Mitteilungen 5 (1961/62) S. 18–34; auch in: Wolf 1975, S. 58–82. – Kaiserurkunde und Fürstensentenz unter Friedrich Barbarossa, in: MIÖG 71 (1963) S. 33–47. – Friedrich Barbarossa und die italienischen Kommunen, in: MIÖG 72 (1964) S. 311–325; auch in: Wolf 1975, S. 83–103. – Die Kaiseridee Friedrich Barbarossas (SBAW Wien 252,4), Wien 1967; auch in: Wolf 1975, S. 208–244. – Die Reichsarchive in den frühstaufischen Burgunderdiplomen, in: Festschrift für Hans Lentze, Innsbruck 1969, S. 1–11. – La politica imperiale verso i comuni italiani, in: Fonseca 1971, S. 23–31. – Böhmische Königswürde und staufisches

Kaisertum, in: Aus Reichsgeschichte und Nordischer Geschichte, Festschrift für Karl Jordan, Stuttgart 1972, S. 161–181. – Heinrich der Löwe und die Wahl Friedrich Barbarossas, in: Festschrift für Hermann Wiesflecker, Graz 1973, S. 39–48. – Privilegium minus, Das staufische Kaisertum und die Babenberger in Österreich, Wien 1973, 2. Aufl. 1976. – (Hg.): Die Urkunden Friedrichs I. 1152–1158 (MGH Die Urkunden der deutschen Könige und Kaiser 10,1), Hannover 1975.

Appuhn, Horst: Beobachtungen und Versuche zum Bildnis Kaiser Friedrichs I. Barbarossa in Cappenberg, in: Aachener Kunstblätter 44 (1973) S. 129–192.

Arens, Fritz: Die Königspfalz Wimpfen, Berlin 1967. – Wimpfen, ein neuer Mittelpunkt der staufischen Macht am unteren Neckar, in: Universalismus und Partikularismus im Mittelalter, hg. Paul Wilpert, Berlin 1968, S. 198–215. – Die Datierung staufischer Pfalzen und Burgen am Mittelrhein mit Hilfe des Stilvergleichs, in: Die Burgen im deutschen Sprachraum, Ihre rechts- und verfassungsgeschichtliche Bedeutung, hg. Hans Patze (VuF 19,1), Sigmaringen 1976, S. 181–196. – Staufische Pfalz- und Burgkapellen, ebenda S. 197–210. – Die staufischen Königspfalzen, in: Zeit der Staufer 1977. Bd. 3, S. 129–142.

Atti del Convegno Internazionale di Studi Federiciani, Palermo 1952.

Baaken, Gerhard: Die Altersfolge der Söhne Friedrich Barbarossas und die Königserhebung Heinrichs VI., in: DA 24 (1968) S. 46–78. – Die Verhandlungen zwischen Kaiser Heinrich VI. und Papst Coelestin III. in den Jahren 1195–1197, in: DA 27 (1971) S. 457–513. – Unio regni ad imperium, Die Verhandlungen von Verona 1184 und die Eheabredung zwischen König Heinrich VI. und Konstanze von Sizilien, in: QFIAB 52 (1972) S. 219–297. – J. F. Böhmer, Regesta imperii IV, 3: Die Regesten des Kaiserreiches unter Heinrich VI. 1165 (1190) – 1197, Neubearbeitung, Köln 1972. – Ungedruckte Urkunden Heinrichs VI., Diplomatische Miszellen, in: DA 31 (1975) S. 455–533. – Recht und Macht in der Politik der Staufer, in: HZ 221 (1975) S. 553–570.

Bader, Karl Siegfried: Der deutsche Südwesten in seiner territorialstaatlichen Entwicklung, Stuttgart 1950, 2. Aufl. Sigmaringen 1978.

Baehr, Rudolf: Die Sizilianische Dichterschule und Friedrich II., in: Fleckenstein 1974, S. 93–107.

Baethgen, Friedrich: Dante und Petrus de Vinea, Eine kritische Studie (SBAW München 1955, 3), München 1955; auch in F. B.: Mediaevalia, Aufsätze Nachrufe Besprechungen (Schriften der MGH 17,2), Stuttgart 1960, S. 413–441. – Kaiser Friedrich II., in: Die großen Deutschen, hg. Hermann Heimpel u. a., Bd. 1, Berlin 1956, S. 154–170; auch in: Wolf 1975, S. 459–481.

Barraclough, Geoffrey: The Origins of Modern Germany, Oxford 1946, 2. Aufl., 1947; deutsch: Die mittelalterlichen Grundlagen des modernen Deutschland, Weimar 1953. – Friedrich Barbarossa und das 12. Jahrhundert, in: G. B.: Geschichte in einer sich wandelnden Welt, Göttingen 1957, S. 86–114.

Battisti, Carlo: La poesia aulica siciliana e la corte di Federico II., in: ASP 13 (1960) S. 132–145.

Beck, Marcel: Kreuzzug und Imperium zur Zeit der Staufer, in: Göppinger Staufertage (siehe dort) 1971, S. 9–29. – Die Staufer im westlichen Alpenvorland, in: Selbstbewußtsein (siehe dort) 1977, S. 11–27.

Becker, Otto Heinrich: Kaisertum, deutsche Königswahl und Legitimitätsprinzip in der Auffassung der späteren Staufer und ihres Umkreises, Bern 1975.

Beiträge zur Geschichte Italiens im 12. Jahrhundert, hg. Konstanzer Arbeitskreis für mittelalterliche Geschichte (VuF, Sonderband 9), Sigmaringen 1971.

Below, Georg von: Die italienische Kaiserpolitik des deutschen Mittelalters mit besonderem Hinblick auf die Politik Friedrich Barbarossas, München 1927.

Benedetti, Andrea: La curia generale tenuta da Federico II imperatore presso Pordenone (1232), in: Memorie Storiche Forogiuliesi 46 (1965) S. 37–58.

Bernini, Ferdinando: Come si preparò la rovina di Federico II, Parma, la lega medio-padana e Innocenzo IV dal 1238 al 1247, in: RSI 60 (1948) S. 204–249. – I comuni italiani e Federico II di Svevia, Gli inizi 1212–1219, Reggio 1950.

Binding, Günther: Burg Münzenberg, Eine staufische Burganlage, Bonn 1963. – Die Pfalz Kaiser Friedrich Barbarossas in Gelnhausen, Diss., Bonn 1963.

Bloch, Marc: L'Empire et l'idée d'Empire sous les Hohenstaufen, in: Revue des cours et conférences 60 (1929) S. 481–494, 577–589, 759 bis 768; auch in M. B.: Mélanges historiques, Bd. 1, Paris 1963, S. 531 bis 559. – La société féodale, 2 Bände, Paris 1939–40, Nachdruck 1949.

Boeckler, Albert: Bemerkungen zu P. E. Schramm, Kaiser Friedrichs II. Herrschaftszeichen, in: DA 13 (1957) S. 538–542.

Böhm, Franz: Das Bild Friedrich Barbarossas und seines Kaisertums in den ausländischen Quellen seiner Zeit, Diss., Berlin 1936.

Böhmer, Hanna: Kaiser Friedrich II. im Kampf um das Reich, Diss., Köln 1938.

Boockmann, Hartmut: Mittelalter, in: Athenaion-Bilderatlas zur Deutschen Geschichte, hg. Herbert Jankuhn u. a., Frankfurt 1968, S. 31 bis 65 und Tafeln 97–257. – Die Stuttgarter Staufer-Ausstellung, in: Geschichte in Wissenschaft und Unterricht 29 (1978) S. 31–38.

Borsari, Silvano: Federico II e l'Oriente Bizantino, in: RSI 63 (1951) S. 279–291; deutsch in: Wolf 1966, S. 228–243.

Borst, Otto (Hg.): Stauferstädte in Baden-Württemberg, Stuttgart 1977.

Bosisio, Alfredo: Crema ai tempi di Federico Barbarossa (1152–1190), in: Archivio Storico Lombardo 87 (1961) S. 205–228.

Bosl, Karl: Die Reichsministerialität als Element der mittelalterlichen deutschen Staatsverfassung im Zeitalter der Salier und Staufer, in: Adel und Bauern im deutschen Staat des Mittelalters, hg. Theodor Mayer, Leipzig 1943, Nachdruck Darmstadt 1967, S. 74–108. – Nürnberg als Stützpunkt staufischer Staatspolitik, in: Mitteilungen des Vereins für Geschichte der Stadt Nürnberg 39 (1944) S. 51–81. – Rothenburg im Stauferstaat, Würzburg 1947. – Die Reichsministerialität der Salier und Staufer, Ein Beitrag zur Geschichte des hochmittelalterlichen deutschen Volkes, Staates und Reiches (Schriften der MGH 10), 2 Bände, Stuttgart 1950–51. – Welfen- und Staufergüter in Schwaben vom 11. bis zum 13. Jahrhundert, in: Historischer Atlas von Bayerisch-Schwaben, hg. Wolfgang Zorn, Augsburg 1955, Text S. 24–25, Karte S. 18–19. – Das staufische Nürnberg, Pfalzort und Königsstadt, in: Nürnberg, Geschichte einer europäischen Stadt, hg. Gerhard Pfeiffer, München 1971, S. 16–29. – Kaiser Friedrich Barbarossa, Reaktionär oder Staatsmann? in K. B.: Mensch und Gesellschaft in der Geschichte Europas, München 1972, S. 233–251.

Brackmann, Albert: Kaiser Friedrich II. in »mythischer Schau«, in: HZ 140 (1929) S. 534–549; auch in: Wolf 1966, S. 5–22. – Die Wandlung der Staatsanschauungen im Zeitalter Kaiser Friedrichs I., in: HZ 145 (1932) S. 1–18; auch in A. B.: Gesammelte Aufsätze, 2. Aufl., Darmstadt 1967, S. 339–355. – Kaiser Friedrich II., in: Gestalter Deutscher Vergangenheit, hg. Peter Richard Rohden, Potsdam 1937, S. 141–156; auch in: Wolf 1966, S. 178–193.

Bradler, Günter: Studien zur Geschichte der Ministerialität im Allgäu und in Oberschwaben, Göppingen 1973.

Breuer, Norbert: Geschichtsbild und politische Vorstellungswelt in der Kölner Königschronik sowie der »Chronica S. Pantaleonis«, Diss., Würzburg 1966.

Brezzi, Paolo: Caratteri, momenti e protagonisti dell'azione politica di Federico Barbarossa, in: RSI 57 (1940) S. 192–205, 339–368. – Lo scisma inter regnum et sacerdotium al tempo di Federico Barbarossa, in: Archivio della R. Deputazione Romana di Storia Patria 63 (1940) S. 1–98. – Note sulla composizione dei »Gesta Friderici Imperatoris« di Ottone di Frisinga, in: Studi medievali in onore di Antonino De Stefano, Palermo 1956, S. 123–153. – Le fonti dei »Gesta Friderici Imperatoris« di Ottone e Rahevino, in: BIME 75 (1963) S. 105–121. – Ritratto di Alessandro III., in: Popolo e stato 1970, S. 179–193.

Brinken, Bernd: Die Politik Konrads von Staufen in der Tradition der Rheinischen Pfalzgrafschaft, Der Widerstand gegen die Verdrängung der Pfalzgrafschaft aus dem Rheinland in der zweiten Hälfte des 12. Jahrhunderts, Bonn 1974.

Brühl, Carlrichard: Die Finanzpolitik Friedrich Barbarossas in Italien, in: HZ 213 (1971) S. 13–37. – »Palatium« e »Civitas« in Italia dall' epoca tardo-antica fino all'epoca degli Svevi, in: Fonseca 1971, S. 157–165.

Bruhns, Leo: Hohenstaufenschlösser, Königstein 1937.

Brumm, Ursula: Beiträge zu den Anfängen der staufischen Herrschaft in Südburgund, Diss. masch., Berlin 1943. – Zur Frage der Echtheit der ersten Stauferdiplome für südburgundische Empfänger, in: MIÖG 57 (1949) S. 279–338.

Brune, Thomas: Staufertraditionalismus im Spiegel einer Göppinger Zeitung seit 1863, Göppingen 1977. – (Zusammen mit *Bodo Baumunk):* Wege der Popularisierung, in: Zeit der Staufer 1977, Bd. 3, S. 327–335.

Bühler, Heinz: Schwäbische Pfalzgrafen, frühe Staufer und ihre Sippengenossen, in: Jahrbuch des Historischen Vereins Dillingen 77 (1975) S. 118–156.

Bührlen, R.: König Heinrich von Hohenstaufen (VII.), in: Jahrbuch für schwäbisch-fränkische Geschichte 28 (1976) S. 29–40.

Büttner, Heinrich: Kloster Disentis, das Bleniotal und Friedrich Barbarossa, in: Zeitschrift für schweizerische Kirchengeschichte 47 (1953) S. 47–64; auch in: Büttner 1972, S. 265–280. – Die Alpenpaßpolitik Friedrich Barbarossas bis zum Jahre 1164/65, in: Grundfragen der alemannischen Geschichte, hg. Theodor Mayer (VuF 1), Konstanz 1955, S. 243–276. – Zum Städtewesen der Zähringer und Staufer am Oberrhein während des 12. Jahrhunderts, in: ZGO 105 (1957) S. 63 bis 88. – Erzbischof Heinrich von Mainz und die Staufer (1142–1153), in: ZKG 69 (1958) S. 247–267. – Basel, die Zähringer und die Staufer, Studien zum politischen Kräftespiel am Oberrhein im 11.–12. Jahrhundert, in: Basler Zeitschrift für Geschichte und Altertumskunde 57 (1958) S. 5–22; auch in: Büttner 1972, S. 209–224. – Staufer und Zähringer im politischen Kräftespiel zwischen Bodensee und Genfer See während des 12. Jahrhunderts (Mitteilungen der Antiquarischen Gesellschaft in Zürich 40,3), Zürich 1961; auch in: Büttner 1972, S. 437 bis 524. – Staufer und Welfen im politischen Kräftespiel zwischen Bodensee und Iller während des 12. Jahrhunderts, in: ZWLG 20 (1961) S. 17–73; auch in: Büttner 1972, S. 337–392. – Staufische Territorialpolitik im 12. Jahrhundert, in: Württembergisch Franken 47 (1963) S. 5–27. – Die Stadt Mainz in der Stauferzeit, in: Mainzer Zeitschrift 58 (1963) S. 46–54. – Friedrich Barbarossa und Burgund, Studien zur Politik der Staufer während des 12. Jahrhunderts, in: Mayer 1968, S. 79–119. – Das politische Handeln Friedrich Barbarossas im Jahre 1156, in: Blätter für deutsche Landesgeschichte 106 (1970) S. 54–67. – Schwaben und Schweiz im frühen und hohen Mittelalter, Gesammelte Aufsätze (VuF 15), Sigmaringen 1972.

Bullinger, Günther: König Richard Löwenherz und Kaiser Heinrich VI., Diss. masch., Tübingen 1949.

Burdach, Konrad: Walthers Aufruf zum Kreuzzug Kaiser Friedrichs II., in: Dichtung und Volkstum 36 (1935) S. 50–63. – Die Wahl Friedrichs II. zum römischen Kaiser, in: HZ 154 (1936) S. 513–527.

Buyken, Thea: Das römische Recht in den Constitutionen von Melfi, Köln 1960. – Die Konstitutionen von Melfi und das Jus Francorum, Opladen 1973. – Über das Prooemium der Constitutionen von Melfi, in: Revista Portuguesa de História 14 (1973) S. 161–176.

Cafaro, Pasquale: Memorie sveve di Puglia, Bari 1965.

Caramella, Santino: La filosofia di Federico II, in: Atti (siehe dort) 1952, S. 103–105; deutsch in: Wolf 1966, S. 266–269. – Il pensiero di Federico II di Svevia, in: Archivio Storico Siciliano III 17 (1967) S. 77–88.

Carile, Antonio: Federico Barbarossa, i Veneziani e l'assedio di Ancona del 1173, in: Studi Veneziani 16 (1974) S. 3–31.

Cartellieri, Alexander: Das deutsch-französische Bündnis von 1187 und seine Wandlungen, in: Historische Vierteljahrschrift 27 (1932) S. 111 bis 123. – Das Zeitalter Friedrich Barbarossas 1150–1190, Aalen 1972.

Caruso, Angelo: Indagini sulla legislazione di Federico II per il regno di Sicilia, Le leggi pubblicate a Foggia nell'aprile 1240, in: ASP 4 (1951) S. 41–68. – Le leggi di Federico II pubblicate a Barletta nel mese di ottobre del 1246, in: Studi in onore di Riccardo Filangieri, Bd. 1, Neapel 1959, S. 217–242.

Cessi, Roberto: Dopo Cortenova (1237–1238) in: ASP 13 (1960) S. 77–90.

Chroust, Anton (Hg.): Quellen zur Geschichte des Kreuzzuges Kaiser Friedrichs I. (MGH Scriptores rerum Germanicarum NS 5), Berlin 1928, Nachdruck 1964.

Classen, Peter: Die Hohen Schulen und die Gesellschaft im 12. Jahrhundert, in: AKG 48 (1966) S. 155–180. – Die ältesten Universitätsreformen und Universitätsgründungen des Mittelalters, in: Heidelberger Jahrbücher 12 (1968) S. 72–92. – La politica di Manuele Comneno tra Federico Barbarossa e le città italiane, in: Popolo e stato 1970, S. 263–279. – Das Wormser Konkordat in der deutschen Verfassungsgeschichte, in: Investiturstreit und Reichsverfassung, hg. Josef Fleckenstein (VuF 17), Sigmaringen 1973, S. 411–460.

Clementi, Dione R.: Some Unnoticed Aspects of the Emperor Henry VI's Conquest of the Norman Kingdom of Sicily, in: Bulletin of the John Rylands Library 36 (1953/54) S. 328–359. – Calendar of the Diplomas of the Hohenstaufen Emperor Henry VI Concerning the Kingdom of Sicily, in: QFIAB 35 (1955) S. 86–225. – Sulle concessioni di terre dell'imperatore Enrico VI, in: ASP 13 (1960) S. 8–15. – L'atteggiamento dell'imperatore Federico I nella questione del confine terrestre nel regno normanno di Sicilia, Puglia e Capua, in: Popolo e stato 1970, S. 477–483.

Cleve, Thomas Curtis van: Markward of Anweiler and the Sicilian Regency, Princeton 1937. – The Emperor Frederick II of Hohenstaufen, Immutator Mundi, Oxford 1972.

Cognasso, Francesco: Il Piemonte nell'età sveva, Turin 1968.

Cohn, Norman: The Pursuit of the Millennium, London 1957; deutsch: Das Ringen um das tausendjährige Reich, Revolutionärer Messianismus im Mittelalter und sein Fortleben in den modernen totalitären Bewegungen, Bern 1961.

Colliva, Paolo: Ricerche sul principio di legalità nell'amministrazione del regno di Sicilia al tempo di Federico II, Mailand 1964. – Lo stato di Federico II, Opera d'arte ed opera di necessità, in: Annali di Storia del Diritto 10/11 (1966/67) S. 377–404.

Colorni, Vittore: Le tre leggi perdute di Roncaglia (1158) ritrovate in un manuscritto parigino, in: Scritti in memoria di Antonino Giuffrè, Bd. 1, Mailand 1967, S. 111–170; deutsch: Die drei verschollenen Gesetze des Reichstages bei Roncaglia, wieder aufgefunden in einer Pariser Handschrift, Aalen 1969.

Conrad, Hermann: Das Gottesurteil in den Konstitutionen von Melfi Friedrichs II. von Hohenstaufen (1231), in: Festschrift für Walter Schmidt-Rimpler, Karlsruhe 1957, S. 9–21.

Constabel, Adelheid: Der Verständigungsversuch Friedrich Barbarossas mit Frankreich im Jahre 1162, Diss. masch., Halle 1951.

Cramer-Vial, Charlotte: Die Aachener Karlsfälschung und die Heiligsprechungsurkunde Friedrichs I. in ihren Beziehungen zu Kaiserhof und Reichskanzlei, Diss. masch., Marburg 1944.

Csendes, Peter: Die Schreiber der Kanzlei Kaiser Heinrichs VI., Institutsarbeit masch., Wien 1968. – Die Anfänge der Kanzlei Heinrichs VI. und die Verhandlungen mit der Kurie in den Jahren 1188/89, in: MIÖG 82 (1974) S. 403–411.

Dannenbauer, Heinrich: Das Verzeichnis der Tafelgüter des römischen Königs, Ein Stück vom Testament Kaiser Friedrichs I., in: ZWLG 12 (1953) S. 1–72; auch in H. D.: Grundlagen der mittelalterlichen Welt, Skizzen und Studien, Stuttgart 1958, S. 354–431.

Decker-Hauff, Hansmartin: Das Staufische Haus, in: Zeit der Staufer 1977, Bd. 3, S. 339–374.

Deér, Josef: Der Kaiserornat Friedrichs II., Bern 1952. – The Dynastic Porphyry Tombs of the Norman Period in Sicily, Cambridge (Mass.) 1959. – Die Siegel Kaiser Friedrichs I. Barbarossa und Heinrichs VI. in der Kunst und Politik ihrer Zeit, in: Festschrift für Hans Robert Hahnloser, Basel 1961, S. 47–102; auch in J. D.: Byzanz und das abendländische Herrschertum, Ausgewählte Aufsätze (VuF 21), Sigmaringen 1977, S. 196–234. – Das Grab Friedrichs II., in: Fleckenstein 1974, S. 361–383.

Deibel, Gertrud: Die italienischen Einkünfte Kaiser Friedrichs I., in: Neue Heidelberger Jahrbücher 1932, S. 21–58. – Die finanzielle Bedeutung Reichs-Italiens für die staufischen Herrscher des 12. Jahrhunderts, in: ZRG (G) 54 (1934) S. 134–177.

Demandt, Karl E.: Der Endkampf des staufischen Kaiserhauses im Rhein-Main-Gebiet, in: Hessisches Jahrbuch für Landesgeschichte 7 (1957) S. 102–164.

De Stefano, Antonino: L'idea imperiale di Federico II, Florenz 1927, 2. Aufl. Bologna 1952. – La cultura alla corte di Federico II imperatore, Palermo 1938, 2. Aufl. Bologna 1950.

De Vergottini, Giovanni: Studi sulla legislazione imperiale di Federico II in Italia, Le leggi del 1220, Mailand 1952. – Lo Studio di Bologna, l'Impero, il Papato, in: Studi e memorie per la storia dell'Università di Bologna NS 1 (1956) S. 19–95.

Diederichs, Arthur: Staufer und Welfen, Jena 1938, 3. Aufl. 1943.

Dietrich, Ingeborg: Herzog Friedrich II. von Schwaben, Diss. masch., Gießen 1943.

Diez-Seemann, Gertrud: Das Bild Friedrich Barbarossas in der Hohenstaufendichtung des 19. Jahrhunderts, Ein Beitrag zur Geschichte der deutschen Nationalbewegung, Diss. masch., Freiburg 1943.

Dikow, Joachim: Die politische Bedeutung der Geldwirtschaft in der frühen Stauferzeit, Diss., Münster 1958.

Dilcher, Hermann: Normannische Assisen und römisches Recht im sizilischen Stauferreich, in: Aktuelle Fragen aus modernem Recht und Rechtsgeschichte, Gedächtnisschrift für Rudolf Schmidt, Berlin 1966, S. 463–481. – Juristisches Berufsethos nach dem sizilischen Gesetzbuch Friedrichs II. von Hohenstaufen, in: Studien zur europäischen Rechtsgeschichte, Festschrift für Helmut Coing, Frankfurt 1972, S. 88–117. – Die sizilische Gesetzgebung Friedrichs II., Eine Synthese von Tradition und Erneuerung, in: Fleckenstein 1974, S. 23–41. – Die sizilische Gesetzgebung Kaiser Friedrichs II., Quellen der Constitutionen von Melfi und ihrer Novellen, Köln 1975.

Dreher, Alfons: Über die Herkunft zweier Güterverzeichnisse der späteren Stauferzeit, in: ZWLG 29 (1970) S. 321–325.

Egger, Rainer: Die Schreiber der Urkunden Kaiser Friedrich Barbarossas, Vorstudien zu einer Kanzleigeschichte, Diss. masch., Wien 1961.

Eggers, Hans: Deutsche Dichtung der Stauferzeit, in: Zeit der Staufer 1977, Bd. 3, S. 187–203.

Eickhoff, Ekkehard: Friedrich Barbarossa im Orient, Kreuzzug und Tod

Friedrichs I., Tübingen 1977. – Die Bedeutung der Kreuzzüge für den deutschen Raum, in: Zeit der Staufer 1977, Bd. 3, S. 239–247.

Engels, Odilo: Beiträge zur Geschichte der Staufer im 12. Jahrhundert I, in: DA 27 (1971) S. 373–456. – Die Staufer (Urban-Taschenbücher 154), Stuttgart 1972, 2. Aufl. 1977. – Neue Aspekte zur Geschichte Friedrich Barbarossas und Heinrichs des Löwen, in: Selbstbewußtsein (siehe dort) 1977, S. 28–40.

Erdmann, Carl: Der Prozeß Heinrichs des Löwen, in: Mayer 1944, S. 273–364.

Erler, Adalbert: Die ronkalischen Gesetze des Jahres 1158 und die oberitalienische Städtefreiheit, in: ZRG (G) 61 (1941) S. 127–149.

Esposito, Mario: Una manifestazione d'incredulità religiosa nel medioevo: Il detto dei »Tre Impostori« e la sua trasmissione da Federico II a Pomponazzi, in: Archivio Storico Italiano 89 (1931) S. 3–48.

Fasola, Livia: Una famiglia di sostenitori milanesi di Federico I, Per la storia dei rapporti dell'imperatore con le forze sociali e politiche della Lombardia, in: QFIAB 52 (1972) S. 116–218.

Fasoli, Gina: Federico Barbarossa e le città italiane, in: Convivium 3 (1962) S. 7–24. – Aspetti della politica italiana di Federico II, Bologna 1964. – Federico Barbarossa e le città lombarde, in: Mayer 1968, S. 121–142; deutsch in: Wolf 1975, S. 149–183. – La Lega Lombarda, Antecedenti formazione struttura, in: Mayer 1968, S. 143–160. – La politica italiana di Federico Barbarossa dopo la pace di Costanza, in: Popolo e stato 1970, S. 385–397.

Fath, Richard: Friedrich II. im Urteil der deutschen Nachwelt bis zum Ausgang der Reformationszeit, Diss., Heidelberg 1937.

Fein, Hella: Die staufischen Städtegründungen im Elsaß, Frankfurt 1939.

Feldmann, Karin: Herzog Welf VI. und sein Sohn, Das Ende des süddeutschen Welfenhauses, Diss., Tübingen 1971. – Herzog Welf VI., Schwaben und das Reich, in: ZWLG 30 (1971) S. 308–326.

Fiala, Zdeněk: Die Urkunde Kaiser Friedrichs I. für den böhmischen Fürsten Vladislav II. vom 18. 1. 1158 und das »Privilegium minus« für Österreich, in: MIÖG 78 (1970) S. 167–192.

Fichtenau, Heinrich: Bamberg, Würzburg und die Stauferkanzlei, in: MIÖG 53 (1939) S. 241–285. – Von der Mark zum Herzogtum, Grundlagen und Sinn des »Privilegium minus« für Österreich, München 1958, 2. Aufl. 1965. – Zur Überlieferung des »Privilegium minus« für Österreich, in: MIÖG 73 (1965) S. 1–16; auch in H. F.: Beiträge zur Mediävistik, Ausgewählte Aufsätze, Bd. 2, Stuttgart 1977, S. 194 bis 211.

Fiedler, Hans: Dome und Politik, Der staufische Reichsgedanke in Bamberg und Magdeburg, Bremen 1937.

Fillitz, Hermann: Der Cappenberger Barbarossakopf, in: Münchner Jahrbuch der bildenden Kunst III 14 (1963) S. 39–50.

Finsterwalder, Paul Willem: Die Gesetze des Reichstages von Roncalia vom 11. November 1158, in: ZRG (G) 51 (1931) S. 1–69.

Fleckenstein, Josef: Friedrich Barbarossa und das Rittertum, Zur Bedeutung der großen Mainzer Hoftage von 1184 und 1188, in: Festschrift für Hermann Heimpel, Bd. 2, Göttingen 1972, S. 1023–1041; auch in: Das Rittertum im Mittelalter, hg. Arno Borst (WdF 349), Darmstadt 1976, S. 392–418. – (Hg.): Probleme um Friedrich II. (VuF 16), Sigmaringen 1974. – Das Rittertum der Stauferzeit, in: Zeit der Staufer 1977, Bd. 3, S. 103–112.

Föhl, Walther: Bischof Eberhard II. von Bamberg und die Reichskanzlei unter Friedrich I. (1152–1163), Diss., Wien 1931. – Studien zu Rainald von Dassel, in: JKGV 17 (1935) S. 234–259; 20 (1938) S. 238–260. – Bischof Eberhard II. von Bamberg, ein Staatsmann Friedrichs I., als Verfasser von Briefen und Urkunden, in: MIÖG 50 (1936) S. 73–131.

Folz, Robert: L'idée d'Empire en Occident du Ve au XIVe siècle, Paris 1953. – L'empereur Frédéric I et le royaume de Bourgogne, in: Mémoires de la Société pour l'histoire du droit bourguignon 18 (1956) S. 113–126. – La chancellerie de Frédéric I et la canonisation de Charlemagne, in: Le moyen âge 70 (1964) S. 13–31.

Fonseca, Cosimo Damiano (Hg.): I problemi della civiltà comunale, Atti del Congresso Storico Internazionale per l' VIII Centenario della prima Lega Lombarda, Bergamo 1971.

Forster, Hans: Sizilische und italienische Elemente in der deutschen Verfassung unter Kaiser Friedrich II., Diss. masch., Freiburg 1949.

Franzel, Emil: König Heinrich VII. von Hohenstaufen, Studien zur Geschichte des »Staates« in Deutschland, Prag 1929.

Fried, Johannes: Der Regalienbegriff im 11. und 12. Jahrhundert, in: DA 29 (1973) S. 450–528.

Fried, Pankraz und *Kottje, Raymund:* Die Staufer in Augsburg, Schwaben und im Reich, Augsburg 1977.

Frugoni, Arsenio: Il manifesto di Manfredi ai Romani, Palermo 1951. – Arnaldo da Brescia nelle fonti del secolo XII, Rom 1954.

Gabrieli, Francesco: Federico II e la cultura musulmana, in: RSI 64 (1952) S. 5–18; deutsch in: Wolf 1966, S. 270–288.

Gaettens, Richard: Münzen der Hohenstaufenzeit, Auktionskatalog Hess-Leu, 2 Bände, Luzern 1959–60. – Die Wirtschaftsgebiete und der Wirtschaftsgebietpfennig der Hohenstaufenzeit, Lübeck 1963.

Gamber, Ortwin: Die Bewaffnung der Stauferzeit, in: Zeit der Staufer 1977, Bd. 3, S. 113–118.

Ganahl, Karl Hans: Neues zum Text der Gelnhäuser Urkunde, in: MIÖG 53 (1939) S. 287–321.

Gebhardt, Bruno: Handbuch der deutschen Geschichte, hg. Herbert Grundmann, Bd. 1, 8. Aufl., Stuttgart 1954, 9. Aufl. 1970.

Geier, Johann, Wild, Joachim und *Kloos, Rudolf M.* (Hg.): Staufisches Erbe im bayerischen Herzogtum, Ausstellung des Bayerischen Hauptstaatsarchivs München, Kallmünz 1968.

Geldner, Ferdinand: Abt Adam von Ebrach, das staufische Königshaus und der heilige Bernhard von Clairvaux, in: Jahrbuch für fränkische Landesforschung 11/12 (1953) S. 53–66. – Die Politik König Konrads III. in ihren Beziehungen zum hl. Bernhard von Clairvaux und zu den deutschen Cisterciensern, in: Mélanges Saint Bernard, Dijon 1954, S. 126–133. – Zur neueren Beurteilung König Konrads III., in: Monumentum Bambergense, Festschrift für Benedikt Kraft, München 1955, S. 395–412. – Das Hochstift Bamberg in der Reichspolitik von Kaiser Heinrich II. bis Kaiser Friedrich Barbarossa, in: Historisches Jahrbuch 83 (1963) S. 28–42. – Konradin und das alte deutsche Königtum, Opfer der hohenstaufischen Italienpolitik, in: ZBLG 32 (1969) S. 495–524. – Konradin, das Opfer eines großen Traumes, Bamberg 1970. – Kaiserin Mathilde, die deutsche Königswahl von 1125 und das Gegenkönigtum Konrads III., in: ZBLG 40 (1977) S. 3–22.

Gernhuber, Joachim: Die Landfriedensbewegung in Deutschland bis zum Mainzer Reichslandfrieden von 1235, Bonn 1952.

Gillingham, John B.: Why did Rahewin stop writing the Gesta Friderici? in: EHR 83 (1968) S. 294–303. – Frederick Barbarossa, A Secret Revolutionary? in: EHR 86 (1971) S. 73–78.

Girgensohn, Dieter und *Kamp, Norbert:* Urkunden und Inquisitionen der Stauferzeit aus Tarent, in: QFIAB 41 (1961) S. 137–234. – Urkunden und Inquisitionen des 12. und 13. Jahrhunderts aus Patti, in: QFIAB 45 (1965) S. 1–240.

Giunta, Francesco: La politica antieretikale di Federico II, in: Atti 1952, S. 91–95; deutsch in: Wolf 1966, S. 289–295. – Sul »Furor Teutonicus« in Sicilia al tempo di Enrico VI, in: VIII Centenario della morte di Ruggero II, Bd. 2, Palermo 1955, S. 433–453.

Gladiß, Dietrich von: Beiträge zur Geschichte der staufischen Reichsministerialität, Berlin 1934.

Glasser, J. P.: Haguenau en 1164, La charte de l'empereur Frédéric Barberousse, in: Études Haguenoviennes 4 (1964) S. 1–25.

Gloger, Bruno: Kaiser, Gott und Teufel, Friedrich II. von Hohenstaufen in Geschichte und Sage, Berlin 1970, 4. Aufl. 1975.

Gönner, Eberhard: Das Wappen des Herzogtums Schwaben und des Schwäbischen Kreises, in: ZWLG 26 (1967) S. 18–45.

Göppinger Staufertage 10.–12. Oktober 1970, hg. Gesellschaft der Freunde Staufischer Geschichte, Göppingen 1971.

Goes, Rudolf: Die Hausmacht der Welfen in Süddeutschland, Diss. masch., Tübingen 1960.

Goez, Werner: Der Leihezwang, Eine Untersuchung zur Geschichte des deutschen Lehnrechtes, Tübingen 1962.

Gollwitzer, Heinz: Zur Auffassung der mittelalterlichen Kaiserpolitik im 19. Jahrhundert, in: Dauer und Wandel der Geschichte, Festschrift für Kurt von Raumer, Münster 1966, S. 483–512.

Gottschalk, Hans L.: Der Untergang der Hohenstaufen, in: Wiener Zeitschrift für die Kunde des Morgenlandes 53 (1957) S. 267–282.

Grabmann, Martin: Kaiser Friedrich II. und sein Verhältnis zur aristotelischen und arabischen Philosophie, in: M. G.: Mittelalterliches Geistesleben, Abhandlungen zur Geschichte der Scholastik und Mystik, München 1936, S. 103–137; auch in: Wolf 1966, S. 134–177.

Graus, František: Lebendige Vergangenheit, Überlieferung im Mittelalter und in den Vorstellungen vom Mittelalter, Köln 1975.

Grebe, Werner: Studien zur geistigen Welt Rainalds von Dassel, in: Annalen des Historischen Vereins für den Niederrhein 171 (1969) S. 5–44; auch in: Wolf 1975, S. 245–296. – Kaisertum und Papsttum in der Vorstellung und in der Politik Friedrich Barbarossas und Rainalds von Dassel, in: JKGV 45 (1974) S. 1–14.

Grundmann, Herbert: Kaiser Friedrich II., in Die großen Deutschen, hg. Willy Andreas u. a., Bd. 1, Berlin 1935, S. 124–142; auch in: Wolf 1966, S. 109–133. – Das hohe Mittelalter und die deutsche Kaiserzeit, in: Die neue Propyläen-Weltgeschichte, hg. Willy Andreas, Bd. 2, Berlin 1940, S. 173–350. – Federico II e Gioacchino da Fiore, in: Atti 1952, S. 83–89; auch in H. G.: Ausgewählte Aufsätze (Schriften der MGH 25,2), Stuttgart 1977, S. 220–226. – Wahlkönigtum, Territorialpolitik und Ostbewegung im 13. und 14. Jahrhundert (1198–1378), in: Gebhardt 8. Aufl. 1954, S. 341–504; 9. Aufl. 1970, S. 426 bis 606. – Der Cappenberger Barbarossakopf und die Anfänge des Stiftes Cappenberg, Köln 1959.

Güterbock, Ferdinand: Nochmals Gelnhäuser Urkunde, Eine Abwehr mit neuen Ausblicken, in: Neues Archiv der Gesellschaft für ältere deutsche Geschichtskunde 49 (1932) S. 470–523. – Piacenzas Beziehungen zu Barbarossa auf Grund des Rechtsstreites um den Besitz des Poüberganges, in: QFIAB 24 (1932/33) S. 62–111. – Barbarossas Privileg für das Herzogtum Österreich, in: HZ 147 (1933) S. 507 bis 534. – Barbarossa und Heinrich der Löwe, in: Vergangenheit und Gegenwart 23 (1933) S. 251–268. – Barbarossas ältester Sohn und die Thronfolge des Zweitgeborenen, in: Historische Vierteljahrschrift 29 (1935) S. 509–540. – Zur Geschichte Burgunds im Zeitalter Barbarossas, in: Zeitschrift für Schweizerische Geschichte 17 (1937) S. 145 bis 229. – Il diario di Tageno e altre fonti della terza crociata, in: BIME 55 (1941) S. 223–275. – Le lettere del notaio imperiale Burcardo intorno alla politica del Barbarossa nello scisma ed alla distruzione di Milano, in: BIME 61 (1949) S. 1–65.

Hägermann, Dieter: Die Urkunden Erzbischof Christians I. von Mainz als Reichslegat Friedrich Barbarossas in Italien, in: Archiv für Diplomatik 14 (1968) S. 202–301. – Beiträge zur Reichslegation Christians von Mainz in Italien, in: QFIAB 49 (1969) S. 186–238.

Hagemann, Wolfgang: La nuova edizione del registro di Federico II, in: Atti 1952, S. 315–336. – Jesi im Zeitalter Friedrichs II., in: QFIAB 36 (1956) S. 138–187. – Studien und Dokumente zur Geschichte der Marken im Zeitalter der Staufer, in: QFIAB 37 (1957) S. 103–135; 41 (1961) S. 48–136; 44 (1964) S. 72–151, 152–288; 46 (1966) S. 91–218; 52 (1972) S. 298–396; 54 (1974) S. 58–121; 56 (1976) S. 96–158. – (Zusammen mit *Alfredo Zazo*): La battaglia di Benevento, Benevent 1967.

Hahn, Hanno: Hohenstaufenburgen in Süditalien, Ingelheim 1961.

Haller, Johannes: Der Reichsgedanke der staufischen Zeit, in: Die Welt als Geschichte 5 (1939) S. 399–417; auch in J. H.: Reden und Aufsätze zur Geschichte und Politik, 2. Aufl., Stuttgart 1941, S. 67–85.

Hampe, Karl: Friedrich Barbarossa, in K. H.: Herrschergestalten des deutschen Mittelalters, Leipzig 1927, 7. Aufl. Heidelberg 1967, S. 147 bis 193. – Kaiser Friedrich II. als Fragensteller, in: Kultur- und Universalgeschichte, Festschrift für Walter Goetz, Leipzig 1927, S. 53–66. – Das Hochmittelalter, Geschichte des Abendlandes von 900 bis 1250, Berlin 1932, 6. Aufl. Köln 1977. – Das neueste Lebensbild Kaiser Friedrichs II., in: HZ 146 (1932) S. 441–475; auch in: Wolf 1966, S. 62 bis 102. – Kaiser Friedrich II. der Hohenstaufe, Lübeck 1935. – Deutsche Kaisergeschichte in der Zeit der Salier und Staufer, 7. Aufl. bearbeitet von Friedrich Baethgen, Leipzig 1937, 12. Aufl. Heidelberg 1968.

Hartmann, Heinz: Die Urkunden Konrads IV., Beiträge zur Geschichte der Reichsverwaltung in spätstaufischer Zeit, in: Archiv für Urkundenforschung 18 (1944) S. 38–163.

Hashagen, Justus: Über die ideengeschichtliche Stellung des Staufischen Zeitalters, in: Deutsche Vierteljahrsschrift für Literaturwissenschaft und Geistesgeschichte 9 (1931) S. 350–362.

Haskins, Charles Homer: The Renaissance of the Twelfth Century, Cambridge (Mass.) 1927, Nachdruck Cleveland 1957. – Latin Literature under Frederick II, in: Speculum 3 (1928) S. 129–151; auch in C. H. H.: Studies in Mediaeval Culture, Oxford 1929, S. 124–147.

Hauck, Karl: Zur Genealogie und Gestalt des staufischen Ludus de Antichristo, in: Germanisch-Romanische Monatsschrift 33 (1951/52) S. 11–26.

Hausmann, Friedrich: Formularbehelfe der frühen Stauferzeit, in: MIÖG 58 (1950) S. 68–96. – Reichskanzlei und Hofkapelle unter Heinrich V. und Konrad III. (Schriften der MGH 14), Stuttgart 1956. – Wortwin, Protonotar Kaiser Friedrichs I., Stiftspropst zu Aschaffenburg, in: 1000 Jahre Stift und Stadt Aschaffenburg, hg. Geschichts- und Kunstverein Aschaffenburg, Bd. 1, Aschaffenburg 1957, S. 321–372. –

Die Urkunden der Staufer für das Stift Reichersberg, in: MIÖG 68 (1960) S. 98–113. – Die Anfänge des staufischen Zeitalters unter Konrad III., in: Mayer 1968, S. 53–78. – (Hg.): Die Urkunden Konrads III. und seines Sohnes Heinrich (MGH Die Urkunden der deutschen Könige und Kaiser 9), Köln 1969. – Kaiser Friedrich II. und Österreich, in: Fleckenstein 1974, S. 225–308.

Haverkamp, Alfred: Die Regalien-, Schutz- und Steuerpolitik in Italien unter Friedrich Barbarossa bis zur Entstehung des Lombardenbundes, in: ZBLG 29 (1966) S. 3–156. – Herrschaftsformen der Frühstaufer in Reichsitalien, 2 Bände, Stuttgart 1970–71. – Friedrich I. und der hohe italienische Adel, in: Beiträge 1971, S. 53–92. – Friedrich I. Barbarossa, in: Die Großen der Weltgeschichte, hg. Kurt Fassmann, Bd. 3, Zürich 1973, S. 418–439.

Hearnshaw, Fossey John Cobb: A Thirteenth Century Hitler, in: National and English Review 119 (1942) S. 157–163.

Heer, Friedrich: Aufgang Europas, Eine Studie zu den Zusammenhängen zwischen politischer Religiosität, Frömmigkeitsstil und dem Werden Europas im 12. Jahrhundert, 2 Bände, Wien 1949. – Die Tragödie des Heiligen Reiches, 2 Bände, Stuttgart 1952–53.

Heilig, Konrad Josef: Ostrom und das Deutsche Reich um die Mitte des 12. Jahrhunderts, Die Erhebung Österreichs zum Herzogtum 1156 und das Bündnis zwischen Byzanz und dem Westreich, in: Mayer 1944, S. 1–271.

Heimberger, Fritz: Die Innenpolitik Kaiser Friedrich Barbarossas, vornehmlich nach 1177, Diss. masch., Tübingen 1956.

Heimpel, Hermann: Kaiser Friedrich Barbarossa und die Wende der staufischen Zeit, Straßburg 1942; auch in: Wolf 1975, S. 1–25. – Friedrich I., in: Neue Deutsche Biographie, Bd. 5, Berlin 1961, S. 459–478. – Kaiser Friedrich Barbarossa, in: Neue Sammlung 2 (1962) S. 318–334.

Hein, Wolfgang-Hagen und *Sappert, Kurt:* Die Medizinalordnung Friedrichs II., Eine pharmaziehistorische Studie, Eutin 1957.

Heinemeyer, Walter: Der Friede von Montebello (1175), in: DA 11 (1954/55) S. 101–139. – Die Verhandlungen an der Saône im Jahre 1162, in: DA 20 (1964) S. 155–189. – »Beneficium – non feudum sed bonum factum«, Der Streit auf dem Reichstag zu Besançon 1157, in: Archiv für Diplomatik 15 (1969) S. 155–236.

Heinisch, Klaus: Kaiser Friedrich II. in Briefen und Berichten seiner Zeit, Darmstadt 1968, 5. Aufl. 1977.

Heinrich, Joseph: Kaiser Heinrich VI. und die Besetzung der deutschen Bistümer von seiner Kaiserkrönung bis zur Eroberung Siziliens (April 1191 bis Ende 1194), in: Römische Quartalschrift für christliche Altertumskunde und Kirchengeschichte 51 (1956) S. 189–227.

Helbling, Hanno: Kaiser Friedrich II., in: Die Großen der Weltgeschichte, hg. Kurt Fassmann, Bd. 3, Zürich 1973, S. 616–635.

Heller, Emmy: Zur Frage des kurialen Stileinflusses in der sizilischen Kanzlei Friedrichs II., in: DA 19 (1963) S. 434–450.

Herde, Peter: Ein Pamphlet der päpstlichen Kurie gegen Kaiser Friedrich II. von 1245/46 (»Eger cui lenia«), in: DA 23 (1967) S. 468–538.

Herkenrath, Rainer Maria: Rainald von Dassel, Reichskanzler und Erzbischof von Köln, Diss. masch., Graz 1962. – Rainald von Dassel als Verfasser und Schreiber von Kaiserurkunden, in: MIÖG 72 (1964) S. 34–62. – Zur Lebensgeschichte des frühstaufischen Notars Albert, in: DA 20 (1964) S. 562–567. – Zwei Notare Friedrich Barbarossas und des Reichslegaten Christian von Buch, in: MIÖG 73 (1965) S. 247–268. – Regnum und Imperium, Das »Reich« in der frühstaufischen Kanzlei, 1138–1155 (SBAW Wien 264,5), Wien 1969; teilweise auch in: Wolf 1975, S. 323–359. – Ein »Deperditum« Kaiser Friedrichs I. für die Abtei Santa Maria della Columba, in: MIÖG 78 (1970) S. 193–209. – Zwei verfälschte Ravennater Diplome Kaiser Friedrich Barbarossas, in: Römische Historische Mitteilungen 12 (1970) S. 93–110. – Ein Brief Kaiser Friedrichs I. an Papst Viktor IV., in: Archiv für Diplomatik 17 (1971) S. 286–292. – Ein Notar Friedrich Barbarossas im Dienste des Erzbischofs Philipp von Köln, in: JKGV 44 (1973) S. 5–20. – Die Reichskanzlei in den Jahren 1167 bis 1174, Zu einer kanzleigeschichtlichen Untersuchung von Walter Koch, in: Archivalische Zeitschrift 71 (1975) S. 64–74.

Hess-Gotthold, Johanna: Hausmacht und Politik Friedrich Barbarossas im Raum des heutigen Pfälzer Waldes, Otterbach 1962.

Heuermann, Hans: Die Hausmachtpolitik der Staufer von Herzog Friedrich I. bis König Konrad III. (1079–1152), Borna 1939.

Heupel, Wilhelm E.: Der sizilische Großhof unter Kaiser Friedrich II., Eine verwaltungsgeschichtliche Studie (Schriften der MGH 4), Leipzig 1940. – Von der staufischen Finanzverwaltung in Kalabrien, in: Historisches Jahrbuch 60 (1940) S. 478–506. – Schriftuntersuchungen zur Registerführung in der Kanzlei Kaiser Friedrichs II., in: QFIAB 46 (1966) S. 1–90.

Hildebrand, Ruth: Studien über die Monarchie Heinrichs des Löwen, Diss., Berlin 1931. – Der sächsische »Staat« Heinrichs des Löwen, Berlin 1937.

Hilliger, Benno: Die Reichssteuerliste von 1242, in: Historische Vierteljahrschrift 28 (1934) S. 88–118.

Hilsch, Peter: Die Bischöfe von Prag in der frühen Stauferzeit, Ihre Stellung zwischen Reichs- und Landesgewalt, München 1969.

Hirsch, Hans: Urkundenfälschungen aus dem Regnum Arelatense, Die burgundische Politik Kaiser Friedrichs I., Baden 1937. – Konradin, sein »Prozeß« und sein Ende in gesamtdeutscher Beleuchtung, in: Gesamtdeutsche Vergangenheit, Festschrift für Heinrich Ritter von Srbik, München 1938, S. 33–46.

Höing, Norbert: Die »Trierer Stilübungen«, Ein Denkmal der Frühzeit Kaiser Friedrich Barbarossas, in: Archiv für Diplomatik 1 (1955) S. 257–329; 2 (1956) S. 125–249. – Der angebliche Briefwechsel Papst Hadrians IV. und Kaiser Friedrichs I., Ein Werk aus dem Kreise um Bischof Eberhard II. von Bamberg, ebenda 3 (1957) S. 162–206.

Hof, Alfred: Die Imitatio Sacerdotii bei Kaiser Friedrich II., Diss. masch., Freiburg 1953; teilweise gedruckt: »Plenitudo potestatis« und »Imitatio imperii« zur Zeit Innocenz' III., in ZKG 66 (1954/55) S. 39–71.

Hoffmann, Brigitte: Das deutsche Königtum Konrads IV., Diss. masch., Tübingen 1960.

Holtzmann, Robert: Lothar und die Hohenstaufen, in: Bruno Gebhardt, Handbuch der Deutschen Geschichte, 7. Aufl., hg. Robert Holtzmann, Bd. 1, Stuttgart 1930, S. 306–379. – Der Weltherrschaftsgedanke des mittelalterlichen Kaisertums und die Souveränität der europäischen Staaten, in: HZ 159 (1939) S. 251–264; auch gesondert Tübingen 1953. – Dominium mundi und imperium merum, Ein Beitrag zur Geschichte des staufischen Reichsgedankens, in: ZKG 61 (1942) S. 191–200.

Holtzmann, Walter: Quellen und Forschungen zur Geschichte Friedrich Barbarossas, Englische Analekten I, in: Neues Archiv der Gesellschaft für ältere deutsche Geschichtskunde 48 (1930) S. 384–413; teilweise auch in W. H.: Beiträge zur Reichs- und Papstgeschichte des hohen Mittelalters, Bonn 1957, S. 169–176. – Friedrich Barbarossa und Heinrich der Löwe, in: Gestalter Deutscher Vergangenheit, hg. Peter Richard Rohden, Potsdam 1937, S. 129–140. – Das mittelalterliche Imperium und die werdenden Nationen, Köln 1953. – Imperium und Nationen, in: X Congresso Internazionale di Scienze Storiche, Relazioni, Bd. 3, Florenz 1955, S. 273–303. – Zum Itinerar Heinrichs VI., in: DA 14 (1958) S. 495–500.

Hotz, Walter: Staufische Reichsburgen am Mittelrhein, Berlin 1937. – Kaiserpfalzen und Ritterburgen in Franken und Thüringen, Berlin 1940. – König und Verschwörer, Männer und Mächte um Heinrich VII. von Hohenstaufen, Bremen 1940. – Kleine Kunstgeschichte der deutschen Burg, Darmstadt 1965, 3. Aufl. 1975.

Ipser, Karl: Kaiser Friedrich der Zweite, Leben und Werk in Italien, Leipzig 1942.

Jacobs, Hans Haimar: Friedrich Barbarossa und Heinrich der Löwe, in: Die großen Deutschen, hg. Willy Andreas u. a., Bd. 1, Berlin 1935, S. 94–123.

Jentzsch, Ursula: Heinrich der Löwe im Urteil der deutschen Geschichtsschreibung von seinen Zeitgenossen bis zur Aufklärung, Jena 1939, 2. Aufl. 1942.

Jordan, Karl: Die Bistumsgründungen Heinrichs des Löwen, Untersuchungen zur Geschichte der ostdeutschen Kolonisation (Schriften der MGH 3), Leipzig 1939. – Investiturstreit und frühe Stauferzeit, in: Gebhardt 8. Aufl. 1954, S. 242–340; in: Gebhardt 9. Aufl. 1970, S. 322 bis 425. – Friedrich Barbarossa, Kaiser des christlichen Abendlandes, Göttingen 1959, 2. Aufl. 1967. – Goslar und das Reich im 12. Jahrhundert, in: Niedersächsisches Jahrbuch für Landesgeschichte 35 (1963) S. 49–77. – Enrico il Leone e la Lega Lombarda nella politica di Federico Barbarossa, in: Popolo e stato 1970, S. 209–220. – Staufer und Kapetinger im 12. Jahrhundert, in: Francia 2 (1974) S. 136–151.

Jordan, Rudolf: Die Stellung des deutschen Episkopats im Kampf um die Universalmacht unter Friedrich I. bis zum Frieden von Venedig (1177), Diss. Erlangen, Würzburg 1939.

Jost, Antonie: Der Kaisergedanke in den Arengen der Urkunden Friedrichs I., Diss. Münster, Köln 1930.

Jungbluth, Günther: Die Lieder Kaiser Heinrichs, in: Beiträge zur Geschichte der deutschen Sprache und Literatur 85 (Tübingen 1963) S. 65–82.

Kallen, Gerhard: Friedrich Barbarossas Verfassungsreform und das Landrecht des Sachsenspiegels, in: ZRG (G) 58 (1938) S. 560–583. – Friedrich Barbarossa, Köln 1943; auch in G. K.: Probleme der Rechtsordnung in Geschichte und Theorie, Zehn ausgewählte Aufsätze, Köln 1965, S. 172–199.

Kamp, Norbert: Moneta regis, Beiträge zur Geschichte der königlichen Münzstätten und der königlichen Münzpolitik in der Stauferzeit, Diss. masch., Göttingen 1957. – Münzprägung und Münzpolitik der Staufer in Deutschland, in: Hamburger Beiträge zur Numismatik 17 (1963) S. 517–544. – Kirchenpolitik und Sozialstruktur im staufischen Königreich Sizilien, in: Festschrift für Hermann Heimpel, Bd. 2, Göttingen 1972, S. 948–958. – Kirche und Monarchie im staufischen Königreich Sizilien, Teil I: Prosopographische Grundlegung, Bistümer und Bischöfe des Königreichs 1194–1266, 3 Bände, München 1973–75. – Vom Kämmerer zum Sekreten, Wirtschaftsreform und Finanzverwaltung im staufischen Königreich Sizilien, in: Fleckenstein 1974, S. 43–92.

Kampers, Franz: Die Fortuna Caesarea Kaiser Friedrichs II., in: Historisches Jahrbuch 48 (1928) S. 208–229. – Kaiser Friedrich II., Der Wegbereiter der Renaissance, Bielefeld 1929.

Kantorowicz, Ernst (Hartvig): Kaiser Friedrich der Zweite, 2 Bände, Berlin 1927–31, Nachdruck Düsseldorf 1963. – Petrus de Vinea in England, in: MIÖG 51 (1937) S. 43–88. – Kaiser Friedrich II. und das Königsbild des Hellenismus, in: Varia variorum, Festschrift für Karl Reinhardt, Münster 1952, S. 169–193; auch in E. H. K.: Selected Studies, New York 1965, S. 264–283. – The King's Two Bodies, A

Study in Mediaeval Political Theory, Princeton 1957. – Zu den Rechtsgrundlagen der Kaisersage, in: DA 13 (1957) S. 115–150; auch in: Wolf 1966, S. 482–524.

Kaschnitz-Weinberg, Guido von: Bildnisse Friedrichs II. von Hohenstaufen, in: Mitteilungen des Deutschen Archäologischen Instituts, Römische Abteilung 60/61 (1953/54) S. 1–21; 62 (1955) S. 1–52.

Kaufmann, Heinz: Die italienische Politik Kaiser Friedrichs I. nach dem Frieden von Konstanz (1183–1189), Diss., Greifswald 1933.

Kawerau, Peter: Barbarossas Tod nach 'Imad ad-Din und Michael Syrus, in: Oriens Christianus 48 (1964) S. 135–142.

Kempf, Friedrich: Das mittelalterliche Kaisertum, Ein Deutungsversuch, in: Das Königtum, Seine geistigen und rechtlichen Grundlagen, hg. Theodor Mayer (VuF 3), Konstanz 1956, S. 225–242. – Der »Favor apostolicus« bei der Wahl Friedrich Barbarossas und im deutschen Thronstreit (1198–1208), in: Speculum historiale, Festschrift für Johannes Spörl, Freiburg 1965, S. 469–478; auch in: Wolf 1975, S. 104 bis 120. – Die Absetzung Friedrichs II. im Lichte der Kanonistik, in: Fleckenstein 1974, S. 345–360.

Kienast, Walther: Deutschland und Frankreich in der Kaiserzeit (900 bis 1270), Leipzig 1943, 2. Aufl. 3 Bände, Stuttgart 1974–75. – Untertaneneid und Treuvorbehalt, Ein Kapitel aus der vergleichenden Verfassungsgeschichte des Mittelalters, in: ZRG (G) 56 (1948) S. 111–147.

Kimpen, Emil: Zur Königsgenealogie der Karolinger- bis Stauferzeit, in: ZGO 103 (1955) S. 35–115.

Kirchner, Gero: Studien zur Bildung des staufischen Königsterritoriums, Diss. masch., Berlin 1952. – Die Steuerliste von 1241, Ein Beitrag zur Entstehung des staufischen Königsterritoriums, in: ZRG (G) 70 (1953) S. 64–104.

Kirfel, Hans Joachim: Weltherrschaftsidee und Bündnispolitik, Untersuchungen zur auswärtigen Politik der Staufer, Bonn 1959.

Kirn, Paul: Die Verdienste der staufischen Kaiser um das deutsche Reich, in: HZ 164 (1941) S. 261–284; auch in: Wolf 1966, S. 194–221.

Klebel, Ernst: Zur Abstammung der Hohenstaufen, in: ZGO 102 (1954) S. 137–187.

Klein, Ulrich: Münzstätten der Stauferzeit (etwa 1140–1270) in Deutschland und Italien, in: Schweizerische Numismatische Rundschau 56 (1977) S. 171–278.

Klewitz, Hans-Walter: Die Abstammung der Kaiserin Beatrix, in: DA 7 (1944) S. 204–212.

Klingelhöfer, Erich: Die Reichsgesetze von 1220, 1231/32 und 1235, Ihr Werden und ihre Wirkung im deutschen Staat Friedrichs II., Weimar 1955.

Kloos, Rudolf M.: Petrus de Prece und Konradin, in: QFIAB 34 (1954) S. 88–108. – Nikolaus von Bari, eine neue Quelle zur Entwicklung der

Kaiseridee unter Friedrich II., in: DA 11 (1954/55) S. 166–190; auch in: Wolf 1966, S. 365–395. – Kaiser Friedrich II., Literaturbericht 1950–1956, in: Traditio 12 (1956) S. 426–456. – Ein Brief des Petrus de Prece zum Tode Friedrichs II., in: DA 13 (1957) S. 151–170; auch in: Wolf 1966, S. 525–549. – Alexander der Große und Kaiser Friedrich II., in: AKG 50 (1968) S. 181–199.

Knöpp, Friedrich: Die Stellung Friedrichs II. und seiner beiden Söhne zu den deutschen Städten, Berlin 1928.

Koch, Gottfried: Sacrum Imperium, Bemerkungen zur Herausbildung der staufischen Herrschaftsideologie, in: Zeitschrift für Geschichtswissenschaft 16 (1968) S. 596–614. – Auf dem Wege zum Sacrum Imperium, Studien zur ideologischen Herrschaftsbegründung der deutschen Zentralgewalt im 11. und 12. Jahrhundert, Köln 1972.

Koch, Walter: Die Reichskanzlei in den Jahren 1167 bis 1174, Eine diplomatisch-paläographische Untersuchung, Wien 1973.

Koeppler, H.: Frederick Barbarossa and the Schools of Bologna, in: EHR 54 (1939) S. 577–607.

Koller, Heinrich: Zur Diskussion über die Reichsgesetze Friedrichs II., in: MIÖG 66 (1958) S. 29–51. – Die Bedeutung des Titels »Princeps« in der Reichskanzlei unter den Saliern und Staufern, in: MIÖG 68 (1960) S. 63–80.

Korsch, Ernst: Die verschiedenen Fassungen in dem Werk des Bischofs Otto von Freising über die Taten Kaiser Friedrichs I., Diss., Berlin 1940.

Krieger, Karl-Friedrich: Die königliche Lehngerichtsbarkeit im Zeitalter der Staufer, in: DA 26 (1970) S. 400–433.

Krüger, Hans-Jürgen: Zur Politik Heinrichs VI. in Oberlothringen, Anmerkungen zu Gerhard Baakens Regestenwerk, in: Rheinische Vierteljahrsblätter 39 (1975) S. 60–98.

Kubach, Hans Erich: Die Kirchenbaukunst der Stauferzeit in Deutschland, in: Zeit der Staufer 1977, Bd. 3, S. 177–185.

Kuhn, Hugo: Die Klassik des Rittertums in der Stauferzeit (1170–1230), in: Annalen der deutschen Literatur, hg. Heinz Otto Burger, Stuttgart 1951, 2. Aufl. 1962, S. 99–177.

Kunisch, Johannes: Konrad III., Arnold von Wied und der Kapellenbau von Schwarzrheindorf, Düsseldorf 1966.

Ladner, Gerhart: Formularbehelfe in der Kanzlei Kaiser Friedrichs II. und die »Briefe des Petrus de Vinea«, in: MIÖG Ergänzungsband 12, Wien 1933, S. 92–198.

Lamma, Paolo: Comneni e Staufer, Ricerche sui rapporti fra Bisanzio e l'Occidente nel secolo XII, 2 Bände, Rom 1955–57. – Byzanz kehrt nach Italien zurück, in: Beiträge 1971, S. 37–51.

Lammers, Walther (Hg.): Otto Bischof von Freising, Chronik oder die

Geschichte der zwei Staaten (Freiherr vom Stein-Gedächtnisausgabe 16), Darmstadt 1960, 3. Aufl. 1974. – Ein universales Geschichtsbild der Stauferzeit in Miniaturen, Der Bilderkreis zur Chronik Ottos von Freising im Jenenser Codex Bose q. 6, in: Alteuropa und die moderne Gesellschaft, Festschrift für Otto Brunner, Göttingen 1963, S. 170–214. – Bild und Urteil in der Geschichtsschreibung, Beobachtungen an Darstellungen Friedrichs II. von Hohenstaufen, in: Schleswig-Holstein und der Norden, Festschrift für Olaf Klose, Neumünster 1968, S. 33 bis 49. – Verzicht auf Reichsgebiet, Friedrichs II. Urkunde von Metz 1214, in: Geschichte und Verfassungsgefüge, Festschrift für Walter Schlesinger, Wiesbaden 1973, S. 56–89. – Weltgeschichte und Zeitgeschichte bei Otto von Freising, Wiesbaden 1977.

Langosch, Karl: Politische Dichtung um Kaiser Friedrich Barbarossa, Berlin 1943. – Der Archipoeta, in K. L.: Profile des lateinischen Mittelalters, Geschichtliche Bilder aus dem europäischen Geistesleben, Darmstadt 1965, 3. Aufl. 1971, S. 259–327.

Lechner, Karl: Die Babenberger in Österreich, Wien 1947. – Die Babenberger, Markgrafen und Herzöge von Österreich (976–1246), Wien 1977.

Leyser, Karl: Frederick Barbarossa, Henry II, and the Hand of St. James, in: EHR 90 (1975) S. 481–506.

Lietzmann, Sabine: Königtum und Reichsepiskopat vom Wormser Konkordat bis Barbarossa (1122–1152), Diss. masch., Berlin 1944.

Löcher, Kurt: Die Staufer in der bildenden Kunst, in: Zeit der Staufer 1977, Bd. 3, S. 291–309.

Löwe, Heinz: Dante und die Staufer, in: Speculum historiale, Festschrift für Johannes Spörl, Freiburg 1965, S. 316–333; auch in H. L.: Von Cassiodor zu Dante, Ausgewählte Aufsätze zur Geschichtschreibung und politischen Ideenwelt des Mittelalters, Berlin 1973, S. 277–297. – Die Staufer als Könige und Kaiser, in: Zeit der Staufer 1977, Bd. 3, S. 21–34.

Maccarrone, Michele: L'incoronazione imperiale del Barbarossa a Roma nel 1155, in: Studi Romani 6 (1958) S. 16–38. – Papato e Impero dalla elezione di Federico I alla morte di Adriano IV, Rom 1959.

Magli, G.: Zecche e monete in Puglia durante la dominazione sveva, in: ASP 13 (1960) S. 177–186.

Maier, Wolfgang: Stadt und Reichsfreiheit, Entstehung und Aufstieg der elsässischen Hohenstaufenstädte mit besonderer Berücksichtigung des Wirkens Kaiser Friedrichs II., Diss., Freiburg (Schweiz) 1972.

Mandry, Ursula: Die Stauferzeit im Spiegel der Bischofsviten, Diss. masch., Freiburg 1954.

Manselli, Raoul: Federico II e Alatrino, diplomatico pontificio del secolo XIII, in: Studi Romani 6 (1958) S. 649–658. – Onorio III e

Federico II, Revisione di un giudizio? in: Studi Romani 11 (1963) S. 142–159. – Corradino di Svevia e Roma, in: Studi Romani 16 (1968) S. 280–293. – Federico Barbarossa, Turin 1968. – La grande feudalità italiana fra Federico Barbarossa e i comuni, in: Popolo e stato 1970, S. 343–361. – Milano e la Lega Lombarda, in: Fonseca 1971, S. 9–21. – Grundzüge der religiösen Geschichte Italiens im 12. Jahrhundert, in: Beiträge 1971, S. 5–35; italienisch in R. M.: Studi sulle eresie del secolo XII, 2. Aufl., Rom 1975, S. 271–291.

Mariotte, Jean-Yves: Une lettre de Frédéric Barberousse au sujet de l'abbaye de Baume-les-Messieurs en Franche-Comté, in: Archiv für Diplomatik 7 (1961) S. 204–213. – Le comté de Bourgogne sous les Hohenstaufen (1156–1208), Paris 1963.

Marongiu, Antonio: Note Federiciane, Manifestazioni e aspetti poco noti della politica di Federico II, in: Studi medievali II 18 (1952) S. 292–324. – L'héritage normand de l'état de Frédéric II de Souabe, in: Studi medievali in onore di Antonino De Stefano, Palermo 1956, S. 341–349. – Uno »stato modello« nel medioevo italiano, il regno normanno-svevo di Sicilia, in: Critica Storica 2 (1963) S. 379–394; deutsch in: Wolf 1966, S. 750–773. – La costituzione »Habita« di Federico I, Problemi e discussioni, in: Clio 1 (1965) S. 3–24. – La concezione imperiale di Federico Barbarossa, in: Popolo e stato 1970, S. 129–152. – Le »Privilegium scholasticum« de Frédéric Barberousse et son application, in: Cahiers de civilisation médiévale 15 (1972) S. 295–301.

Marthaler, Elisabeth: Die Diplome Kaiser Friedrichs I. und Heinrichs VI. für Kreuzlingen, in: Thurgauische Beiträge zur vaterländischen Geschichte 77 (1941) S. 10–34.

Maschke, Erich: Der Kampf zwischen Kaisertum und Papsttum, in: Handbuch der Deutschen Geschichte, hg. Arnold Oskar Meyer, Bd. 1, Potsdam 1936, Nachdruck Darmstadt 1953, S. 178–259. – Das Geschlecht der Staufer, München 1943, Nachdruck Aalen 1970. – Kaiser Friedrich I., in: Die großen Deutschen, hg. Hermann Heimpel u. a., Bd. 1, Berlin 1956, S. 70–86. – Die Wirtschaftspolitik Kaiser Friedrichs II. im Königreich Sizilien, in: Vierteljahrschrift für Sozial- und Wirtschaftsgeschichte 53 (1966) S. 289–328. – Die deutschen Städte der Stauferzeit, in: Zeit der Staufer 1977, Bd. 3, S. 59–73.

Mau, Hermann: Heinrich der Löwe, München 1943.

Maurer, Hans-Martin: Die Entstehung der hochmittelalterlichen Adelsburg in Südwestdeutschland, in: ZGO 117 (1969) S. 295–332. – Der Hohenstaufen, Geschichte der Stammburg eines Kaiserhauses, Stuttgart 1977. – Burgen, in: Zeit der Staufer 1977, Bd. 3, S. 119–128.

Maurer, Helmut: Die Herren von Krenkingen und das Land zwischen Schwarzwald und Randen, Studien zur Geschichte eines landschaftsgebundenen Adelshauses im 12. und 13. Jahrhundert, Diss. masch., Freiburg 1963; teilweise gedruckt: Das Land zwischen Schwarzwald und Randen im frühen und hohen Mittelalter, Königtum, Adel und Klöster als politisch wirksame Kräfte, Freiburg 1965. – Rottweil und die Herzöge von Schwaben, in: ZRG (G) 85 (1968) S. 59–77. – Chiavenna und die »Ehre« des Herzogtums Schwaben, Ein Beitrag zur Verfassungsgeschichte des 12. Jahrhunderts, in: Festschrift für Friedrich Hausmann, Graz 1977, S. 339–353. – Der Herzog von Schwaben, Grundlagen, Wirkungen und Wesen seiner Herrschaft in ottonischer, salischer und staufischer Zeit, Sigmaringen 1978.

Mayer, Hans Eberhard: Der Brief Kaiser Friedrichs I. an Saladin vom Jahre 1188, in: DA 14 (1958) S. 488–494. – Das Itinerarium peregrinorum, Eine zeitgenössische englische Chronik zum dritten Kreuzzug in ursprünglicher Gestalt (Schriften der MGH 18), Stuttgart 1962. – Geschichte der Kreuzzüge (Urban-Taschenbücher 86), Stuttgart 1965, 3. Aufl. 1975. – Staufische Weltherrschaft? Zum Brief Heinrichs II. von England an Friedrich Barbarossa von 1157, in: Festschrift für Karl Pivec, Innsbruck 1966, S. 265–278; auch in: Wolf 1975, S. 184 bis 207. – Das Pontifikale von Tyrus und die Krönung der lateinischen Könige von Jerusalem, Zugleich ein Beitrag zur Forschung über Herrschaftszeichen und Staatssymbolik, in: Dumbarton Oaks Papers 21 (1967) S. 141–232.

Mayer, Theodor: Der Staat der Herzoge von Zähringen, Freiburg 1935; auch in T. M.: Mittelalterliche Studien, Gesammelte Aufsätze, Lindau 1959, S. 350–364. – (Hg.): Kaisertum und Herzogsgewalt im Zeitalter Friedrichs I., Studien zur politischen und Verfassungsgeschichte des hohen Mittelalters (Schriften der MGH 9), Leipzig 1944. – Friedrich I. und Heinrich der Löwe, in: Mayer 1944, S. 365–444; auch gesondert Darmstadt 1967. – Das österreichische Privilegium minus, in: Mitteilungen des oberösterreichischen Landesarchivs 5 (1957) S. 9–60; auch in T. M.: Studien (wie oben) S. 202–246. – Die Würzburger Herzogsurkunde von 1168 und das österreichische Privilegium minus, Entstehung und verfassungsrechtliche Bedeutung, in: Aus Geschichte und Landeskunde, Festschrift für Franz Steinbach, Bonn 1960, S. 247 bis 277. – (Hg.): Probleme des 12. Jahrhunderts (VuF 12), Konstanz 1968.

Mazzarese Fardella, Enrico: Aspetti dell'organizzazione amministrativa nello stato normanno e svevo, Mailand 1966.

Meckseper, Cord: Castel del Monte, Seine Voraussetzungen in der nordwesteuropäischen Baukunst, in: Zeitschrift für Kunstgeschichte 33 (1970) S. 211–231. – Städtebau, in: Zeit der Staufer 1977, Bd. 3, S. 75 bis 86.

Meier-Welcker, Hans: Das Militärwesen Kaiser Friedrichs II., Landesverteidigung, Heer und Flotte im sizilischen »Modellstaat«, in: Militärgeschichtliche Mitteilungen 17 (1975) S. 9–48.

Metz, Wolfgang: Das Tafelgüterverzeichnis des römischen Königs und das Problem des Servitium regis in der Stauferzeit mit besonderer

Berücksichtigung Sachsens, in: Niedersächsisches Jahrbuch für Landesgeschichte 32 (1960) S 78–107. – Staufische Güterverzeichnisse, Untersuchungen zur Verfassungs- und Wirtschaftsgeschichte des 12. und 13. Jahrhunderts, Berlin 1964.

Meuthen, Erich: Karl der Große – Barbarossa – Aachen, in: Karl der Große, Lebenswerk und Nachleben, hg. Wolfgang Braunfels u. a., Bd. 4, Düsseldorf 1967, S. 54–76. – Barbarossa und Aachen, in: Rheinische Vierteljahrsblätter 39 (1975) S. 28–59.

Meyer, Bruno: Das Ende des Herzogtums Schwaben auf linksrheinischem Gebiet, in: Schriften des Vereins für Geschichte des Bodensees und seiner Umgebung 78 (1960) S. 65–109.

Meyer, Hans: Die Militärpolitik Friedrich Barbarossas im Zusammenhang mit seiner Italienpolitik, Berlin 1930.

Meyer, Otto: Bischof Eberhard II. von Bamberg (1146–1170), Mittler im Wandel seiner Zeit, Würzburg 1964.

Migge, Walter: Die Staufer in der deutschen Literatur seit dem 18. Jahrhundert, in: Zeit der Staufer 1977, Bd. 3, S. 275–290.

Mitteis, Heinrich: Politische Prozesse des frühen Mittelalters in Deutschland und Frankreich (SBAW Heidelberg 1926/27, 3), Heidelberg 1927, Nachdruck Darmstadt 1974. – Lehnrecht und Staatsgewalt, Untersuchungen zur mittelalterlichen Verfassungsgeschichte, Weimar 1933, Nachdruck Darmstadt 1958. – Die deutsche Königswahl, Ihre Rechtsgrundlagen bis zur Goldenen Bulle, Brünn 1938, 2. Aufl. 1944, Nachdruck Darmstadt 1975. – Der Staat des hohen Mittelalters, Grundlinien einer vergleichenden Verfassungsgeschichte des Lehnszeitalters, Weimar 1940, 9. Aufl. Köln 1974. – Zum Mainzer Reichslandfrieden von 1235, in: ZRG (G) 62 (1942) S. 13–56.

Monteverdi, Angelo: L'opera poetica di Federico II imperatore, in: Studi medievali II 17 (1951) S. 1–20; auch in A. M.: Studi e saggi sulla letteratura italiana dei primi secoli, Mailand 1954, S. 35–58.

Monti, Gennaro Maria: Lo stato normanno-svevo, Lineamenti e ricerche, Neapel 1934, 2. Aufl. Trani 1945. – Il processo di Corradino di Svevia, in G.M.M.: Da Carlo I a Roberto d'Angiò, Trani 1936, S. 1–14.

Mor, Carlo Guido: Federico II legislatore, in: ASP 4 (1951) S. 31–40. – La politique de la maison de Souabe à l'égard des villes italiennes, in: La ville (Recueils de la Société Jean Bodin 6, 1), Brüssel 1954, S. 297 bis 317. – Il trattato di Costanza e la vita comunale italiana, in: Popolo e stato 1970, S. 363–377. – Considerazioni su qualche costituzione di Federico II, in: ASP 26 (1973) S. 423–434.

Morghen, Raffaello: Il tramonto della potenza sveva in Italia (1250 bis 1266), Rom 1936.

Müller, Andreas: Das Konradin-Bild im Wandel der Zeit, Bern 1972.

Müller, Ulrich: Untersuchungen zur politischen Lyrik des deutschen Mittelalters, Göppingen 1974.

Mütherich, Florentine: Handschriften im Umkreis Friedrichs II., in: Fleckenstein 1974, S. 9–21.

Munz, Peter: Frederick Barbarossa, in: History Today 11 (1961) S. 703 bis 711. – Frederick Barbarossa and the »Holy Empire«, in: The Journal of Religious History 3 (1964) S. 20–37. – Frederick Barbarossa and Henry the Lion in 1176, in: Historical Studies 12 (1965) S. 1–21. – Frederick Barbarossa, A Study in Medieval Politics, London 1969. – Why did Rahewin stop writing the »Gesta Friderici«? in: EHR 84 (1969) S. 771–779.

Nahmer, Dieter von der: Die Reichsverwaltung in Toskana unter Friedrich I. und Heinrich VI., Aalen 1966. – Zur Herrschaft Friedrich Barbarossas in Italien, in: Studi medievali III 15 (1974) S. 587–703.

Nasalli Rocca, Emilio: La posizione politica dei monasteri cisterciensi dell' alta Italia nei tempi da Federico I a Federico II di Svevia, in: Analecta Sacri Ordinis Cisterciensis 13 (1957) S. 69–82. – La dieta di Roncaglia del 1158 nei cronisti medioevali italiani, in: Archivio Storico per le Provincie Parmensi 10 (1959) S. 51–78. – L'età di Federico Barbarossa nella cronistica e nella documentazione medioevale piacentina, in: Popolo e stato 1970, S. 535–555.

Natalucci, Mario: Federico II di Svevia e la Marca di Ancona, Fabriano 1947.

Nau, Elisabeth: Meisterwerke staufischer Glyptik, Beiträge zur staufischen Renaissance, in: Schweizerische Numismatische Rundschau 45 (1966) S. 145–171. – Münzen und Geld in der Stauferzeit, in: Zeit der Staufer, Bd. 3, S. 87–102; ebenda Bd. 1, S. 108–188.

Naumann, Hans: Die Hohenstaufen als Lyriker und ihre Dichterkreise, in: Dichtung und Volkstum 36 (1935) S. 21–49. – Der Staufische Ritter, Leipzig 1936. – Deutsche Kultur im Zeitalter des Rittertums, Potsdam 1938.

Nellmann, Eberhard: Die Reichsidee in deutschen Dichtungen der Salier- und frühen Stauferzeit, Berlin 1963.

Nitschke, August: Der Prozeß gegen Konradin, in: ZRG (K) 42 (1956) S. 25–54. – Konradin und Clemens IV., in: QFIAB 38 (1958) S. 268 bis 277. – La posizione della nobiltà nelle leggi siciliane di Federico II, in: ASP 13 (1960) S. 61–76. – Friedrich II., ein Ritter des hohen Mittelalters, in: HZ 194 (1962) S. 1–36; auch in: Wolf 1966, S. 648–691. – Naturerkenntnis im Zeitalter der Staufer, in: Zeit der Staufer 1977, Bd. 3, S. 231–238. – Die Mitarbeiter des jungen Friedrich Barbarossa, in: Landesgeschichte und Geistesgeschichte, Festschrift für Otto Herding, Stuttgart 1977, S. 56–79.

Nothnagel, Karl: Staufische Architektur in Gelnhausen und Worms, Göppingen 1971.

Odebrecht, Botho: Kaiser Friedrich I. und die Anfänge des Prämon-stratenserstifts Adelberg, in: ZWLG 6 (1942) S. 44–77.

Oehlzand, Maria: Das Verhältnis von Papst und Kaiser in der Zeit Friedrich Barbarossas, Diss. masch., Wien 1947.

Ohlig, Margarete: Studien zum Beamtentum Friedrichs II. in Reichs-italien von 1237–1250 unter besonderer Berücksichtigung der süd-italienischen Beamten, Diss., Frankfurt 1936.

Ohnsorge, Werner: »Kaiser« Konrad III., Zur Geschichte des staufischen Staatsgedankens, in: MIÖG 46 (1932) S. 343–360; auch in W. O.: Abendland und Byzanz, Gesammelte Aufsätze zur Geschichte der byzantinisch-abendländischen Beziehungen und des Kaisertums, Darmstadt 1958, S. 364–386. – Zu den außenpolitischen Anfängen Friedrich Barbarossas, in: QFIAB 32 (1942) S. 13–32; auch in W. O.: Abendland (wie oben) S. 411–433. – Die Byzanzpolitik Friedrich Barbarossas und der »Landesverrat« Heinrichs des Löwen, in: DA 6 (1943) S. 118–149; auch in W. O.: Abendland (wie oben) S. 456–491.

Opll, Ferdinand: Itinerar Kaiser Friedrich Barbarossas 1152–1190, Köln 1978.

Otto, Eberhard F.: Otto von Freising und Friedrich Barbarossa, in: Historische Vierteljahrschrift 31 (1937) S. 27–56; auch in: Ge-schichtsdenken und Geschichtsbild im Mittelalter, hg. Walther Lam-mers (WdF 21), Darmstadt 1961, S. 247–277. – Friedrich Barbarossa, Potsdam 1940, 2. Aufl. 1943. – Friedrich Barbarossa in seinen Briefen, in: DA 5 (1942) S. 72–111.

Pacaut, Marcel: Alexandre III, Étude sur la conception du pouvoir pontifical dans sa pensée et dans son œuvre, Paris 1956. – Frédéric Barberousse, Paris 1967; deutsch: Friedrich Barbarossa, Stuttgart 1969. – La Papauté et les villes italiennes (1159–1253), in: Fonseca 1971, S. 33–46.

Palumbo, Pier Fausto: Contributi alla storia dell'età di Manfredi, Rom 1959. – L'età sveva, I protagonisti, in: Studi Salentini 13 (1962) S. 3 bis 38; auch in P. F. P.: Studi medievali, Rom 1965, S. 75–107. – L'estrema resistenza sveva, in: Almanacco Calabrese 1970/71, S. 53–64.

Panvini, Bruno: La scuola poetica siciliana, 3 Bände, Florenz 1955–58.

Patze, Hans: Kaiser Friedrich Barbarossa und der Osten, in: Mayer 1968, S. 337–408. – Herrschaft und Territorium, in: Zeit der Staufer 1977, Bd. 3, S. 35–49.

Pepe, Gabriele: Lo stato ghibellino di Federico II, Bari 1938, 2. Aufl. 1951.

Perels, Ernst: Der Erbreichsplan Heinrichs VI., Berlin 1927.

Perrin, Charles-Edmond: Les négotiations de 1196 entre l'empereur Henri VI et le pape Célestin III, in: Mélanges d'histoire du moyen âge dédiés à la mémoire de Louis Halphen, Paris 1951, S. 565–572.

216

Petersohn, Jürgen: Der Vertrag des Römischen Senats mit Papst Clemens III. (1188) und das Pactum Friedrich Barbarossas mit den Römern (1167), in: MIÖG 82 (1974) S. 289–337. – Saint-Denis – Westminster – Aachen, Die Karls-Translatio von 1165 und ihre Vorbilder, in: DA 31 (1975) S. 420–454. – Die päpstliche Kanonisationsdelegation des 11. und 12. Jahrhunderts und die Heiligsprechung Karls des Großen, in: Proceedings of the Fourth International Congress of Medieval Canon Law, Città del Vaticano 1975, S. 163–206.

Peyer, Hans Conrad: Friedrich Barbarossa, Monza und Aachen, in: DA 8 (1951) S. 438–460.

Pfaff, Volkert: Kaiser Heinrichs VI. höchstes Angebot an die römische Kirche (1196), Heidelberg 1927. – Die Gesta Innocenz' III. und das Testament Heinrichs VI., in: ZRG (K) 81 (1964) S. 78–126.

Pieri, Piero: Federico II di Svevia e la guerra del suo tempo, in: ASP 13 (1960) S. 114–131. – Federico II di Svevia, Turin 1962.

Pitz, Ernst: Zur Edition der Urkunden Konrads III., in: QFIAB 50 (1971) S. 432–446.

Pontieri, Ernesto: Federico II d'Hohenstaufen e i suoi tempi, Neapel 1958.

Popolo e stato in Italia nell'età di Federico Barbarossa, Alessandria e la Lega Lombarda, hg. Deputazione Subalpina di Storia Patria, Turin 1970.

Powell, James M.: Frederick II and the Church in the Kingdom of Sicily (1220–1224), in: Church History 30 (1961) S. 28–34. – Medieval Monarchy and Trade, The Economic Policy of Frederick II in the Kingdom of Sicily, in: Studi medievali III 3 (1962) S. 420–524. – Frederick II's Knowledge of Greek, in: Speculum 38 (1963) S. 481–482.

Prutscher, Uwe: Der Eid in Verfassung und Politik oberitalienischer Städte mit Hinblick auf die Italienpolitik Kaiser Friedrichs I. Barbarossa, Diss. masch., Gießen 1971.

Pybus, H. J.: The Emperor Frederick II and the Sicilian Church, in: The Cambridge Historical Journal 3 (1929/31) S. 134–163.

Racine, Pierre: Nuove vedute su Federico Barbarossa e i comuni italiani, in: Bolletino Storico Piacentino 68 (1973) S. 2–11.

Rassow, Peter: Honor imperii, Die neue Politik Friedrich Barbarossas 1152–1159, München 1940, 2. Aufl. 1961. – Der Prinzgemahl, Ein Pactum matrimoniale aus dem Jahre 1188, Weimar 1950. – Das Zeitalter der Staufer (1125–1257), in: Deutsche Geschichte im Überblick, hg. Peter Rassow, Stuttgart 1953, 3. Aufl. 1973, S. 169–210.

Rauch, Günter: Die Bündnisse deutscher Herrscher mit Reichsangehörigen vom Regierungsantritt Friedrich Barbarossas bis zum Tod Rudolfs von Habsburg, Aalen 1966.

Rensing, Theodor: Der Kappenberger Barbarossakopf, in: Westfalen 32 (1954) S. 165–183.

Riedmann, Josef: Studien über die Reichskanzlei unter Friedrich Barbarossa in den Jahren 1156–1166, in: MIÖG 75 (1967) S. 322–402; 76 (1968) S. 23–105. – Verlorene Urkunden König Konrads III. für italienische Empfänger, in: DA 28 (1972) S. 229–239. – Die Beurkundung der Verträge Friedrich Barbarossas mit italienischen Städten, Studien zur diplomatischen Form von Vertragsurkunden im 12. Jahrhundert (SBAW Wien 291, 3), Wien 1973.

Rörig, Fritz: Mittelalterliches Kaisertum und die Wende der europäischen Ordnung (1197), in: Das Reich und Europa, hg. Theodor Mayer u. a., Leipzig 1941, S. 22–50.

Rundnagel, Erwin: Die Ehescheidung Friedrich Barbarossas, in: Kritische Beiträge zur Geschichte des Mittelalters, Festschrift für Robert Holtzmann, Berlin 1933, Nachdruck Vaduz 1965, S. 145–159.

Santifaller, Leo: Bemerkungen zur Urkunde Kaiser Friedrichs I. für das Domkapitel von Città di Castello von 1163 Nov. 6, in: Archivalia et historica, Festschrift für Anton Largiadèr, Zürich 1958, S. 151 bis 180.

Sauerländer, Willibald: Die bildende Kunst der Stauferzeit, in: Zeit der Staufer 1977, Bd. 3, S. 205–229.

Schäfer, Alfons: Staufische Reichslandpolitik und hochadlige Herrschaftsbildung im Uf- und Pfinzgau und im Nordwestschwarzwald vom 11.–13. Jahrhundert, in: ZGO 117 (1969) S. 179–244.

Schaller, Hans Martin: Die Antwort Gregors IX. auf Petrus de Vinea I, 1 »Collegerunt pontifices«, in: DA 11 (1954/55) S. 140–165. – Die staufische Hofkapelle im Königreich Sizilien, in: DA 11 (1954/55) S. 462–505. – Zur Entstehung der sogenannten Briefsammlung des Petrus de Vinea, in: DA 12 (1956) S. 114–159. – Zur Verurteilung Konradins, in: QFIAB 37 (1957) S. 311–327. – Die Kanzlei Kaiser Friedrichs II., ihr Personal und ihr Sprachstil, in: Archiv für Diplomatik 3 (1957) S. 207–286; 4 (1958) S. 264–327. – Die Petrus de Vinea-Handschrift Phillipps 8390, in: DA 15 (1959) S. 237–244. – Friedrich II., in: Neue Deutsche Biographie, Bd. 5, Berlin 1961, S. 478–484. – Eine kuriale Briefsammlung des 13. Jahrhunderts mit unbekannten Briefen Friedrichs II., in: DA 18 (1962) S. 171–213. – Unbekannte Briefe Kaiser Friedrichs II. aus Vat. lat. 14204, in: DA 19 (1963) S. 397–433. – Das Relief an der Kanzel der Kathedrale von Bitonto, ein Denkmal der Kaiseridee Friedrichs II., in: AKG 45 (1963) S. 295–312; auch in: Wolf 1966, S. 591–616. – Kaiser Friedrich II., Verwandler der Welt, Göttingen 1964. – Das letzte Rundschreiben Gregors IX. gegen Friedrich II., in: Festschrift für Percy Ernst Schramm, Bd. 1, Wiesbaden 1964, S. 309–321. – (Hg.): Politische Propaganda Kaiser Friedrichs II. und seiner Gegner (Historische Texte, Mittelalter 1), Germering 1965. – König Manfred und die Assassinen, in: DA 21 (1965) S. 173–193. –

Studien zur Briefsammlung des Kardinals Thomas von Capua, in: DA 21 (1965) S. 371–518. – Heinrich VI., in: Neue Deutsche Biographie, Bd. 8, Berlin 1969, S. 323–326; Heinrich (VII.), ebenda S. 326–329. – Endzeit-Erwartung und Antichrist-Vorstellungen in der Politik des 13. Jahrhunderts, in: Festschrift für Hermann Heimpel, Bd. 2, Göttingen 1972, S. 924–947. – Die Kaiseridee Friedrichs II., in: Fleckenstein 1974, S. 109–134.

Schaller, Norbert: Die Alpenpässe in der Politik der Staufer, Diss. masch., Wien 1969.

Schieblich, Walter: Die Auffassung des mittelalterlichen Kaisertums in der deutschen Geschichtsschreibung von Leibniz bis Giesebrecht, Berlin 1932.

Schimmelbusch, Lieselotte: Der Begriff der Iustitia in der Staatstheorie Friedrichs II., Diss. masch., Bonn 1956.

Schlesinger, Walter: Gedanken zur Datierung des Verzeichnisses der Höfe, die zur Tafel des Königs der Römer gehören, in: Jahrbuch für fränkische Landesforschung 34/35 (1974/75) S. 185–203. – Bischofssitze, Pfalzen und Städte im deutschen Itinerar Friedrich Barbarossas, in: Aus Stadt- und Wirtschaftsgeschichte Südwestdeutschlands, Festschrift für Erich Maschke, Stuttgart 1975, S. 1–56.

Schlierer, Richard: Weltherrschaftsgedanke und altdeutsches Kaisertum, Eine Untersuchung über die Bedeutung des Weltherrschaftsgedankens für die Staatsidee des deutschen Mittelalters vom 10. bis 12. Jahrhundert, Diss., Tübingen 1934, Nachdruck Darmstadt 1968.

Schmale, Franz-Josef: Die Gesta Friderici I imperatoris Ottos von Freising und Rahewins, Ursprüngliche Form und Überlieferung, in: DA 19 (1963) S. 168–214. – (Hg.): Bischof Otto von Freising und Rahewin, Die Taten Friedrichs oder richtiger Cronica (Freiherr vom Stein-Gedächtnisausgabe 17), Darmstadt 1965, 2. Aufl. 1974. – Lothar III. und Friedrich I. als Könige und Kaiser, in: Mayer 1968, S. 33–52; auch in: Wolf 1975, S. 121–148. – Friedrich I. und Ludwig VII. im Sommer des Jahres 1162, in: ZBLG 31 (1968) S. 315–368. – Wilhelm Wattenbach, Deutschlands Geschichtsquellen im Mittelalter, Vom Tode Kaiser Heinrichs V. bis zum Ende des Interregnum, Neubearbeitung, Bd. 1, Darmstadt 1976.

Schmale-Ott, Irene (Hg.): Carmen de gestis Frederici I imperatoris in Lombardia (MGH Scriptores rerum Germanicarum 62), Hannover 1965.

Schmid, Karl: Graf Rudolf von Pfullendorf und Kaiser Friedrich I., Freiburg 1954. – Probleme um den »Grafen Kuno von Öhningen«, Ein Beitrag zur Entstehung der welfischen Hausüberlieferung und zu den Anfängen der staufischen Territorialpolitik im Bodenseegebiet, in: Dorf und Stift Öhningen, hg. Herbert Berner, Singen 1966, S. 43–93. – Welfisches Selbstverständnis, in: Adel und Kirche, Festschrift für Gerd Tellenbach, Freiburg 1968, S. 389–416.

Schminck, Christoph Ulrich: Crimen laesae maiestatis, Das politische Strafrecht Siziliens nach den Assisen von Ariano (1140) und den Konstitutionen von Melfi (1231), Aalen 1970.

Schneider, Fedor: Kaiser Friedrich II. und der Staat, Frankfurt 1930. – Kaiser Friedrich II. und seine Bedeutung für das Elsaß, in: Elsaß-Lothringisches Jahrbuch 9 (1930) S. 128–155.

Schneider, Friedrich: Die neueren Anschauungen der deutschen Historiker über die deutsche Kaiserpolitik des Mittelalters und die mit ihr verbundene Ostpolitik, Weimar 1934, 6. Aufl. 1943. – Kaiser Friedrich II. und Petrus von Vinea im Urteil Dantes, in: Deutsches Dante-Jahrbuch 27 (1948) S. 230–250. – Dante und die Staufer, in: ASP 13 (1960) S. 97–113.

Schönbauer, Ernst und *Otto:* Die Imperiumspolitik Kaiser Friedrichs II. in rechtsgeschichtlicher Beleuchtung, in: Festschrift für Karl Gottfried Hugelmann, Bd. 2, Aalen 1959, S. 523–559; auch in: Wolf 1966, S. 553–590.

Schrader, Erich: Ursprünge und Wirkungen der Reichsgesetze Friedrichs II. von 1220, 1231/32 und 1235, in: ZRG (G) 68 (1951) S. 354–396. – Zur Deutung der Fürstenprivilegien von 1220 und 1231/32, in: Wolf 1966, S. 420–454.

Schramm, Percy Ernst: Kaiser Friedrichs II. Herrschaftszeichen, Göttingen 1955. – (Zusammen mit *Florentine Mütherich):* Denkmale der deutschen Könige und Kaiser, Ein Beitrag zur Herrschergeschichte von Karl dem Großen bis Friedrich II. (768–1250), München 1962. – Kaiser Friedrichs II. Herrschaftszeichen, in P. E. S.: Kaiser, Könige und Päpste, Gesammelte Aufsätze zur Geschichte des Mittelalters, Bd. 4, 2, Stuttgart 1971, S. 443–450.

Schreibmüller, Hermann: Herzog Friedrich IV. von Schwaben und Rothenburg (1145–1167), in: ZBLG 18 (1955) S. 213–242.

Schreiner, Klaus: Die Staufer als Herzöge von Schwaben, in: Zeit der Staufer 1977, Bd. 3, S. 7–19. – Die Staufer in Sage, Legende und Prophetie, ebenda S. 249–262. – (Zusammen mit *Hans-Georg Hofacker):* Spätmittelalterliche und neuzeitliche Staufer-Überlieferungen in Schwaben und Württemberg, ebenda S. 311–325.

Schütz, Alois: Eine unbekannte Quelle zur Gesetzgebung Kaiser Friedrichs II. im Königreich Sizilien, in: DA 30 (1974) S. 25–55.

Schuster, Karl: Die Politik der Hohenstaufen im deutschen Drama, Diss. masch., Wien 1952.

Schwarz-Ophoven, Marianne: Politische und religiöse Bedeutung der Kanonisationen in der Stauferzeit, Diss. masch., Münster 1955; teilweise gedruckt: Heiligsprechungen im 12. Jahrhundert und die Beweggründe ihrer Urheber, in: AKG 39 (1957) S. 43–62.

Schwarzmaier, Hansmartin: Hochadelsbesitz im 12. Jahrhundert (Zähringer/Welfen), in: Historischer Atlas von Baden-Württemberg, Lieferung V, 3, Stuttgart 1974. – Die Heimat der Staufer, Bilder und Dokumente aus einhundert Jahren staufischer Geschichte in Südwestdeutschland, Sigmaringen 1976, 2. Aufl. 1977.

Schwineköper, Berent: Die Provenienz der goldenen Bulle Kaiser Friedrichs II. (Statutum in favorem principum) im Stadtarchiv Halle a. S., in: Archivalische Zeitschrift 49 (1954) S. 73–88.

Seegrün, Wolfgang: Kirche, Papst und Kaiser nach den Anschauungen Kaiser Friedrichs II., in: HZ 207 (1968) S. 4–41.

Seiffer, Wolfgang: Jakob Spindler, Stadtpfarrer zu Gmünd, und die Geschichtsforschung über Kloster Lorch und die Staufer im 16. Jahrhundert, Diss., Tübingen 1969.

Selbstbewußtsein und Politik der Staufer, hg. Gesellschaft der Freunde staufischer Geschichte, Göppingen 1977.

Selge, Kurt-Victor: Die Ketzerpolitik Friedrichs II., in: Fleckenstein 1974, S. 309–343.

Sestan, Ernesto: Il significato storico della »Constitutio in favorem principum« di Federico II, in: Atti 1952, S. 473–480; deutsch in: Wolf 1966, S. 331–341.

Somerville, Robert: Pope Honorius II, Conrad of Hohenstaufen and Lothar III, in: Archivum Historiae Pontificiae 10 (1972) S. 341–346.

Spörl, Johannes: Staufische Reichsmetaphysik: Otto von Freising, in J. S.: Grundformen hochmittelalterlicher Geschichtsanschauung, Studien zum Weltbild der Geschichtsschreiber des 12 Jahrhunderts, München 1935, Nachdruck Darmstadt 1968, S. 32–50.

Stach, Walter: Politische Dichtung im Zeitalter Friedrichs I., Der Ligurinus im Widerstreit mit Otto und Rahewin, in: Neue Jahrbücher für deutsche Wissenschaft 13 (1937) S. 385–410; auch in: Mittellateinische Dichtung, hg. Karl Langosch (WdF 149), Darmstadt 1969, S. 430 bis 466. – Salve, mundi domine! Kommentierende Betrachtungen zum Kaiserhymnus des Archipoeta (SBAW Leipzig 91, 3), Leipzig 1939.

Stehkämper, Hugo: Die reichspolitische Tätigkeit Bischof Hermanns II. von Münster (1174–1203), in: Westfälische Zeitschrift 106 (1956) S. 1–78.

Stengel, Edmund Ernst: Zum Prozeß Heinrichs des Löwen, in: DA 5 (1942) S. 493–510; auch in E. E. S.: Abhandlungen und Untersuchungen zur mittelalterlichen Geschichte, Köln 1960, S. 116–132. – Die Entstehung der Kaiserchronik und der Aufgang der staufischen Zeit, in: DA 14 (1958) S. 395–417; auch in E. E. S.: Abhandlungen (wie oben) S. 360–383.

Stenzel, Karl: Waiblingen in der deutschen Geschichte, in: Württembergische Vierteljahrshefte für Landesgeschichte NF 38 (1932) S. 164–212. – Waiblingen in der deutschen Geschichte, Ein Beitrag zur Geschichte des deutschen Kaiser- und Reichsgedankens im Mittelalter, Waiblingen 1936.

Stephan-Kühn, Freya: Wibald als Abt von Stablo und Corvey und im Dienste Konrads III., Diss., Köln 1973.

Stoob, Heinz: Staufer und Städtewesen, in: Westfälische Forschungen 17 (1964) S. 219–222. – Formen und Wandel staufischen Verhaltens zum Städtewesen, in: Festschrift für Hermann Aubin, Bd, 2, Wiesbaden 1965, S. 423–451; auch in H. S.: Forschungen zum Städtewesen in Europa, Bd. 1, Köln 1970, S. 51–72.

Straube, Edith: Der Wirkungsbereich Friedrichs II. von 1212–1220, Diss. masch., Leipzig 1945.

Sütterlin, Berthold: Die Politik Kaiser Friedrichs II. und die römischen Kardinäle in den Jahren 1239–1250, Heidelberg 1929.

Suhle, Arthur: Münzbilder der Hohenstaufenzeit, Meisterwerke romanischer Kleinkunst, Leipzig 1938. – Hohenstaufenzeit im Münzbild, München 1963.

Szabó, Thomas: Herrscherbild und Reichsgedanke, Eine Studie zur höfischen Geschichtsschreibung unter Friedrich Barbarossa, Diss., Freiburg 1971. – Römischrechtliche Einflüsse auf die Beziehung des Herrschers zum Recht, Eine Studie zu vier Autoren aus der Umgebung Friedrich Barbarossas, in: QFIAB 53 (1973) S. 34–48.

Tabacco, Giovanni: La costituzione del regno italico al tempo di Federico Barbarossa, in: Popolo e stato 1970, S. 161–177.

Tellenbach, Gerd: Kaisertum, Papsttum und Europa im hohen Mittelalter, in: Historia mundi, hg. Fritz Valjavec, Bd. 6, Bern 1958, S. 9 bis 103.

Thieme, Hans: Staufische Stadtrechte im Elsaß, in: ZRG (G) 58 (1938) S. 654–673.

Thorndike, Lynn: The Horoscope of Barbarossa's First-Born, in: The American Historical Review 64 (1959) S. 319–322.

Thurnher, Eugen: Die deutsche Hofpoesie um Friedrich II. von Hohenstaufen, in: DA 31 (1975) S. 215–229.

Timm, Albrecht: Der Kyffhäuser im deutschen Geschichtsbild, Göttingen 1961.

Töpfer, Bernhard: Das kommende Reich des Friedens, Zur Entwicklung chiliastischer Zukunftshoffnungen im Hochmittelalter, Berlin 1964. – Reges provinciales, Ein Beitrag zur staufischen Reichsideologie unter Kaiser Friedrich I., in: Zeitschrift für Geschichtswissenschaft 22 (1974) S. 1348–1358.

Torre, Augusto: La Romagna e Federico Barbarossa, in: Popolo e stato 1970, S. 593–607.

Trautz, Fritz: Die Könige von England und das Reich 1272–1377, mit einem Rückblick auf ihr Verhältnis zu den Staufern, Heidelberg 1961.

Tüchle, Hermann: Die Kirche oder die Christenheit, in: Zeit der Staufer 1977, Bd. 3, S. 165–175.

Ude, Richard: Die Anschauungen der neueren französischen Historiker über das staufische Kaisertum, Diss. masch., Graz 1960.

Ullmann, Walter: The Medieval Interpretation of Frederick I's Authentic »Habita«, in: L'Europa e il diritto romano, Studi in memoria Paul Koschaker, Bd. 1, Mailand 1954, S. 99–136. – Some Reflections on the Opposition of Frederick II to the Papacy, in: ASP 13 (1960) S. 16–39. – Über eine kanonistische Vorlage Kaiser Friedrichs I., in: ZRG (K) 77 (1960) S. 430–433.

Vehse, Otto: Die amtliche Propaganda in der Staatskunst Kaiser Friedrichs II., München 1929.

Voigt, Erhard: Zum Charakter der »staufischen« Städtepolitik, in: Die Volksmassen Gestalter der Geschichte, Festschrift für Leo Stern, Berlin 1962, S. 19–57.

Vollmer, Franz Xaver: Reichs- und Territorialpolitik Kaiser Friedrichs I., Diss. masch., Freiburg 1951. – Besitz der Staufer, in: Historischer Atlas von Baden-Württemberg, Lieferung V, 4, Stuttgart 1976.

Walter, Anton Julius: Die deutsche Reichskanzlei während des Endkampfes zwischen Staufern und Welfen, Innsbruck 1938.

Weikmann, Meinrad: Königsdienst und Königsgastung in der Stauferzeit, in: ZBLG 30 (1967) S. 314–332.

Weiss, Ursula-Renate: Die Konstanzer Bischöfe im 12. Jahrhundert, Ein Beitrag zur Untersuchung der reichsbischöflichen Stellung im Kräftefeld kaiserlicher, päpstlicher und regional-diözesaner Politik, Sigmaringen 1975.

Weissenberger, Paulus: Die Anfänge des Hohenstaufenklosters Lorch bei Schwäbisch-Gmünd, in: Perennitas, Festschrift für Thomas Michels, Münster 1963, S. 246–273.

Weller, Karl: König Konrad IV. und der Minnesang, in: Württembergische Vierteljahrshefte für Landesgeschichte NF 34 (1928) S. 37 bis 43. – Die staufische Städtegründung in Schwaben, ebenda 36 (1930) S. 145–268. – Die Grafschaft Wirtemberg und das Reich bis zum Ende des 14. Jahrhunderts, ebenda 38 (1932) S. 113–163. – Die neuere Forschung über die Geschichte von den treuen Weinsberger Weibern, in: ZWLG 4 (1940) S. 1–17. – Geschichte des schwäbischen Stammes bis zum Untergang der Staufer, München 1944.

Werle, Hans: Das Erbe des salischen Hauses, Untersuchungen zur staufischen Hausmachtpolitik im 12. Jahrhundert vornehmlich am Mittelrhein, Diss. masch., Mainz 1954. – Die Aufgaben und die Bedeutung der Pfalzgrafschaft bei Rhein in der staufischen Hausmachtpolitik, in: Mitteilungen des Historischen Vereins der Pfalz 57 (1959) S. 137 bis 153. – Staufische Hausmachtpolitik am Rhein im 12. Jahrhundert, in: ZGO 110 (1962) S. 241–370.

Werner, Karl Ferdinand: Das hochmittelalterliche Imperium im politischen Bewußtsein Frankreichs (10.–12. Jahrhundert), in: HZ 200 (1965) S. 1–60.

Wieruszowski, Helene: Vom Imperium zum nationalen Königtum, Vergleichende Studien über die publizistischen Kämpfe Kaiser Friedrichs II. und König Philipps des Schönen mit der Kurie, München 1933.

Willemsen, Carl Arnold (Hg.): Friderici Romanorum imperatoris II De arte venandi cum avibus, 2 Bände, Leipzig 1942. – Apulien, Land der Normannen, Land der Staufer, Leipzig 1944, 3. Aufl. Köln 1966. – Kaiser Friedrich II. und sein Dichterkreis, Staufisch-sizilische Lyrik in freier Nachdichtung, Krefeld 1947. – Kaiser Friedrichs II. Triumphtor zu Capua, Ein Denkmal hohenstaufischer Kunst in Süditalien, Wiesbaden 1953. – Die Bauten der Hohenstaufen in Süditalien, Köln 1968. – Kaiser Friedrich der Zweite, Über die Kunst mit Vögeln zu jagen, Kommentar zur lateinischen und deutschen Ausgabe, Frankfurt 1970. – Kaiser Friedrich II. von Hohenstaufen als Wissenschaftler und Jäger, in: Göppinger Staufertage 1971, S. 31–66. – Die Bauten Kaiser Friedrichs II. in Süditalien, in: Zeit der Staufer 1977, Bd. 3, S. 143 bis 163. – Die Bildnisse der Staufer, Versuch einer Bestandsaufnahme, Göppingen 1977.

Wohlfarth, Werner: Kaiser Heinrich VI. und die oberitalienischen Städte (Lombardei und Piemont), Heidelberg 1939.

Wojtecki, Dieter: Der Deutsche Orden unter Friedrich II., in: Fleckenstein 1974, S. 187–224.

Wolf, Gunther: Ein unveröffentlichtes Testament Kaiser Friedrichs II., Versuch einer Edition und Interpretation, in: ZGO 104 (1956) S. 1 bis 51. – Die Testamente Kaiser Friedrichs II., Eine Erwiderung, in: ZRG (K) 79 (1962) S. 314–352; auch in: Wolf 1966, S. 692–749. – Kaiser Friedrich II. und die Juden, Ein Beispiel für den Einfluß der Juden auf die mittelalterliche Geistesgeschichte, in: Judentum im Mittelalter, hg. Paul Wilpert, Berlin 1966, S. 435–441; auch in: Wolf 1966, S. 774 bis 783. – (Hg.): Stupor mundi, Zur Geschichte Friedrichs II. von Hohenstaufen (WdF 101), Darmstadt 1966. – Universales Kaisertum und nationales Königtum im Zeitalter Friedrichs II., Ansprüche und Wirklichkeit, in: Universalismus und Partikularismus im Mittelalter, hg. Paul Wilpert, Berlin 1968, S. 243–269. – Imperator und Caesar, Zu den Anfängen des staufischen Erbreichsgedankens, in: Wolf 1975, S. 360–374. – (Hg.): Friedrich Barbarossa (WdF 390), Darmstadt 1975.

Wolter, Heinz: Arnold von Wied, Kanzler Konrads III. und Erzbischof von Köln, Köln 1973.

Wülfing, Otto Ernst: Burgen der Hohenstaufen in der Pfalz und im Elsaß, Düsseldorf 1959. – Burgen der Hohenstaufen in Schwaben, Franken und Hessen, Düsseldorf 1960.

Wurst, Otto: Bischof Hermann von Verden (1148–1167), Eine Persönlichkeit aus dem Kreise um Kaiser Friedrich I. Barbarossa, Hildesheim 1972.

Zahlten, Johannes: Medizinische Vorstellungen im Falkenbuch Kaiser Friedrichs II., in: Sudhoffs Archiv für Geschichte der Medizin und der Naturwissenschaften 54 (1970) S. 49–103 – Zur Abhängigkeit der naturwissenschaftlichen Vorstellungen Kaiser Friedrichs II. von der Medizinschule zu Salerno, ebenda S. 173–210. – Die »Hippiatria« des Jordanus Ruffus, Ein Beitrag zur Naturwissenschaft am Hof Kaiser Friedrichs II., in: AKG 53 (1971) S. 20–52.

Zatschek, Heinz: Wibald von Stablo, Studien zur Geschichte der Reichskanzlei und Reichspolitik unter den älteren Staufern, in: MIÖG Ergänzungsband 10, Wien 1928, S. 237–495. – Beiträge zur Geschichte des Konstanzer Vertrags vom Jahre 1153 (SBAW Wien 210, 3), Wien 1930.

Zeillinger, Kurt: Zwei Diplome Barbarossas für seine römischen Parteigänger (1159), in: DA 20 (1964) S. 568–581. – Die Notare der Reichskanzlei in den ersten Jahren Friedrich Barbarossas, in: DA 22 (1966) S. 472–555. – Friedrich Barbarossa, Wibald von Stablo und Eberhard von Bamberg, in: MIÖG 78 (1970) S. 210–223.

Die Zeit der Staufer, Geschichte Kunst Kultur, Katalog der Ausstellung, hg. Württembergisches Landesmuseum, 4 Bände, Stuttgart 1977.

Zerbi, Piero: Un momento oscuro nella incoronazione romana di Enrico VI (a. 1191), in: Miscellanea Giulio Belvederi, Città del Vaticano 1954, S. 517–528. – Papato, Impero e »Respublica christiana« dal 1187 al 1198, Mailand 1955.

Zernack, Klaus: Landesausbau und Ostsiedlung, in: Zeit der Staufer 1977, Bd. 3, S. 51–57.

Zinsmaier, Paul: Untersuchungen zu den Urkunden König Friedrichs II. 1212–1220, in: ZGO 97 (1949) S. 367–466. – Studien zu den Urkunden Heinrichs (VII.) und Konrads IV., in: ZGO 100 (1952) S. 445 bis 565. – Nachträge zu den Kaiser- und Königsurkunden der Regesta Imperii 1198–1272, in: ZGO 102 (1954) S. 183–273. – Studien über die spätstaufischen Diplome des Klosters Salem, in: Neue Beiträge zur südwestdeutschen Landesgeschichte, Festschrift für Max Miller, Stuttgart 1962, S. 11–23. – Zur Diplomatik der Reichsgesetze Friedrichs II. (1216, 1220, 1231/32, 1235), in: ZRG (G) 80 (1963) S. 82–117. – Ungedruckte Urkunden der späteren Stauferzeit, in: ZGO 116 (1968) S. 21 bis 30. – Die Urkunden Philipps von Schwaben und Ottos IV. (1198 bis 1212), Stuttgart 1969. – Die Reichskanzlei unter Friedrich II., in: Fleckenstein 1974, S. 135–166.

(Abgeschlossen im März 1978)

NAMENREGISTER

Verzeichnet sind die Namen von Menschen (Personen und Gemeinschaften) und Räumen (Orten und Landschaften), und zwar 1. die im Haupttext erwähnten, 2. die in den Titeln des Literaturanhangs angeführten, 3. die im Haupttext gemeinten und nicht ausdrücklich genannten (Beispiel: »Agnes v. Saarbrücken« verweist auf S. 14 »Heiratsverbindung mit Saarbrückern«).

233